광주학생독립운동과 나주

박찬승 · 박만규 · 김민영 · 고석규 공저

景仁文化社

발 간 사

　역사의 고장 나주는 수천 년 전 영산강을 탯줄로 하여 생성된 독특한 고대 고분문화가 있으며, 삶의 터전인 너른 옥토를 가슴에 안고 호남의 웅도로서 남도문화의 맥을 이어오고 있는 곳입니다.

　뿐만 아니라 나라가 누란의 위기에 처할 때마다 분연히 일어나 조국을 위해 목숨을 바친 선현들의 정신이 가득한 의향이기도 합니다. 특히 3·1운동 이후 더욱 악랄해진 일제의 탄압에 항거하여 조국광복을 외쳤던 광주학생독립운동의 불씨를 당겼던 곳 또한 나주입니다.

　70년이 지난 오늘날에도 그 분들이 목놓아 외치던 독립만세의 함성이 지금도 귓가에 쟁쟁하고 그 분들이 온 몸으로 저항했던 그 날의 기상이 우리들 가슴속에 깊이 자리잡고 있습니다.

　학생독립운동은 남자들만이 아니라 여학생과 어린 소학생에 이르기까지 합심하여 맨주먹으로 싸워 민족의 정의를 북돋우고 마침내 조국의 자주독립을 가져오게 한 한국 독립운동사의 불후의 쾌거라고 할 수 있습니다.

　이제 우리는 이러한 의로운 전통을 계승하여 시민 모두가 국가 위기를 슬기롭게 극복하고 오히려 재도약의 계기를 마련해 나가야 한다고 생각합니다.

　그러한 의미에서 광주학생독립운동 진원 70주년을 기념하고 그 진정한 의미를 찾고자 하는 학술대회가 "광주학생독립운동과 나주"
라는 주제로 열리게 되었고, 이제 그 학술대회의 논문집이 발간되어
시민들이 볼 수 있게 되었음은 큰 보람이 아닐 수 없습니다.

　이 논문집의 발간으로 많은 사람들이 학생독립운동의 진정한 의
미와 나주인의 애국심을 되새겨보는 계기가 되었으면 하고, 또한 그
날을 기념하고 그 때의 '이름없는 별'들의 숭고한 뜻을 기리는 '학생
의 날'이 부활되어 그 정신이 21세기 새로운 애국정신으로 승화되기
를 간절히 기대해 봅니다.

　끝으로 본 논문집이 나오기까지 연구에 열과 성을 다해주신 전남
대 호남문화연구소 정근식 소장님과 박만규·박찬승·고석규·김민
영 교수님께 진심으로 감사드립니다.

1999. 12.

나주시장 김 대 동

축 간 사

　나주는 옛부터 곡창으로 인식되어 온 고장입니다. 현재의 자연조
건은 많은 사람들이 삶의 터전을 삼기에 충분하였고, 찬란한 나주의
역사와 문화 발전의 원동력이 되었습니다.

　고려 이후 나주목은 전라도 양대축의 하나로 역할을 수행하면서
자연스럽게 역사의 중심권을 형성하여 새로운 시대를 열어나가는
고을이었습니다. 천여 년 전 나주는 고려 개국의 후방전진 기지로서
나주인들이 온 힘을 모은 결과 2대 임금 혜종을 탄생시켰습니다. 고
대사회에서 중세사회로 새로운 역사를 창조해 냈던 당대인의 현명
한 예지력은 그 후 천여 년 간 나주의 위상을 굳건히 하였습니다.

　지금 우리는 새로운 천년을 맞이하는 역사적 길목에 서 있습니다.
다가오는 천년은 지식 정보화 사회로서 정보와 아이디어가 부의 원
천이 되는 뇌본(腦本) 사회로 변화될 것이라고 많은 학자들은 주장
하고 있습니다. 특히 새무얼 헌팅턴은『문명의 충돌』이란 저서에서
문화의 중요성을 역설하고 있듯이 새 천년은 새로운 패러다임으로
변화가 예상되고 있습니다.

　우리 나주는 어떤 지역보다 가지고 있는 문화자원이 지역 발전의
원동력으로 승화될 수 있는 잠재력이 풍부한 고을입니다. 그러한 역
사적 전통은 우리의 핏속에 유전인자로 전해져 국난의 위기마다 자
랑스러운 나주인이 나타나 어려움을 극복하는 데 앞장서 왔습니다.

　　지금부터 70년 전에 일어났던 '광주학생독립운동'은 우리 나주에
서 시작되어 전국의 194개교 54,000여 명이 거국적으로 참가한 민족
독립운동이었습니다. 이번에 뜻깊은 70주년을 맞이하여 이렇게 학술
대회를 개최하고 그 결과를 한 권의 책으로 발간하게 됨은 이 시대
를 살아가는 나주인의 최소한의 예의가 아닌가 생각합니다.

　　『광주학생독립운동과 나주』라는 이 책자가 나주의 정신을 이어가
고 일깨우는 데 긴요하게 참고되었으면 합니다. 또한 시민과 학생
그리고 관련 학자들이 많이 이용하여 광주학생독립운동과 진원지
나주의 역사적 위상이 우리 독립운동사에서 제대로 자리매김 되었
으면 하는 바람입니다.

　　끝으로 책자 발간에 온힘을 다해 주신 정근식 호남문화연구소장
과 박만규·박찬승·고석규·김민영 교수님께 심심한 사의를 표하
며 온 시민과 함께 축하합니다.

1999. 12.

나주시의회의장　박　정　현

차 례

‖ 자 료 ‖

11·3학생독립운동과 나주

박 찬 승*

I. 머리말
II. 10월 30일 나주역 사건의 진상
III. 10월 31일과 11월 1일의 상황
IV. 11월 3일, 12일 광주학생들의 봉기와 나주출신 학생들의 참여
V. 11월 27일 나주학생들의 봉기
VI. 맺음말

I. 머리말

1929년 광주에서 일어난 학생봉기는 '광주학생독립운동'으로 불리고 있다. 그러나 이 운동이 광주에서만 일어난 운동이 아니라는 점에서 이 명칭이 과연 적합한가 하는 논의가 있다. 차라리 3·1운동이나 6·10만세운동처럼 '11·3학생독립운동'이라 부르는 것이 더 적합하지 않을까. 이 운동은 그 진원지가 나주였고, 광주에서의 학생 봉

---

* 목포대 역사문화학부

기로 이어졌으며, 나아가 전국적인 학생봉기로 확대되었다고 볼 때, '광주'라는 특정 지역의 이름을 앞에 붙이는 것보다는 11·3학생독립운동으로 표현하는 것이 더 적절하다고 여겨진다.

11·3학생독립운동과 나주는 매우 깊은 관계를 갖고 있다. 당시 모든 신문과 재판기록, 조선총독부의 기록 등은 모두 10월 30일의 나주역사건이 11·3학생봉기의 '발단'이 되었다고 기록하고 있다. 아울러 11·3학생봉기도 비록 광주에서의 한·일 학생들의 충돌에서 발단된 것이었지만, 그 학생들은 주로 나주·영산포·송정리 등지에서 통학하는 한·일 학생들이었던 것이다. 또 11월 12일의 2차 봉기 때에도 이를 리드한 것은 오쾌일 등 나주의 학생들이었다. 따라서 11·3학생봉기는 나주의 학생들과 밀접한 관련을 갖고 있는 것이다.

나주에서도 11월 27일 나주농업보습학교와 나주보통학교 학생들의 봉기가 있었다. 이는 광주에 이어 11월 19일 목포상업학교 학생들이 봉기한 뒤 세 번째로 일어난 시위였다. 그리고 나주에는 1930년 2월 10일 또 한 차례의 시위가 있었다. 이는 나주가 11·3광주봉기의 진원지였다는 점에서 너무나 당연한 일이었다. 또 나주에는 당시 신간회·나주청년동맹 등 민족운동 세력이 활발히 움직이고 있었고, 더 거슬러 올라가면 1896년의 단발령에 저항하는 봉기 이후 한말 의병운동이 활발했던 곳이기도 하다. 따라서 11·3학생독립운동은 나주와의 연관을 빼놓고서는 이해할 수 없다. 이제 그 연관에 대해 구체적으로 살펴보기로 하자.

II. 10월 30일 나주역 사건의 진상

조선총독부 학무국이 정무총감에게 보고한 기록을 보면 다음과 같이 쓰여 있다.

昭和 4년 10월 30일, 나주에서 기차 통학하는 중학교 생도 福田修三(3년생)이 同地方에서 통학하는 동교 생도와 함께 나주역에서 하차하여 개찰구로부터 構外로 나올 즈음, 마침 통로에 一小兒가 놀고 있어 이를 피해 진로를 바꾸었는데, 福田의 바로 뒤에 동 기차로 통학하던 광주공립여자고등보통학교 생도 朴基玉이 2명의 동교 생도와 함께 동인의 동생인 朴準埰 외 수명의 고등보통학교 생도 등과 오고 있었다. 일동이 역구외로 나왔을 때, 박준채는 福田 등에 대해 '무엇 때문에 여학생의 앞에서 왔다갔다하며 모욕적 태도를 취했는가'라고 힐문하면서 두세 마디 문답을 주고받던 중 마침내 福田과 박준채는 싸움을 벌이기 시작하였는데, 경찰관의 제지에 의해 중단되었다.[1]

이를 보면 광주중학생 福田은 결코 박기옥이라는 조선 여학생을 희롱할 생각이 없었고, 개찰구를 가로막고 있는 어린 아이 때문에 이를 이리 저리 피하려다가 광주고보생 박준채 등의 오해를 사게 되어 이것이 말싸움의 사단이 된 것으로 설명하고 있다.

역시 조선총독부 경무국에서 작성한 「狀況摘錄」에서도 다음과 같은 내용으로 기록하고 있다.

> 1929년 10월 30일
> 1. 오후 4시경 전남 나주역 개찰구를 나오던 광주중학 3년생 福田修造는 출구를 소아가 가로막고 있어 걸음을 좌우로 왔다갔다하였던 바, 그 뒤에 광주여고보생 朴熙玉이 따라오다가 주저하고 있는 것을 목격한 朴의 從弟라 칭하는 광주고보 2년생 박준채는 돌연 福田을 붙잡고 '여학생에게 못된 장난을 하는 것은 옳지 않다'고 하면서 면상을 구타하여 쌍방이 싸우는 것을 역 취체 순사에 의해 제지되어 귀가하였다.[2]

그런데 『조선일보』는 이와 전혀 다르게 보도하고 있었다.

---

1) 「光中學校生徒對光州高等普通學校生徒爭鬪事件の大要」『光州抗日學生事件資料』(風媒社刊, 1979), 42쪽
2) 「상황적록」『光州抗日學生事件資料』, 62쪽

　　지난 삼십일 오후에 나주역전에서 광주중학생 福田 외 두 명이 광주여
보고 여학생에게 '히야까시'한 것이 원인으로 광주고보고 학생 박준채와
결투가 되어 일장 활극을 이룬 바 경관의 저지로 싸움은 그치었으나3)

　　문제의 발단은 이러하다. 나주에 주소를 두고 광주여자고등보통학
교에 통학하는 박기옥(朴奇玉 18)이라는 여학생이 다른 날과 마찬가
지로 지난 삼십일 오후 여섯 시경에 기차를 타고 광주로부터 나주역
에 도착하여 '프레트홈'을 나가려 할 제 광주중학교에 학적을 둔 田
中 福田 末吉 등 세 명의 일본인 학생이 앞을 가로막음으로 처음에
는 아무 소리없이 다른 쪽으로 피해갔으나 정거장 구내로 나갈 때까
지 이편으로 피하면 이편을 막고 저편으로 피하면 또 저편을 막아
중학생으로서는 도저히 하지 못할 농락의 행동을 하므로 이것을 보
다 못한 전기 박기옥의 동생이 되는 광주고보교 생도 박준채(朴準埰
16)가 몇 마디 말로써 그 무리한 행동을 질책하였던 바 전기 중학생
들은 적반하장의 격으로 도리어 소리를 지르며 덤벼들어 싸움이 벌
어지려 할 즈음에 이것을 보고 있던 그 부근의 모 순사가 달려가서
제지를 한 까닭에 그날은 아무 일이 없게 되었으나 그때 전기 박준
채는 하도 분함을 참지 못하여 일본 학생에 대하여 「어디 두고 보
자!」하고 벼르고 말을 하였다는 이유로 무리하게도 전기 순사로부터
뺨까지 한 번 얻어맞았다 한다.4)

　　즉 福田은 의도적으로 박기옥의 앞을 가로막으면서 희롱을 하였
으며, 이에 분개한 박준채가 복전에게 이를 꾸짖어 싸움이 벌어지게
되었다는 것이다.5) 『동아일보』의 보도 내용도 역시 같았다. 『동아일

---

3) 『조선일보』 1929. 11. 4.
4) 「문제의 발단」, 『조선일보』 1929. 11. 5.
5) 조선일보는 보도금지가 해제된 12월 28일자 호외에서도 다음과 같은 내
　용을 보도하였다. "10월 30일 오후 나주역전에서 광주보고 통학생 박준
　채(광주고보 2년생, 16)외 1명과 광주중학생 福田某 외 2명의 충돌이 있
　었는데, 원인은 전기 福田某가 박준채의 從妹인 고아주여고보생 朴奇玉
　(여고 3년생, 17)을 희롱한 것인 발단이 되었던 것인데 이를 목도한 나주

보』의 12월 28일자 호외의 보도 내용은 다음과 같다.

　○ 사건발단의 직접원인은 日人中學生이 조선여학생 희롱서
　광주사건의 발단을 대략 뽑아 쓰면 지난 시월 삼십일에 나주에서 광
주여자고등보통학교에 통학하는 박기옥(朴奇玉 18)이라는 여학생이 다른
날과 마찬가지로 동일 오후 여섯 시경에 기차를 타고 광주로부터 나주
에 돌아올 때에 나주역 홈을 나오려 할 즈음 광주중학교 생도로서 역시
나주에서 통학하는 일본인 학생 田中, 福田, 末吉 등 세 명이 앞을 막고
조롱을 하므로 박기옥은 아무 말 없이 피하려 하였으나 전기 일본인 학
생들은 피하는 쪽을 쫓아다니며 희롱을 일층 심하게 하는 것을 박기옥
의 아우 되는 광주고보생 박준채(朴準埰 16)라는 조선인 학생이 몇 마디
말로써 그 무리함을 질책하였던 바, 전기 일본인 중학생들은 도리어 고
함을 치며 덤벼들어 싸움이 되려 할 때에 역구내에 있던 순사가 제지한
까닭에 그날에는 무사하였으나 워낙 흥분된 박준채는 일본인 학생에게
「뒷날 다시 보자」하고 별렀던 바, 제지하던 순사는 박준채의 뺨을 때리
면서 서로 돌아가게 하였으나 이것저것으로 압축된 기압과 같이 항상
불끈 불끈하던 것이 필경 폭발될 기세를 가지고 있던 것이 중요한 원인
이 되었던 것이다.[6]

　하지만 11·3학생봉기의 재판 판결문 기록에서는 여전히 다음과
같이 서술하고 있다.

　동년 10월 30일 오후 5시 반 호남선 나주역 출구에서 광주중학 3년생
末吉克己가 조선인 학생을 피하기 위하여 공립광주여자고등보통학교 학
생의 앞을 엽질러 가는 것을 목격한 고보생 박준채는 이런 일은 조선 부
인을 모욕한 것이라고 하여 右 末吉克己를 힐난하는 것을 광주중학 3년
생 福田修三이 변명을 하려고 하자 제3자는 용훼하지 말라고 하면서 동
인을 구타하고 (후략)[7]

　서 순사 森田某는 불문곡직하고 박준채만을 질책 구타하여 쌍방을 돌려
　보냈다 한다.”
6) 『동아일보 호외』 1929. 12. 28.
7) 광주학생독립운동동지회, 『광주학생독립운동사』, 1974, 134쪽

여기서는 복전덕삼이 아닌 말길극기가 박기옥의 앞에서 옆질러
간 것이며, 복전은 이를 해명하려다가 박준채와 싸움이 벌어진 것으
로 묘사하고 있다.

그런데 당시 현장에 있었던 일본인 학생 田中秀憲(광주중학교 4년
생)은 광주중학교 동창회지『無等山麓』에 실린 글에서 다음과 같이
회고하였다.

　　사건의 발단이 된 것은 통학생이 돌아오는 나주역의 출찰수에서 발생
　한 일이었다. 통학생들은 남녀 합하여 나주역에서 다니는 자가 가장 많
　았다. 1년 아래의 福田, 末吉 양군(3년생)과 소생(4년생, 田中을 지칭 - 인
　용자)은 조금 늦게 출찰구로 향하였다. 역을 나와서 20보쯤 걸어 나왔을
　때, 조선인측의 2년생 고보생 3~4인이 복전군을 불러 세웠다. "너는 어
　찌해서 여학생의 앞을 가로질러 앞서 출찰구를 나왔느냐, 너는 조선인
　학생을 바보로 아는가"하고 말하면서 복전군을 꾸짖었다. 복전군도 자기
　보다 학교는 다르지만 1년 아래이며, 자신보다 작은 패거리로부터 말을
　듣자……여럿이 함께 몰려나오게 되었기 때문에 때로는 앞으로 가고 때
　로는 뒤로 간 것은 당연한 것이 아닌가 하고 말을 되받았다.8)

이로써 보면 판결문에서 조선 여학생의 앞을 가로막은 것이 末吉
이었다고 한 것은 잘못된 기록이라는 것이 확실하다. 즉 福田이 확
실한 것이다.

그런데 최근 수년간 광주학생독립운동에 대해 조사해온 영산포
출신 일본인 佐堀伸三은 금년에 펴낸『實錄 若き抗日の群像 - 1929
年の光州學生運動』에서 당시 나주경찰서의 순사였던 內田馨이『光
州學生事件ノート』(上田朝一이 편집)이라는 책에 기고한 다음과 같
은 글을 소개하고 있다.

　　나주역에는 일반 여객들은 떠나고 제복의 취체순사도 서 있다가 돌아

---

8)『무등산록』8호 (佐堀伸三,『實錄 若き抗日の群像』, 1999, 84쪽)

간 뒤, 10여 명의 학생만이 있었다. 그녀가(박기옥을 지칭) 정기권을 驛
員에게 보이고 개찰구를 빠져나가는 순간, 2,3명의 학생이 1명의 학생을
뒤에서 밀쳐 그녀에게 부딪쳤던 것이며, 그녀는 비틀비틀 하며 넘어질
뻔하였을 뿐이었다. 이로 인해 모여있던 학생들의 말다툼이 있었지만 驛
員의 제지로 별일 없이 끝나고 삼삼오오 해산하였다. 일은 그것뿐으로,
매일 거듭되는 학생들의 惡戱라고 생각하였고, 署에도 일단의 학생들의
트러블이 있었다고 보고되었지만, 생각 밖으로 그 다음 날 광주역두의
학생들의 충돌로 이어졌고, 소위 광주학생사건으로 요원의 불처럼 전조
선에 파급되었다.9)

여기서는 복전 혹은 말길인지 알 수 없으나 일본인 학생들이 서로
밀쳐서 박기옥에 부딪쳐 박기옥이 넘어질 뻔하였다고 설명하고 있
다. 하지만 이 글을 쓴 內田도 현장에서 이를 목격한 것은 아니기
때문에 정확하다고 할 수는 없다.

필자는 최근 당시 현장에 있던 李光春을 만나 당시의 정황을 자세
히 청취하였다.10) 그에 의하면 당시 나주에서 광주로 통학하던 학생
은 일본인이 약 30명 가량 되었고, 조선인은 그보다 많았다고 한다.
물론 영산포에서 통학하는 학생도 상당수였다고 한다. 당시 통학기
차는 주로 아침에 7시경에 나주에서 출발하는 기차와, 저녁 5시경에
광주에서 출발하는 기차를 이용했다고 한다. 당시 통학기차는 여러
량이 연결되어 있었고, 남녀 학생들은 각각 다른 칸을 사용했다. 따
라서 남학생 칸에는 조선인 학생과 일본인 학생이 함께 타게 되었기
때문에 다투는 일이 자주 있을 수밖에 없었다는 것이다. 양측 학생
들은 송정리 딸기밭에서 싸움을 하기도 했고, 운암역 부근에서 개고
기를 파는 것을 보고 일본인 학생이 "조선 사람들은 더럽다"고 말하
는 것을 들은 조선인 학생과 일본인 학생 사이에 싸움에 벌어지기도

---

9) 佐堀伸三, 『實錄 若き抗日の群像 – 1929年の光州學生運動』, 1999, 90쪽서
　재인용
10) 1999년 10월 19일 이광춘의 자택(나주군 다시면 복암리)에서 약 2시간에
　걸쳐 당시의 상황을 자세히 청취하였다.

했다고 한다.

이광춘의 증언에 의하면 10월 30일의 상황은 이러했다. 그날도 나주역에 내린 학생들이 출구를 통해 나올 때 줄을 서서 나오는 목책 부근에서 일본인 남학생들이 조선인 여학생들을 밀치고 잡아당기는 상황이 벌어졌다. 물론 그것은 희롱이라고 볼 수도 있었고 장난이라고 볼 수도 있었다. 하지만 댕기머리를 잡아당기면서 희롱할 수 있는 분위기는 아니었다고 한다. 그것은 당시 조선인 학생들이 일본인 학생들보다 나이도 많고 수도 많았기 때문이었다. 그리고 이광춘은 당시 현장에 있던 여학생은 岩城錦子와 文錦春, 그리고 이광춘 등이 었다고 한다. 그의 기억에는 박기옥은 현장에 없었다고 한다. 그것은 박기옥이 당시 가정형편이 어려워 휴학 중이었거나 아니면 중퇴를 한 상황이었다는 것이다.

어쨌든 일본인 학생들이 조선인 여학생과 몸으로 부딪치는 모습을 본 박준채가 일본인 학생들을 불러 세우고 따졌다. "너희들은 명색이 중학생이면서 여학생을 희롱하느냐"고 힐문하자, 후쿠다가 "조선인 주제에……"라고 되받았다. 박준채를 더욱 화나게 한 것은 바로 이 말이었다. 이 말이 떨어지기가 무섭게 박준채는 후쿠다의 면상을 주먹으로 쳤고, 출찰구에 서 있던 일본인 순사가 쫓아와 박준채를 나무라면서 뺨을 때렸다. 그 현장은 현재까지 보존되고 있는 나주역 건물 안이었다. 박준채와 조선인 학생들은 왜 조선인 학생만 나무라느냐, 그리고 왜 뺨을 때리느냐고 따지고 들었고, 그러다가 그들은 역사 밖 광장으로 나와 서둘러 돌아가는 본인 학생들을 쫓기 시작했고 마침내 이광춘의 부친인 이기성이 경영하던 조면공장의 창고들이 있던 지점까지 쫓아가 일본인 학생과 조선인 학생들 간에 싸움이 벌어졌고 당시 상황은 조선인 학생들이 우세하여 일본인 학생들이 몇 대 얻어맞은 뒤 도주하였다는 것이다.

이 같은 이광춘의 증언은 기존의 통설과는 많은 점에서 차이가 있다. 먼저 이른바 '댕기머리'의 문제가 있다. 『광주학생독립운동사』를 비롯해 1970년대 이후에 나온 대부분의 관련 책자에는 일본인 학생들이 조선인 여학생의 댕기머리를 잡아당기는 등 희롱을 하였다고 다음과 같이 기록하고 있다.

> 나주에서 광주로 통학하던 일단의 일인 중학생(광주중학생) 福田 末吉 田中 등 수명이 같은 기차통학생이던 광주여고보생 박기옥 이광춘 암성 금자 등 한국인 여학생을 차 중에서부터 희롱하고 박기옥의 댕기머리를 잡아당기는 등 만행을 자행했다. 이 광경을 목격한 그의 4촌 동생인 광주고보 2학년생 박준채가 격분하여 출찰구를 나오자마자 복전을 불러 세운 다음 "너는 명색이 중학생이 된 놈이 여학생을 희롱하는 것은 야비하지 않느냐"고 따졌다.11)

이 '댕기머리 사건'은 해방 이후 박준채가 『신동아』 1969년 9월호에 쓴 글에서 처음 언급되었다. 박준채는 다음과 같이 썼다.

> 나는 피가 머리로 역류하는 분노를 느꼈다. 가뜩이나 그놈들과는 한 차에 통학을 하면서도 민족감정으로 서로 멸시하고 혐오하며 지내온 터인데 그자들이 우리 여학생을 희롱하였으니 나로서는 당연한 감정적인 충격이었다. 더구나 박기옥은 나의 누님(4촌)이었으니 나의 분노는 더하였다. 나는 박기옥의 댕기를 잡고 장난을 친 福田을 개찰구 밖 역전광장에 불러 세우고 우선 점잖게 따졌다. "후쿠다, 너는 명색이 중학생인 녀석이 야비하게 여학생을 희롱해". 그러나 복전은 "뭐라고? 센징놈이 뭐라고 까불어" 이 센징이라는 말이 복전의 입에서 떨어지기가 무섭게 나의 주먹은 그 자의 면상에 날아가 작렬하였다. 더구나 센징이란 얼마나 우리 민족을 모욕하는 말인가. 일인교사들이나 지각없는 일인들 입에서 불시에 튀어나오던 이 비칭에 대하여 평소 나는 어린(16세) 마음에도 앙심을 먹고 있었다.12)

"후쿠다가 (박기옥의) 댕기머리를 잡아당겼다"는 언급은 앞서 살

---

11) 『광주학생독립운동사』, 55쪽
12) 박준채, 「광주학생운동」 『신동아』 1969년 9월호

폈다시피 일제시기 신문이나 재판기록, 총독부 보고문 등 어디에도 찾을 수 없었다. 해방 이후 박준채에 의해 처음 언급된 것이다. 이에 대해 앞서 본 것처럼 이광춘은 전혀 다른 증언을 하고 있다. 즉 박기옥도 현장에 없었고, 또 더구나 댕기머리를 잡아당긴 일은 없었다는 것이다. 이 사건의 진실은 무엇일까. 우선 박기옥이 현장에 있었느냐의 여부가 문제가 되는데, 현재 전남여고에 보존중인 박기옥의 학적부에는 "1929년에 중퇴하였다"고만 기록되어 있다고 한다. 따라서 언제 그가 중퇴하였는지, 또 10월 30일 현장에 있었는지의 여부는 명확하지 않다. 다만 1929년에 박기옥이 중퇴하였다면 11월 3일 사건 이후 학교가 휴업에 들어갔기 때문에 10월 30일에는 이미 중퇴한 후여서 현장에 없었을 가능성이 있다. 그렇다면 왜 신문들은 모두 박기옥을 언급하였을까. 아마도 당시 나주 주재 기자들은 당시 상황을 박준채에게 물었을 것이고, 박준채의 말에 의거하여 박기옥을 언급했을 가능성이 높다. 그렇다면 왜 박준채는 그같이 말하였을까. 추측을 해본다면 이미 그 전에도 복전 등의 박기옥 등에 대한 희롱이 있었기 때문에 박준채는 그 전의 일을 들어 그렇게 말하지 않았을까 여겨진다. 박준채의 그러한 증언을 당시 신문 기자들이 당일의 상황으로 간주하여 기사를 씀으로써 박기옥이 현장에 있었던 것으로 된 것이 아닐까. 댕기머리를 잡아당긴 일은 실제로 그런 일이 있었는지 없었는지 단언하기 어렵다. 하지만 아무도 부인할 수 없는 것은 '박기옥의 댕기머리'보다 당일 일본인 학생들의 조선인 여학생에 대한 희롱이 있었다는 사실이다. 그리고 이에 분개하여 박준채 등 조선인 학생들이 일본인 학생들에 대해 항의를 했고, 이것인 싸움으로 비화되었다는 사실이다.

　나주역에서의 양교 학생들의 충돌을 더욱 악화시킨 것은 일본인 순사의 행동이었다. 『조선일보』에는 다음과 같이 당시 상황을 보도하였다.

ㅇ 羅州署 森田巡査 툭하면 학생 구타

지난 삼십일 오후 오시 오십분에 전남 나주정거장에서 일본인 중학생
福田 외 두 학생이 조선여학생의 가는 길을 가로막으며 희롱하는 것을
본 광주고보 학생 나주 박준채(16) 등 李淳泰(14) 두 학생이 전기 福田외
두 학생을 보고 너희들은 중학생으로 그런 못된 짓을 하느냐고 책망하
여 싸움이 난 현장에서 나주경찰서에 근무하는 森田이라는 순사가 입장
하여 제지시켜 각각 돌아가는 길에 일본인 학생과 조선학생이 네가 잘
했으니 내가 잘했느니 하며 가는 것을 삼전순사가 달려들어 일본인 학
생은 그저 두고 전기 박준채의 뺨을 무수히 때렸다는데 삼전순사는 본
래 성질이 좋지 못하여 지난 칠월경에도 광주고보생 나주 나종남을 때
려 중상케 한 일도 있었다는데 삼전순사는 뺨치는 상습자니 그저 둘 수
없다고 피해자는 폭행죄로 고소준비중이라는데 일반은 당국의 처치를
주목중이라더라.[13]

『광주학생독립운동사』에는 당시 나주에서 통학하던 한인 학생으
로서 나주역 사건시 일인 순사가 한인 학생들을 꾸짖자 이에 항의하
였던 학생들의 명단이 다음과 같이 실려 있다(괄호 안은 학년).

광주고보 등: 朴準采(2) 金普燮(5) 崔熙善(5) 吳快一(4) 徐炯允(4) 鄭世勉
(4) 昇千一(3) 崔熙連(3) 孫東出(3) 李泰圭(3) 李淳泰(2) 徐炯洙(2) 李鏡鍊(1)
金正洙(1) 이상 14명[14]

佐堀伸三은 이들 외에도 金晩燮(2)이 있었음을 확인하였다고 한다.
이들을 포함하여 현장에 있었던 여학생들을 포함한 한인 학생들의
인적 사항을 보면 다음과 같다.

---

13)『조선일보』1929. 11. 6. 이 순사는 광주학생봉기가 있은 후 면직되었다고
   한다.
14)『광주학생독립운동사』, 55쪽

성명(학년)	인 적 사 항	성명(학년)	인 적 사 항
崔熙善(5)	崔泳龍(농업)의 자	李淳泰(1)	나주보통학교졸(29.3), 李基性(상업)의 자, 李光春의 동생
金普燮(5)	金冕秀(전 나주군수)의 자	徐炯洙(1)	나주보통학교졸(29.3), 徐炯規(농업), 徐炯允의 弟
徐炯允(4)	나주보통학교졸(26.3), 徐炯規(농업)의 弟	李鏡練(1)	
鄭世勉(4)	鄭錫觀(나주면)의 자	金正洙(1)	나주보통학교졸(29.3), 金仲辰(상업)의 자
吳快一(4)		金晩燮(1)	나주보통학교졸(29.3), 金冕秀(전 나주군수)의 자
昇千一(3)		朴準垛(1)	나주보통학교졸(29.3), 朴正業(지주)의 자, 朴準三의 弟
崔熙連(3)	나주보통학교졸(27.3), 崔泳龍(농업)의 자	朴己玉(2)	나주보통학교졸(29.3), 朴寬業(박정업의 동생)의 자
孫東出(3)		李光春(3)	나주보통학교졸(27.3), 李基性(상업)의 장녀.
李泰圭(3)		岩城錦子(3)	이광춘의 언니

　박준채는 박준삼의 동생인데, 박정업은 중앙학교 재학시 3·1운동에 참여하여 퇴학당한 바 있고, 1926년 나주청년회 회장, 1927년 나주청년동맹 집행위원장, 1927년 신간회 나주지회 상무간사, 1928년 유림각사건으로 구속되어 광주지법에서 징역 6월, 집행유예 5년 선고, 대구복심법원에서 무죄선고, 1929년 8월 현재 신간회 나주지회 집행위원 등의 경력을 가진 이었다. 그들의 아버지인 朴正業은 한말 장흥군수를 지낸 이로서 당시 나주에서 200여 정보의 토지를 소유한 지주였다. 한편 박기옥은 박정업의 동생인 박관업의 딸이었다. 따라서 박준채와는 사촌간이 되었다.

　또 이광춘·이순태·암성금자의 아버지인 李基性은 나주읍내에서 조면업과 정미업을 하던 이로 나주의 대표적인 상공인이었으며, 박준삼과는 매우 가까운 친구사이였다. 외아들이었던 그는 본부인에서 자식이 없자 당시 일본인과 결혼하였다가 사별한 담양 국씨를 취하였는데, 국씨는 이미 일본인과의 사이에서 암성금자 등 아들 하나 딸 둘이 있었다. 국씨는 이기성과의 사이에서 다시 딸 둘, 아들 셋을 낳았는데, 이광춘은 그 장녀였다. 박기옥과 이광춘은 나주보통학교를 1927년 3월 같이 졸업하였는데, 이광춘은 광주여고보에 바로 들어갔지만 박기옥은 가정 형편으로 한 해 늦게 들어갔다가 1929년 그나마도 가정형편으로 마치지 못하고 중퇴하였다.

한편 정세면은 1896년 나주단발령봉기사건으로 처형된, 향리 출신으로 해남 군수가 되었던 鄭錫珍의 동생인 鄭錫觀의 손자였다.

Ⅲ. 10월 31일과 11월 1일의 상황

1929년 10월 30일에 있었던 나주역사건은 이후 급속히 한일 학생들간의 충돌로 확대되었다. 10월 31일과 11월 1일에 있었던 일에 대한 기록을 살펴보면 다음과 같다. 먼저 총독부 당국의 기록은 다음과 같다.

그런데 박준채는 다음 날인 31일 광주역에서 나주역으로 돌아올 때 福田에 대해 전날의 말싸움을 들어 수명과 함께 福田에 대해 폭행을 가하였는데, 차장의 만류에 의해 점차 해결되었다. 다음 날인 11월 1일 이 사건을 들은 고등보통학교 생도 70여 명, 중학교 생도 백여 명은 광주역에서 귀가할 때 서로 대치하여 불온한 형세를 있었지만 학교 교직원 및 경찰관 등의 제지에 의해 무사할 수 있었다.[15]

10월 31일
1. 박준채는 본일 방과후 동료 수명을 불러 福田과 동차실내에 들어

---

15) 「光州中學校生徒對光州高等普通學校生徒爭鬪事件の大要」『光州抗日學生事件資料』(風媒社刊, 1979), 42쪽

가 발차하자 福田에 대해 어제의 잘못을 꾸짖고 사죄를 요구하고, 일동이 福田을 구타하는 것을 차장이 알고 쌍방을 제지하여 각기 별실에 앉혀 귀가시켰다.

11월 1일

1. 광주역 구내에서 귀가를 위해 열차를 기다리던 중 광주중학 5년생 小山正夫 등은 그 자리에 있던 광주고보생 수명에 대해 화해를 말하였던 바, 고보생은 도리어 반박적 태도를 취하자 중학생측도 분개하여 서로 말싸움이 되었고, 부근에 있던 양교생도는 서로 이에 가담하여 일단을 이루어 그 수가 2백 명에 달하여 서로 대치, 격론을 벌여 장차 큰 일로 벌어질 형세가 되었으나, 급보를 듣고 달려온 경찰관에 의해 진무 해산되어 일이 벌어지지 않았다.

11월 2일

1. 광주고보생은 아침 이래 불온한 정세였지만 표면으로는 사고 없이 지나갔다.[16]

총독부측의 기록은 31일 통학기차 안에서 박준채가 먼저 후쿠다를 힐문하고 구타하면서 싸움이 시작되어 차장이 이를 말렸으며, 다음 날에는 일인학생들이 화해를 청하였으나 조선인 학생들이 이를 거부하면서 다시 말싸움이 시작되어 양측 학생 2백 명 가량이 서로 대치하는 상황이 빚어져 경찰에 의해 진무 해산되기에 이르렀다고 기술하고 있다.

다음 한국측의 기록을 보자. 먼저 『조선일보』는 다음과 같이 보도하였다.

○ 차실 내에서 수차 언쟁, 차장의 제지로 간신히 무사해

그와 같이 중학생들의 무리한 행동을 질책하다가 도리어 억울하게도 순사에게 뺨까지 얻어맞은 광주고보생 박준채는 너무나 분함을 참지 못하여 그 이튿날 되는 삼십일일 오후 네 시경에 또 광주에서 나주로 가는 기차 중에서 그들 일본 중학생을 발견하고 「다시 어제의 잘못을 잘못인 줄 모르냐?」고 질책하게 되어 이것을 실마리로 두 편에서는 다시 싸움의

---

16)「狀況摘錄」『광주항일학생사건자료』, 62쪽

막이 벌어지게 되었는데 그 때에 마침 열차 차장이 지나다가 이 광경을
보고 박준채와 일본인 학생을 이등실로 데려가 기차 통학권까지 빼앗고
훈계하여 두 번째 무사하게 되었으나 그 때에 이등 차실에 있던 모 신문
기자를 위시한 일본인 승객들은 모조리 불문곡직하고 일본인 학생을 두
둔하고 전기 박준채는 너무나 분하였지만 묵묵히 눈물만 흘리고 있었다
한다.[17]

▲ 10월 31일 오전 등교시에 열차 중에서 전기 두 학생이 대면함에
박준채가 다시 福田某에게 陳謝를 요구하여 재차로 충돌이 되려 하매
이를 본 차장의 제지로 겨우 무사는 하였으나 차장 역시 박준채에게만
한층 더 혹독한 질책을 하였다.
▲ 11월1일 오후 학교가 파하여 귀가하는 광주고보생 등이 광주역에
서 발차를 기다리던 중 다 각기 손에 배트를 든 50여 명의 광주중학생이
突現하여 박준채를 내어놓라고 도전을 하여 쌍방의 학생이 점점 증가되
어 일시는 공기가 극도로 긴장되었으나 차장, 경관 등의 제지로 겨우 무
사함을 得하여 중학생들은 '大和魂'을 고창하면서 본교로 돌아갔던 바
당시 중학생의 일단에는 유도선생도 참가해 있었다 한다.[18]

다음 『광주학생독립운동사』에는 다음과 같이 기록하고 있다.

그런데 다음 날 31일 上學 차 중에서 전일의 문제로 한일학생간에 다
시 시비가 벌어졌고, 동일 하학편 차내에서 또 싸움이 벌어졌는데 일인
차장이 달려와서 통학권을 압수하고 박준채와 福田, 그리고 2,3명의 한
인 학생만을 2등실로 연행해갔다. 거의가 일인들인 2등실의 승객들은 무
조건 한인 학생에게 욕설을 퍼붓고 일인 학생을 두둔하여 더욱 민족감
정을 자극했다.
다음날 11월 1일 하오 4시 반경에 또 충돌 사고가 있었다. 하교 통학
차가 광주역을 출발하기 직전 돌연 일인 중학생 일단 30여 명이 전일의
복수를 한다고 광주역으로 쇄도했다. 이를 본 광주고보생을 비롯한 한인
학생 20여 명은 황급히 차에서 내려 개찰구 목책을 사이에 두고 일인 학

---

17) 『조선일보』 1929. 11. 5.
18) 『조선일보 호외』 1929. 12. 28.

생 30여 명과 대치하여 격돌 일보 전까지 갔으나 급보에 접하고 달려온 양교 교원들과 驛員 그리고 출동한 경관들의 제지로 간신히 수습되었다. 이에 일인 학생들을 따라온 철없는 일인 교원들은 사태 수습은 커녕 오히려 일인 학생들을 선동하여 사태를 악화시키려 했으나 가까스로 수습이 되어 이날은 양교 교원들이 각기 학생들을 호송하고 또 시내를 순회 감시하여 무사히 넘겼다.[19]

10월 31일 하학 기차 중에서 후쿠다에게 먼저 싸움을 건 것은 박준채 등 한인 학생이었음이 확실하다. 그리고 후쿠다와 박준채 등 2,3명은 2등실로 끌려가 일방적인 훈계를 받았음도 확실하다. 그런데 문제는 11월 1일의 상황이다. 佐堀이 田中 등의 회고록을 토대로 정리한 바에 의하면 상황은 다음과 같았다고 한다.

이날 학교 당국은 사태의 뿌리깊음을 인식하고 사태의 수습에 나섰다. 광주중학교에서는 통학감독부장 吉田金造가 福田·末吉 2명을 불러 사정을 청취하고, 그 후 고등보통학교를 방문하여 통학감독부장 池田信次에 면회를 요청하여 정보를 교환하고 고보측의 사건 조사를 의뢰하였다. 池田은 곧 박준채를 불러 사정을 청취하였다. 같은 날 吉田은 通學團長 小山正夫(송정리)를 불러 등하교 차 중에서의 주의를 주었다. 小山은 이를 받아들여 광주역 대합실에서 조선인측의 통학단장 崔泰周(광주농업학교생, 무안)에게 "年少한 학생에게 폭력을 가하지 않기 바란다"는 뜻을 부탁하였다.

그런데 프랫트홈에서 발차를 기다리고 있던 16시 45분 광주발 목포행 열차 중에서는 이미 양교 생도의 다툼이 시작되었다. 발차의 준비작업에 분망하던 차장이 "시끄럽게 하려거든 밖으로 나가라"고 학생들을 내쫓았다. 독촉을 받고 먼저 밖으로 나온 것은 고등보통학교의 생도들이었다. 그 때의 모양을 田中秀憲은 다음과 같이 기록하였다.

"그날은 철저하게 상대와 대결할 결심을 굳히고 있었다. 막 발차의 기적이 울림과 동시였다. 전원 기차에서 가방을 내던지고 뛰어내렸다. 단결하면 수는 내지인 학생이 3배쯤 되었다. 조선인 학생은 모두 역쪽으로

---

19) 『광주학생독립운동사』 55쪽

도주하였다."

(중략) 당일 광주중학의 직원실에는 방과 후에도 유도교사(정확히는 강사, 촉탁)인 依田德藏과 영어교사 增田功만이 남아 있었다. 두 사람은 급보를 받고 광주역전에서의 항쟁을 알게 되었고(광주역에서 경찰과 양교에 긴급전화를 하였다고 생각된다), 자전거로 달려갔다.

일본인 중학의 依田, 增田이 역전에 도착한 때에는 직원과 고보의 長谷川敎諭 등이 학생을 제지하고, 경관이 긴급히 출동하여 사태를 이미 수습해 가고 있었다. 양교의 교사는 경관 입회하에 학생들이 대치한 사이에 들어가 사태의 수습을 협의하였고, 양교 생도는 동시에 좌와 우로 향하여 교사가 인솔한 가운데 각각의 학교로 돌아갔고, 이에 반대하는 학생은 경관이 바로 검거해간다는 데 합의하였다. (중략) [20]

그런데 한국측의 기록은 이와 다소 차이가 있다. 『광주시사』(제2권)의 기록은 다음과 같다.

그날 오후 4시 35분발 통학열차의 통학생들을 감독하려고 광주고보의 長谷川교사가 광주역에 이르렀을 때에는 이미 두 학교의 학생 대부분이 승차한 뒤이었다. 감독교사도 기차에 올라 고보생들이 앉아있는 자리에 끼어 앉았다. 이 때 광주고보생 鄭世勉이 다급한 기색으로 뛰어 들어오면서 장곡천교사가 알아듣지 못하는 한국말로 몇 마디 하니까 거기 탔던 고보생들이 일제히 일어나면서 "오냐 싸울테면 싸우자"하고 뛰쳐 나갔다. 장곡천 교사는 무슨 까닭인지도 모르고 수상쩍은 예감이 들어 그도 따라 나갔다. 차를 내려보니 플랫트포옴에 광주중학생 한 떼가 결집하고 있었다. 그는 곧 큰 소리로 광주고보생들은 빨리 이곳으로 집합하라고 명령을 하고, 한편 광주중학생들을 해산시키려 했으나 욕설을 하면서 금방 달려들 형세였다. 때마침 광주중학 교사 무川이 달려와서 자기 학교 학생들을 무마시키는 동안, 장곡천 교사는 학교로 급히 연락을 하였다. 고보생들은 대합실에 뭉쳐 서서 "싸울테면 싸워보자!"고 소리를 지르면서 밖으로 뛰어 나와 역앞에 세워놓은 木柵을 사이에 두고 양교생이 대치상태에 있었다. 그 때 중학생은 30여 명이었고, 고보생은 20여 명이었다. 정세면의 말에 의하면 그날 기차 통학생도 아닌 중학교 5학년

---

20) 좌굴신삼, 앞의 책, 102~103쪽

학생 4,5명이 "어제는 너희들에게 우리 학교 학생들이 욕을 당했으니 오늘 복수를 하겠다"하고 차로 따라 올라오면서 위협을 했기 때문에 서로 시비를 하다보니 중학생들이 무더기로 집합되어 있는 것을 차내로 뛰어들어 알렸다는 것이다.[21]

인용이 다소 길었으나 당시 상황이 매우 중요하기 때문에 이를 잘 살펴볼 필요가 있다. 먼저 이날 상황에 대한 양측의 설명에는 상당한 차이가 있다. 즉 기차에 승차했던 조선인 학생과 일본인 학생 가운데 어느 쪽이 먼저 기차에서 내렸는지에 대해 전혀 상반된 내용으로 되어 있다. 또 학생 수에서도 상당한 차이가 있다. 田中秀憲은 일본인 학생이 3배 정도 되었다고 증언하고 있으나, 한국측 기록에는 조선인학생 20명, 일본인 학생 30명으로 되어 있다. 하지만 그날의 상황은 분명히 일본인 학생들이 먼저 조선인 학생들에게 도전해오는 분위기였던 것으로 보인다. 또 일본인 학생의 수가 조선인 학생의 수보다 많았던 것은 분명하다.

여기서 또 중학교 유도교사의 依田이 중학생들의 편을 일방적으로 들었다는 설의 문제가 있다. 다음 날 광주고보 학생들 사이에는 "중학교 학생들을 응원하는 依田이나 吉田같은 자는 선생이 아니다"는 말이 오갔다고 한다.[22] 『광주시사』에는 이렇게 쓰여있다.

중학 측 또한 연락을 받고 衣田, 增田, 漱口 등 세 선생을 파견하기는 했으나 이들은 사태를 수습하려 하는 것이 아니라 되레 악화시키려 했다. 그들은 쫓아와서 스스로 격분하여 눈물을 흘리고 있는 두 명을 고보생들이 집결하고 있는 곳으로 데리고 와서 "福田을 때린 놈이 누구냐, 이리 나와 너도 맛 좀 보아라"라고 하면서, 중학생들의 의기를 앙양시켰다. 이를 본 광주보고 교사들이 그들을 설득하였지만 듣지 않고, "이 때 결단을 내려 조선인을 족쳐주어야 한다"고 放言하였다.[23]

---

21) 『광주시사』 2권, 1993, 517~518쪽
22) 『나주군지』, 160쪽
23) 『광주시사』 2권, 1993, 519쪽

당일 광주중학교 교사들이 광주중학생편을 일방적으로 들었다는 주장인 것이다. 이에 대해 훗날 전남도청 학무과장은 다음과 같이 말하였다.

◇ 森학무과장 辯
1. 중학교의 모 유도선생이 학생을 선동하였으며, 또는 福田이라는 학생을 데리고 다니면서 "너를 때린 자가 누구냐"고 하며 고보생도들이 모여있는 곳으로 들어왔다는 풍설이 있기로 사실 진상을 조사하여 보았으나 절대로 그러한 사실이 없었다. 그러나 교육자로서 그런 말을 듣게 되는 것은 재미가 없으므로 상당히 주의를 시켰다.[24]

이를 보면 당시 유도선생 등이 광주중학생들을 어느 정도는 편든 것이 사실이었던 것으로 보이며, 그 때문에 그는 훗날 주의를 받았던 것으로 보인다. 광주고보생들은 현장에 있었던 자신들의 교사들도 일본인으로서 자신들의 편을 들어주지 않고 중립적인 태도를 취한 데 대해 어느 정도 불만을 가졌던 것으로 보인다.

11월 1일 양교 생도들은 어떻게 해산하였을까. 교사들의 중재로 양측 학생들은 동시에 좌우로 나뉘어 철수하여 각기 자신들의 학교로 돌아갔다. 고보생들은 그대로 학교로 돌아가 강당에 모여 5학년 2반 급장 盧炳柱와 기차통학단장 5학년 蔡重鎬가 각각 단상에 올라가서 그동안의 경과를 보고하고 선후책을 논의했으나 결론을 얻지 못하고 갑론을박으로 시간을 허비하였다. 그러자 吳快一이 올라가 여기서는 결론을 얻기 어려우니 일단 해산하고 다른 방법을 강구하자는 제의를 하여 그것이 채택된 후 해산하였다고 한다. 이리하여 통학생들은 長谷川 교사의 인솔하에 나주역까지 돌아가게 되었다.[25]

한편 광주중학생들은 모두 학교로 돌아가 雨天體操場에 모였고, 교직원들은 긴급회의를 갖고 교직원들이 통학생을 호위하여 집까지

---

24) 『동아일보』 1930. 2. 27.
25) 『광주시사』, 921쪽

데려다 주기로 결정하였다. 그 사이 일부 학부형은 소식을 듣고 학
교까지 쫓아온 이들도 있어 이들과 함께 교사들은 학생들을 데리고
나주, 영산포로 학생들을 귀가시켰다. 나주에는 吉田金造가 학생들
을 데리고 와서 田中秀憲의 집에서 묵었으며, 영산포에는 增田功이
학생들을 데리고 와서 大江旅館에 묵었다고 한다. 증전의 경우 이후
약 한 달 동안 학생들과 동행을 계속했다고 한다.26)

Ⅳ. 광주학생들의 봉기와 나주출신 학생들의 참여

11월 1일의 광주역에서의 양교생의 대치는 경찰과 교사들의 제지
로 일단 큰 충돌을 면하였다. 그러나 양교 생도들의 격앙된 감정은
계속 악화되어 마침내 11월 3일 폭발하게 된다. 11월 3일 양교 생도
들의 충돌에 대해 총독부 당국에서는 다음과 같이 정리하고 있다.

11월 3일 명치절이 되어 중학교에서는 명치절의 배하식을 마치고 식
후 광주신사에 참배한 생도 다수가 있었는데, 기차 통학생도 참배를 마
치고 광주역으로 향하던 길에 광주수기옥정 노상에서 고등보통학교 생
도 7, 8명과 만났을 때 고등보통학교 생도 중 중학교 생도 재등준부에
부딪치는 자가 있었다. 재등이 이를 힐문한 것이 발단이 되어 쌍방간에
쟁투를 벌이기에 이르렀다. 이를 멀리서 보고 있던 고등보통학교 생도들
이 원조를 와서 더욱 늘어나자 중학교 생도들은 동쪽 5정의 광주역으로
도주하였는데 고등보통학교 생도들이 이를 추격하였고 다시 응원을 온
동교 생도 다수가 추가로 광주역에 쇄도하여 전기 중학교 생도 및 동소
에서 기차를 기다리고 있던 동교 생도 등을 둘러싸고 이에 폭행을 가하
기에 이르렀다.27)

---

26) 佐堀伸三, 앞의 책, 103쪽
27) 「光州中學校生徒對光州高等普通學校生徒爭鬪事件の大要」 『光州抗日學生
事件資料』(風媒社刊, 1979), 42쪽

11월 3일

1. 명치절 식 종료후 광주중학 3년생 재등준부 외 11명은 광주신사를 참배하고 돌아가려고 광주역으로 향하던 도중, 광주고보생 10명이 전방에서 와서 재등에게 부딪쳐 양자가 서로 다투게 되었다. 고보생은 그 수가 5,60명에 달하였기 때문에 중학생은 도망하여 역으로 향하였던 바, 고보생은 각자 곤봉, 돌 등을 가지고 중학생을 뒤쫓아 구타 폭행하고, 역 구내에 도망해 들어간 중학생을 추적, 담장을 넘어서 난입하고 여러 곳에서 격투를 벌였고, 급기야는 제지하는 경찰관에 폭행을 가하는 등 횡포가 끝이 없었는데, 고보생은 점차 그 수가 늘어나 중학생은 선로를 넘어 학교로 피신하였다. 당시 중학생은 그 수가 4,50명, 고보생은 약 이백오륙십명에 달하였고, 농업학교, 사범학교 생도들도 이에 가세하여 중학교를 습격하기 위해 담양가도로 향하였던 바, 중학생 또한 기숙사생을 가담시켜 백 오륙십명이 되어 서로 대치하여 일대 난투를 야기하려 하였을 때, 출동한 경찰관에 의해 해산되었다.[28]

한편 재판기록의 판결문 내용을 다음과 같다.

고보생 수명이 동일 오전 11시경 광주읍내 수기옥정 우편소 앞을 남쪽을 향하여 통행 중 전방에서 광주중학생 재등준부, 송영양응 외 십 수명이 진행해 오는 것을 만나 고보생 1명이 재등준부에 부딪쳐 시비가 되어 서로 구타가 시작되었는데 고보생을 응원하기 위해 同所에 달려온 피고인 崔詳鳩 외 1명은 다른 고보생과 같이 우 재등 및 송영 등을 난타하여 그 때문에 재등의 右眉毛部에, 송영의 右顎骨部에 각 치료 4, 5일을 요하는 좌상을 입혔으나 고보생 등은 이에 만족하지 않고 도주한 중학생을 추적하여 동소로부터 數町 떨어진 광주역에 이르러 그 역전 광장과 그 구내에서 다른 수십 명의 고보생과 같이 전기 중학생 및 동소에 있는 수십 명의 중학생을 둘러싸 난투하고 다시 우 충돌을 듣고 몰려든 백여명의 고보생과 함께 동역의 남쪽 약 2정 떨어진 중학교 통로인 城底里에 쇄도하고 일방 위기를 듣고 달려온 백 수십명의 중학생과 土橋를 사이에 두고 서로 대치하였으나 경관, 양교 직원, 소방수 등의 제지 진무로 별일 없이 무사하게 되어 고보생 전부는 자기 학교로 돌아가게 되었는데[29]

---

28) 「상황적록」

위의 내용을 정리하면 우편국 앞에서 양교 생도들의 1차 충돌이 있었고, 광주중학생들이 광주역 쪽으로 도주하여 이곳에서 다시 2차 충돌이 있었으며, 토교(역광장에서 800미터 거리)를 사이에 두고 3차 대치가 있었음을 알 수 있다. 그 숫자는 1차에는 각각 10여 명 정도에서 2차에는 각각 수십 명으로 늘어났고, 3차에는 백 수십 명 선으로 늘어났다. 그런데 이 같은 충돌, 특히 제1차 충돌이 우발적인 것이었는지, 어느 일방의 계획적인 것이었는지, 아니면 미필적 고의에 의한 것이었는지는 불명확하다. 여기서 주목되는 것은 1차 충돌 당시 일본인 학생들 가운데 齋藤俊夫와 松永良雄은 나주 통학생이었다는 사실이다. 하지만 상대방인 黃南玉(완도)·金向南(완도)·金毅源(목포) 등 일행 가운데에는 나주출신이 하나도 없었다. 따라서 이들이 반드시 싸워야 할 이유는 없었다. 하지만 그들은 그 같은 충돌을 내심 서로 바라고 있었던 것이 아닌가 여겨진다. 즉 미필적 고의에 의한 충돌로 여겨지는 것이다.

1, 2, 3차 충돌 이후 일단 학교로 돌아간 광주고보생들은 다시 강당에 모여 선후책을 논의했다. 이 회의에서 학생들은 광주중학교 습격을 주장하는 강경론이 우세하였다. 특히 나주출신 오쾌일은 연단에 올라 "오늘의 대승리를 신천지의 동포들에게 알리고 일제 타도의 의지를 천명하기 위해 시위를 전개하자"고 제의하였다. 그리하여 그들은 배트·목봉·죽도 등으로 무장하고 金向南을 선도자로 하여 다시 시내로 쏟아져 나와 교가와 운동가를 부르면 시위를 전개했다. 이 시위에는 당연히 나주통학생들도 대부분 참가하였을 것이며, 특히 「독서회」에 참여하고 있던 金普爕·金鍾爕·李啓春·吳快一·李榮範 등은 동 시위에 참여하였음이 독서회사건 판결문에 기록되어 있다. 또 다음의 재판 기록은 당시의 상황을 잘 말해주고 있다.

---

29)『광주학생독립운동사』, 134~135쪽

재판장 - 피고가 수기옥정 우편소 앞에서 재등이라는 일본인 중학생과 싸
　울 때에 이상 취하려던 행동에서 고위로 한 것 아닌가?
황남옥 - 그런 일이 없소. 재등과 복전이 싸움하려 달려들었오.
재 - 그때가 몇 시나 되었던가?
황 - 오전 11시쯤 되었오.
재 - 고등보통학교 생도들은 그곳에서 일본사람에게 싸움하고 본교 控室
　로 돌아가서 선후책을 강구한 것이 아닌가?
황 - 그 선후책을 토의하는 것보다 그 전후 사정 경과를 말하기 위하여 거
　기 모인 것이오.
재 - 그 때 몇 명이냐?
황 - 약 2백 명이 되었소.
재 - 학교 교실에 모여 오학년 급장 盧秉柱가 의장이 되어 싸움한 경로를
　설명하자 일반생도는 분개하여 중학교로 가자고 토의한 일이 있지 않
　은가?
황 - 그 때에 중학교로 가자는 것이 아니오. 각각 집으로 무사히 돌려보낼
　것을 협의하였오.
재 - 그 때에 吳快一이라는 학생이 격분하여 싸움할 방법을 토의하자고 하
　지 않았는가?
황 - 그렇소.
재 - 그리하여 이러한 부상을 당하고는 그대로 참을 수 없다는 것을 말하
　여 중학교로 추격하지 않았는가?
황 - 그렇지 않소.
재 - 이때에 李亨雨라는 학생이 곤봉 기타 등을 들고 시위운동을 하자고
　발의하지 않았는가?
황 - 그런 것이 아니라 당시 모임은 한사람씩 돌아가면 형세가 매우 위험
　하므로 단체를 지어 돌아가자고 한 것이오.
재 - 단체를 지어 돌아가자는 것은 누가 한 말인가?
황 - 그것은 알 수 없소.
재 - 그리하여 장작, 곤봉, 배트 등을 가지고 理化學교실에서 집합하였지?
황 - 그것은 도중에서 일본사람 중학생에게 습격당할 염려가 있어 防身用
　으로 가져간 것이오.
재 - 장재성이가 이러한 것을 말하자 渡邊선생이 주의하였지?
황 - 그런 것은 알지 못하오.
재 - 그리하여 이화학교실에서 일년급 생도부터 오학년까지 순서로 행진

하여 교문을 나섰지?

재 - 예심결성서에 의하면 金普燮같은 큰 사람이 먼저 나갔다지?

황 - 이름은 알 수 없으나 키 큰 사람이 앞섰오.30)

여기서 독서회 관련자 가운데 나주 출신학생들을 정리해보면 다음 표와 같다.

성명	나이	학교	본 적	주 소
金普燮	20	광주고보 5년	경북 안동 풍북면 오미동	나주군 나주면 금정 74번지
金鍾燮	19	광주고보 3년	나주군 영산면 동수리 93	광주군 광주면 수기옥정 노기룡방
吳快一	20	광주고보 4년	나주군 나주면 본정 80	
姜達模	21	광주사범 3년	나주군 남평면 동사리 197	본적과 동
姜有鎭	20	광주사범 3년	나주군 남평면 동사리 197	광주사범학교 기숙사
李翎範	23	광주농업 4년	나주군 다시면 죽산리 346번지	광주군 동문통 김용태방
李龍根	18	광주농업 3년	나주군 평동면 용동리 63번지	본적과 동
李啓春	21	광주농업 2년	나주군 문평면 운봉리 365번지	본적과 동
李榮範	20	광주고보 2년	나주군 공산면 금곡리 167번지	본적과 동
岩城錦子	20	광주여고보 3년	日本 愛媛縣 宇和島市 佐伯町 3번지	나주군 나주면 대정정 83번지

11월 12일 광주고보 졸업생 장재성의 지휘하에 독서회 회원들을 중심으로 2차 시위가 계획되는 과정에서도 나주 학생들은 중요한 역할을 하였다. 장재성은 광주고보의 吳快一·李榮範, 광주농업학교의

---

30) 『조선일보』 1930. 2. 21.

김남철 · 정욱, 광주사범학교의 이신형 · 황상남 등을 불러 회합을 갖
고 12일 거사를 준비하였다. 장재성은 11일 4종의 격문을 작성하여
오쾌일에게 전달하였다. 오쾌일은 등사판을 이용하여 4종의 전단 약
1천 장을 인쇄하여 12일 아침 김안진 · 강민섭 · 조길룡에게 교부하
였다. 이 전단에는 슬로건들과 대표자 오쾌일의 이름이 명기되어 있
었다고 한다.[31] 이리하여 12일 광주고보의 제2차 시위가 성공적으로
전개된 것이다. 2차 시위 이후 광주시내 조선인 중등학교에는 모두
휴교령이 내려졌고, 광주고보와 광주농업학교 학생 260여 명이 검거
되었으며, 청년운동 단체의 회원들도 검거되었다. 이에 대해 조선일
보는 다음과 같이 보도하였다.

> 11월 12일 이날은 오래간만에 고보생이 전부 등교는 하였으나 송국된
> 학생에 대한 동정으로 그들을 석방치 아니하면 학생 전부를 처벌하라고
> 책임자 吳快日의 서명한 삐라를 살포하면서 일제히 형무소로 향하던 중
> 경관대의 제지로 해산되었는데 고보생과 농교생 2백여 명이 총검거를
> 당하였으며 사범교와 여고보의 양교는 출동전 경관의 제지로 미수에 그
> 쳤으며 선동의 혐의로 청년측에서 장재성 외 2명이 검속된 후 학생은 대
> 부분 방면되고 20여 명은 송국되었다.[32]

그러나 학생들의 투쟁은 여기서 끝나지 않았다. 1930년 1월 학교문
이 다시 열리자 1월 9일 광주고보생들이 시험에서 백지동맹을 단행
하여 류기량 · 박남철 · 손동출 · 정세면 · 오세출 등 17명이 퇴학을 당
하였다. 이때 손동출 · 정세면은 앞서 본 것처럼 나주통학생이었다.

◇ 광주남녀고보 백지동맹 이유
광주학생사건 돌발 이래 광주 각 학교는 장구히 휴학을 하였으므로
이학기 시험을 치르지 못하였다가 지난 8일에 개학하고 이어서 시험을

---

31) 이광춘 증언(1999. 10. 19.)
32) 『조선일보 호외』 1929. 12. 28.

치르게 되었던 바, 광주고보생 전부와 여자고보생 일부 다수는 백지를 그대로 바쳤다는데 그 내용을 탐문하여 본 즉 전기 사건돌발 이래 옥중에 들어간 학생이 광주형무소에만 2백여 명인데 그 학생들과 같이 시험을 치르기 전에는 언제까지든지 백지동맹을 한다는 듯이 의연히 등교하면서도 수업도 잘 받지 아니하고 시험도 치르지 아니하므로 주요 인물로 인정하는 柳基亮, 朴南喆, 孫東出, 鄭世勉, 吳世出, 金富得 등의 5,6명에게 9일 오후 퇴학 처분을 하였는데, 형세는 금후로 또 다시 다수한 희생자가 있을 것으로 보이므로 고등보통학교는 물론 각 학교 내외를 매일 정사복경관이 엄중 경계하는 중인데 일반은 장래를 매우 주목한다더라.[33]

광주여고보에서도 백지동맹 사태가 빚어졌다. 그리고 그 주동자는 나주출신 이광춘이었다. 이에 대해 『조선일보』는 다음과 같이 보도하였다.

고보사건은 별항과 같거니와 동일 광주여자보고에서도 3년생 전부가 백지를 제출하여 일장 소동이 있었다는데 교수시간(시험시간) 중에 이광춘(여고 3년, 李光春 17) 양이 기립하여 눈물을 흘리면서 열변을 토하였으며 여러 선생의 앞에 가가 전 책임은 자기 한사람에게 있으니 아무렇게나 처벌하라 하였고, 동창 일동에게 대하여는 최후까지 분투하여 목적을 관철하라는 최후 열변에 일동도 감격하여 전부가 백지로 제출하였는데 이광춘 양은 방금 취조 중이라더라.[34]

지난 13일 오전 10시경 광주여자고등보통학교 시험을 볼 때 돌연히 3년생 이광춘(李光春 17)이가 교단에 뛰어 올라 최후까지 백지답안을 계속하자고 연설을 하였다 함은 이미 아는 바이어니와 지난 15일 오전 6시 반 경에 나주군 나주면 大正町 63번지 이광춘의 집에 나주경찰서 정복경관 7, 8인이 와서 이광춘의 자매 광주여고보 3학년에 통학하는 李錦子와 그 아우를 검거하는 동시에 엄중한 가택수색까지 하여 모종 격문도

---

33) 『조선일보』 1930. 1. 15.
34) 「여고보 3학년도 전부 白紙, 李光春양 눈물 흘리며 연설」 『조선일보』 1930. 1. 15.

압수하여 갔다는데 그 내용을 탐문한 즉 이광춘은 학교에서 백지답안을
최후까지 계속하자고 연설한 사건인 듯하다는 바 지금 유치하여 두고
취조 중이라 하며 이금자는 백지답안동맹에 가입한 혐의로 그와 같이
검거하여 동일 오전 11시 52분 나주역발 기차로 광주경찰서로 호송하였
다.[35]

　이광춘의 증언에 의하면 광주고보 쪽에서 누군가가 광주여고보의
최순덕을 통해 백지동맹을 종용해왔고, 시험 시작 전에 학생들은 이
에 따르기로 약속하였다고 한다. 그러나 막상 시험이 시작되자 학생
들이 일본어 교사 오오키(大木)선생의 눈치를 보면서 답안지를 써
내려가자 맨 앞자리에 앉아 있던 이광춘이 벌떡 일어나 앞으로 나가
"왜 백지동맹의 약속을 지키지 않으냐"고 소리치고 밖으로 나가자
다른 학생들도 밖으로 따라 나왔다는 것이다. 며칠 뒤 1월 15일 새
벽 나주경찰서에서 이광춘의 집을 찾아 왔고, 이광춘과 암성금자는
함께 연행되어 나주경찰서에서 조사를 받다가 암성금자는 광주로
연행되었고, 이광춘은 한 달 뒤쯤 풀려났다. 암성금자가 광주로 연행
된 것은 그가 소녀회 회원임이 드러났기 때문이었다. 당시 이광춘과
암성금자는 같은 방을 쓰고 있었는데, 경찰이 찾아 왔을 때 방안에
있던 각종 팜플렛 등을 이불 홑청 안에 넣고 이불을 개어 놓음으로
써 발각되지 않았다고 한다. 이광춘에 의하면 그 팜플렛 등은 암성
금자가 가져온 것이고 당시 암성금자는 장재성의 누이동생 장매성
과 매우 가까운 사이로 정구클럽을 같이 하면서 소녀회 멤버가 되었
다고 한다. 당시 소녀회는 처음 정구클럽으로 출발하여 소녀회라는
비밀결사로 발전하였던 것이다.[36]

　이러한 과정을 거쳐 나주에서 광주에 통학하던 학생들은 1930년
초에 들어서면 이런 저런 사건에 연루되어 다수가 검거되고 전원이

---

35) 「나주서 활동 여학생 검거」 『조선일보』 1930. 1. 15.
36) 이광춘 증언 (1999. 10. 19.)

학교에서 퇴학당하는 처지에 놓이게 된다. 당시 『동아일보』는 다음과 같이 보도하였다.

○ 나주통학생 21명 總黜學, 광주에 통학생 전부 絶影
    광주고등보통학교와 광주여자고등보통학교에 통학하는 나주학생 21명은 이번 학생사건으로 말미암아 필경 그 학교로부터 전부 퇴학을 해버렸기 때문에 현재 나주학생은 한 사람도 광주로 통학하는 사람이 없었다.[37]

V. 11월 27일 나주학생들의 봉기

11월 12일 광주고보생들의 2차 시위가 있은 후 나주에서도 나주학생들을 중심으로 시위준비가 시작되었다. 당시 시위에 참여한 것은 나주농업보습학교와 나주보통학교 학생들이었다. 농업보습학교는 1926년에 개교한 학교로 2년제 학교였으며, 나주보통학교와 바로 이웃한 위치에 있었다. 1928년 3월 1회 졸업생 55명을 배출했는데, 그 가운데에는 이 사건에 관계한 梁永澤이 포함되어 있었다. 29년 3월 2회 졸업생은 38명, 30년 3월 3회 졸업생은 29명으로 29년 시위로 인해 졸업생이 크게 줄어들었음을 알 수 있다.[38]

나주보통학교는 1907년 개교하였으며, 1921년 수업연한이 6년으로 연장되었다. 졸업생은 1920년대 후반에 1927년 112명, 1928년 153명, 1929년 163명, 그리고 1930년에 124명, 1931년 118명 등으로 나주시위사건 이후 졸업생이 줄어들었음을 보여준다.[39]

나주항일학생시위사건은 광주학생시위운동의 도화선을 만들었던

---

37) 『동아일보』 1930. 1. 19.
38) 나주농업보습학교 졸업대장이 현재 나주중학교에 남아 있다.
39) 나주초등학교 연혁

朴準琛의 고종사촌 柳贊玉(당시 나이 만 16세)으로부터 발단되었다. 나주농업보습학교 2년생이던 유찬옥은 당시 박준채의 집(실은 박준채의 형 박준삼의 집)에서 함께 기거를 하고 있으면서 박준채를 통하여 광주학생봉기의 경과를 잘 들어 알고 있었고, 따라서 나주학생들도 가만히 있어서는 안 된다는 생각을 갖게 되었다. 이에 그는 당시 나주 신간회지회회원이자 나주청년회 회원들이던 朴恭根·朴東熙·梁永澤[40] 등을 11월 11일 신간회 나주지회 사무소로 찾아가 광주고보 학생들이 다수 경찰에 수감되어 있는 상황에서 사건의 발단지인 나주의 조선인 학생들이 묵시하고 있어서는 안 되며 석방을 위해 선전 삐라를 만들어 살포하고 시위운동을 해야 하겠다는 자신들의 생각을 말하고 운동의 지도를 부탁하였다. 박공근 등은 이를 쾌히 승락하고 그날 밤 박준삼이 경영하는 정미소에서 박공근·박동희·양영택·유찬옥 등은 다시 모였으며, 이 때 유찬옥을 시켜 洪敏厚를 비롯하여 李昌信·李采厚·金成男 등 농업보습학교 학생들과 李性煥·元福準 등 나주공립학교 학생들도 함께 불러 시위에 대한 협의를 가졌다. 이들은 이날 밤 농업보습학교 학생 및 나주보통학교 학생들을 규합하여 11월 17일 나주 읍내 장이 서는 날을 기하여 시위운동을 하기로 결정하였다. 그런데 그 사이 농업보습학교가 17일부터 5, 6일간 농번기를 맞아 마침 임시 휴교키로 하였다는 소식이 있었기 때문에 14일 밤 이들은 정미소에서 다시 모임을 갖고 17일 실행하기로 하였던 시위운동을 일단 중지키로 하였다.

　박공근·박동희·양영택 등과 유찬옥·홍민후·이성환·원복준 등 학생들은 25일 밤 박공근의 집에서 다시 모여 지난 11일 정미소에서의 결의를 다시 확인하고 27일 장날을 기하여 시위운동을 결행

---

40) 당시 박공근은 나주보통학교를 졸업하고 만 28세로 무직이었으며, 박동희는 만 23세로 광주농업학교를 중퇴하고 박준삼의 부친 朴正業의 집에서 기거하고 있었으며 직업은 농업이었고, 양영택은 만 22세로 나주농업보습학교를 졸업하고 역시 나주면내에 거주하였고 직업은 농업으로 되어 있었다.

키로 뜻을 모으고, 살포할 선전 삐라는 유찬옥이 광주 및 목포의 시위운동에서 뿌려진 선전 삐라를 참고하여 원고를 작성해오기로 하였다. 다음 날 26일 이들은 다시 박공근의 집에서 모임을 갖고 27일 정오 양교의 휴게시간을 기하여 학생들을 선동 규합하여 조선민족 및 학생대중 만세를 고창하고 나주읍내 중심 가로를 돌면서 시위운동을 하기로 결정하였다. 또 이들은 유찬옥이 가져온 선전 삐라의 원고를 박공근이 정정한 뒤 유찬옥이 다시 집필하여 「대중이여! 학생 제군이여! 아는가? 우리들이 얼마나 강압과 폭압을 받고 있는가를」이라는 제하에 다음과 같은 격문을 만들었다.

> 보라. 광주학생충돌사건을. 저들의 편협한 행동과 추악한 행동이 얼마나 많은가. 사태가 학생사건이므로 학교당국에 맡겨 해결하는 것이 당연함에도 불구하고 사법관이 출동하고 경찰관이 출동한 것은 무슨 망동인가. 특히 우리 학생들만 다수 구속함은 얼마나 통분할 일인가. 우리들도 인간으로서 자유가 있다. 오늘 무엇 때문에 이러한 압박을 받아야 하는가. 우리들은 힘으로써 싸워 자유를 획득하자. 우리들의 무기는 단결이다. 그리고 우리들은 힘으로써 우리 학생들의 석방을 요구함과 동시에 시위로써 대중의 각성을 촉진하자. 조선학생대중만세! 피압박민족해방만세!

또 '檄'이란 표제아래 "一.식민지탄압정치에 절대 반대 반항하라. 一.언론 집회 출판 결사의 자유 획득. 一.관료적 교관의 배격. 一.조선인 본위의 교육제도 시설. 一.치안유지법에 절대 반항하라"라는 행동강령을 적은 삐라 원고를 만들었다. 이들은 이러한 원고를 만들어 박공근이 신간회 사무소에서 가져온 노판, 이창신이 농업보습학교 사무실에서 가져온 등사판 및 유찬옥이 구입해 온 원지 잉크 및 용지를 사용하여 비라 2천 부를 인쇄하였다.

27일 아침 이창신·이채후·김성남 등은 농업보습학교 학생들에 대하여, 그리고 이성환·원복준 등은 보통학교 5, 6학년 학생들에 대

하여 시위운동에 참가하도록 권유하였고, 이에 따라 농업보습학교 학
생 47명 및 보통학교 5, 6학년 학생 130여 명은 정오에 각 학교 휴게
시간이 되자마자 교문을 나와 시위운동에 들어갔다. 학생들은 주동
학생들이 교문 앞에서 건네준 삐라를 받아들고 홍민후·이창신 등이
선두에 서서 농업보습학교 학생이 앞에 서고 보통학교 학생들이 뒤
에 서서 이열종대의 대오를 짓고 후미는 이채후가 맡아 달려서 남문
정(南門町)으로 나왔다. 여기에서 학생들은 조별로 나누어 각각 본정
(本町) 구본정(舊本町)으로 행진하였고, 다시 본정 나주협동상회 앞에
서 다시 집결하여 나주군청 앞을 통과하여 나주시장에 당도하였다.
학생들은 그 사이 곳곳에서 앞의 삐라를 살포하였고, 또 '조선민중만
세' '조선학생만세'를 고창하였다. 학생들은 시장에 모여있던 다수의
군중들에게 삐라를 살포하고 또 만세를 고창하였다. 이들은 다시 과
원정(果院町) 방면으로 우회하여 그곳에서 경찰의 제지를 받고 해산
하였다. 당시 시위 모습을 동아일보는 다음과 같이 보도하였다.

　ㅇ 나주에선 普校生까지 시위운동 참가
　전남 나주에서는 지난 십일월 이십칠일 정오경에 나주실업보습학교
생도 육십여명과 나주보통학교 생도 오륙학년 전체가 합동하여 시위행
렬을 하였는데 그 자세한 내용을 들은 즉 실업보습학교 생도와 보통학
교 생도 약 오백여명이 학교에서 마침 점심시간을 이용하여 돌발적으로
대 시위 행렬을 시작하여 두 학교 생도 전부가 남문통으로 출발하여 본
정통에 이르러서는 두 대로 나누어 일대는 南本町으로, 일대는 본정통을
지나 도로 시장으로 두 대가 합하여 수천여명 장꾼 속에서 섞이어 조선
학생대중 만세를 부르짖으면서 조선인 본위의 교육제도 실시 등 여러
가지 슬로건을 쓴 격렬한 삐라를 뿌리며 다시 오륙대로 나누어 전시를
순회하여 도처에 경관과 충돌을 연출하였는데 이날은 마침 나주 장날이
므로 수천명 장꾼들은 삐라를 손에 들고 이곳저곳에서는 수근거리는 모
양은 자못 처참한 광경을 나타내었다.[41]

---

41) 「나주에선 普校生까지 시위운동 참가」(『동아일보』 1929. 12. 28.)

이 기사에서 보는 것처럼 나주학생봉기의 가장 큰 특징은 광주에
서도 볼 수 없었던 보통학교 학생들의 봉기였다. 당시 16~18세 정
도에 해당하는 보통학교 학생들의 봉기는 11월 3일 광주학생봉기의
진원지가 나주였기 때문에 가능한 일이었다. 한편『조선일보』는 다
음과 같이 보도하였다.

　ㅇ 나주실업 시위 중 경관 5명 부상
　나주에서는 광주사건에 극도로 분개하여 십일월 이십구일(27일의 오
기인 듯 - 필자)에 나주실업학교 생도가 일대 시위운동을 하다가 경관과
충돌되어 경관측에 부상자 다섯명이 났는데 그 학생들 속에는 나주보통
학교 오륙학년 생도들도 있었다. 그러자 나주경찰은 극도로 흥분되어 나
주 신간지회, 나주청년동맹 등 각 사회단체의 간부와 학생들 다수를 검
거하여 취조한 후 그 중의 두명을 검사국으로 송치하였다.[42]

조선일보의 기사에 의하면 학생과 경찰 사이에 충돌이 있었고, 경
찰 약간 명이 부상한 것으로 되어 있다. 총독부 경무국이 작성한 다
음의 자료를 보면 이 사건으로 수모자 16명이 검속되고 신간회 간부
2명과 광주고보생 2명도 배후책동 혐의로 검속되었음을 알 수 있다.

　광주에서의 학생 사건은 다시 동도 나주에도 파급되어 11월 27일 정
오경 나주 농업보습학교 생도 약 50명 및 나주공립보통학교 생도 약 백
명은 점심 휴게 중 나주 장날을 이용하여 시장에서「광주피구금학생 석
방을 요구」외 수 항목을 기재한 등사한 붉은 격문을 살포하고 시가로
향하면서 시위적 행동을 하여 곧 수모자 16명을 검속, 취조한 결과, 살포
한 격문은 신간회 나주지회의 등사판을 사용 제작하는 등, 그 배후에 동
회 간부 2명 및 광주고보생도 2명이 책동한 혐의가 있어 검속을 추가하
여 취조중인데, 농업보습은 태반이 사건이 관계하였기 때문에 다음날인
28일 선후 조치를 위해 휴교하였고, 보통학교는 평소대로 수업을 계속하
였는데, 5,6년 생도 253명 중 126명 및 4년 생도 이하는 모두 등교, 수업
을 받았고, 이래 점차 등교자가 늘어나 평정을 되찾기에 이르렀다.[43]

---

42)『조선일보 호외』1929. 12. 28.

이 사건으로 인하여 체포된 신간회 관계자들에 관한 기사는 다음
과 같다.

　광주학생사건으로 일어난 나주공립보통학교 생도 오백여명이 지난 11
월 27일 나주장날을 기회로 과격한 격문 수천장을 뿌리며 만세를 고창하
여 일대 시위운동을 한 사건으로 그 관계자 십여명이 나주경찰서에서 취
조를 받고 있던 바, 지난 31일 광주지방법원 검사국으로 넘겼다는데 그
사람들은 아래와 같으며 김창용 씨 외 3명은 무사 석방되었다더라.
　▲ 신간회지회 서무부장 朴恭根 ▲ 동 상무 梁永澤
　▲ 보교생도 柳贊玉 ▲ 동 洪敏厚
　▲ 청맹지부장 朴東熙 ▲ 청맹위원 金亨浩 44)

박공근 · 박동희 · 양영택 · 유찬옥 · 홍민후 등은 이처럼 체포 기소
되어 1930년 3월 5일 광주지방법원에서 재판을 받게 되었다. 당시
재판과정을 『동아일보』는 다음과 같이 보도하였다.

　○ 재판장은 時局論, 검사는 징역을 구형
　◇ 나주사건 공판 광경
　[나주] 전라남도 나주학생시위사건의 보안법 위반과 출판법 위반의
제1회 공판은 26일 오후 한 시부터 광주지방법원 제1호 법정에서 개정,
木村 재판장 주심과 酒井검사의 입회, 변호사 宋和德, 柳福永 양씨의 출
정, 목촌재판장으로부터 박공근(30), 유찬옥(18), 박동희(25), 양영택(24),
홍민후(22) 등 다섯 피고에 대하여 형식대로 본적, 주소, 성명, 직업, 연령
등을 묻고 주정 검사가 기립하여 기소이유를 설명하고 박공근부터 심리
를 시작하였다. 마침 날이 흐리어 밖에는 번개가 번쩍거리어 공판정은
음산하였다. 사실심리를 마친 후 재판장은 오는 3월 5일 언도하겠다고
선언한 후 오후 3시 45분 폐정하였다.
　◇ 구속생 석방차로 시위운동 실행
　재판장의 사실심리에도 대하여 하나도 부인치 않고 시인

43) 「나주학생불온행동사건」『광주학생사건자료』136쪽
44) 「광주학생사건 6인은 송국」『동아일보』1930. 1. 5.

피고 박공근의 답변

목촌 재판장은 박공근에 대하여 피고가 중외일보지국 기자로 다니던 일과 신간회 회원이던 것과 나주청년동맹 검사위원장이던 것과 그 단체의 기능을 물어보고 이삼 문답이 있은 후 작년 10월 30일 오후 5시 반경 나주역 출찰구에서 일어난 광주고보 학생 박준채와 중학생의 충돌을 비롯하여 광주사건이 연출되었던 것을 아느냐고 물은 즉 피고는 신문지상으로 아노라고 답변하고 사건의 발단지인 나주에서 그대로 있을 수 없다고 나주농업보습학교와 보통학교에 선전 삐라를 뿌리고 시위운동을 하자는 의견을 유찬옥에게서 듣고 피고는 신간회원 박동희, 양영택과 의논하여 실행하기로 하였는가 하는 물음에 그랬다고 승인하고 시위운동 기일을 최초에 17일로 하려던 것을 때마침 농번기라 농학교가 일간 휴학을 하기 때문에 연기를 하였다고 공술하고 그 달 27일 시위운동을 할 때에 광주, 목포에서 뿌린 선전 삐라를 참고하여 만들었느냐 하는 질문에 각기 부서를 정하여 3천장을 박았다고 답변하고,

재판장: 그 삐라가 밤 1시경에 다 되었는가?

답: 그렇소.

재판장: 시위운동을 하는데는 27일 학교 晝食 때를 이용하여 농교, 보교 학생들을 모아가지고 단체를 지어 시내를 돌자고 하였는가?

답: 그랬소.

재판장: 그날에 농업학교 학생이 7,80명 보교 오류학년생 145명이 합하여 2열로 대를 지어 가지고 나주 남문정으로부터 본정, 구본정에 이르러 두 대로 나누어 나주협동상회 앞에서 합하여 다시 나주군청 앞을 지나 시장을 돌아서 과원정을 지나다가 경관에게 제지를 당하고 또는 체포를 당하였는가?

답: 그날은 나중에 들어서 알았으나 나는 그 때 집에 있었으므로 보지는 못하였소.

재판장: 왜 안 다녔는가?

답: 학생의 하는 일이라 안 참가했소.

이러한 문답이 있은 후 피고로부터 그 운동은 광주학생을 석방시키기 위하여 행한 수단이요, 합법적 수단도 있지 않으냐 하는 질문에 대하여는 그런 생각이 나지 않았다고 대답하여 박공근의 심리를 마쳤다.

◇ 삐라 살포와 시위행렬 시인

피고 박동희의 심리에 들어가서 2,3 문답이 있은 후 피고는 문제의 발단인 박준채와 친척관계로 잡힌 학생을 석방케 할 차로 시위운동을 하

였다고 하자 재판장은 다시 일본의 병력을 자랑하고 세계적 강국이니 그런 일로는 목적을 달치 못한다고 하였다. 뒤를 이어 양영택에 대한 심리가 있을 때 역시 구검학생을 석방시킬 뜻으로 시위행렬을 하였다는 말을 공술하고 홍민후의 사실 심리가 있었는데 피고는 최봉춘이라는 학생에게 삐라 백여 장을 준 것과 삐라를 학교 자기 책상에 넣어두고 공부하다가 들리는 날엔 누구든지 먼저 공부를 마치는 사람이 내가기로 하였다는 말과 행렬을 할 때에 민중만세, 학생만세를 불렀다는 것을 시인하였다. 이로써 심리를 마치고 검사의 구형이 있었으며 그 후 송화식 유영복 두 변호사의 변론이 있었다.

◇ 강병을 자랑하는 재판장의 시국론

재판장은 시국론으로 한참, 피고 유찬옥의 심리

박공근의 사실 심리를 마치고 유찬옥에 대하여 박공근이 말한 바와 틀림이 있으면 말하라 하자 피고는 다소 상위되는 바를 말하고 시위운동을 한 것은 시위운동인줄도 모르고 행렬를 하는 데는 삐라를 뿌리고 하는 것으로 알고 한 것이요 할 때에는 재판장이 제지하고,

재판장: 피고는 그 행렬에 참가 안했는가?

답: 그렇소.

재판장: 그것은 경관에 잡혀갈 염려가 있어서 그랬는가?

답: 이렇게 될 일인줄은 모르고 한 것이 이렇게 되었소.

재판장은 조선에 경찰이 있고 군대가 있고 만일 부족하면 일본서 얼마라도 가져올 능력이 있는 나라요 구한국과 같은 미약한 나라가 아니라는 등 세계전쟁을 해서 패한다면 별문제이지만 그 전에는 할 수 없다는 등 한참동안 시국론을 고조하였다.

○ 검사구형

박공근 징역 1년, 유찬옥 동 10개월, 박동희 동 10개월, 양영택 동 10개월, 홍민후 동 10개월[45)

1930년 3월 5일 열린 언도공판에서 재판장은 검사의 구형대로 박공근 징역 1년, 유찬옥 · 박동희 · 양영택 징역 10월, 홍민후 징역 8월을 각각 선고하였다.[46)

---

45) 『동아일보』 1930. 2. 28.
46) 앞의 판결문 및 『동아일보』 1930년 3월 6일 「나주만세학생 구형대로 언도」

그러나 나주학생들의 저항은 11월 27일의 봉기로 끝나지 않았다. 이틀 뒤인 11월 29일에는 영산포 공립보통학교 학생들의 맹휴가 일어났다.[47] 또 유찬옥·홍민후에 대한 재판이 진행되는 동안 이창신 등 나주농업보습학교 학생들과 원복준 등 보통학교 학생들은 1930년 2월 10일 정오 제2차로 시위를 벌였다. 이날 시위 모습을 『조선일보』는 다음과 같이 보도하였다.

    십일(장날) 오전 십이시경에 나주농업학교와 나주공립보통학교 생도 2백여명이 광주학생동정만세, 조선학생만세 등을 연호하여 시위운동을 하다가 경관에게 포위되어 속속 피검중이라더라. [48]

『중외일보』는 이 사건으로 50여 명의 학생들이 한때 검거되었으나 17일경 모두 석방되었다고 보도하였다.[49] 그러나 그들이 학교에서까지 무사하지는 않았다. 나주농업보습학교의 시위 참가학생 처벌은 다음과 같았다.

    [나주] 2월 19일 나주실업보습학교 那須교장이 동교 2학년생 崔奉春 李昌信 朴春根 세 명에게 무기정학 처분을 한 후 아직 해제하기도 전에 27일에는 또 2학년생 11명, 1학년생 4명 합 15명에게 2월 28일부터 3월 2일까지 3일간 근신명령을 하였다 한다.[50]

또 나주보통학교 5, 6학년 학생들도 학교에서 대부분 경고처분을 받았고, 또 서약서까지 써야 했다. 특히 徐相老는 시위당일인 1930년 2월 10일부로 무기정학 처분을 받았다가 3월에 해제를 받았다.[51]이

47) 「영산포공보생 맹휴」『동아일보』 1929년 12월 28일
48) 「羅州農校 公普生 광주학생 동정 萬歲」『조선일보』 1930. 2. 12.
49) 『중외일보』 1930년 2월 12일 「나주실업과 보교생, 제2차로 시위」 ; 2월 14일 「나주농보교 25명 속조」 ; 2월 22일 「나주학생들 전부를 석방」
50) 「나주실업보습학교 15명에게 停學」『동아일보』 1930. 3. 2.
51) 나주초등학교에 남아있는 학적부 참조. 서상로는 나주면 남문정에 거주하

로 미루어 볼 때 이날 시위는 실업보습학교의 최봉춘·이창신·박춘근과 나주보습학교의 서상로가 주도한 것으로 보인다. 여기서 이창신·최봉춘은 1차 시위 때에도 주동자로 참여한 이들이었다.

이후에도 나주에는 계속 긴장감이 감돌았다. 특히 3월 1일이 다가오자 나주경찰서는 나주청년동맹과 소년동맹 간부들, 그리고 나주보통학교 실업학교 학생들을 예비 검속하였다.[52] 나주학생봉기와 관련한 구속자들은 대체로 1930년말에서 1931년초 석방되었으나[53] 유찬옥만은 대구복심법원에 공소하였다가 대구감옥에서 張鎭弘 옥사사건과 관련하여 옥중에서 항의하는 소동을 일으켰다는 이유로 가형을 받아 2년간의 형기를 마치고 1931년 8월 20일에야 석방되었다.[54]

여기서 나주학생봉기와 관련하여 특히 주목할 인물이 朴恭根이다. 그는 1901년 나주읍 출생으로 조선말기 나주 戶長을 지낸 朴次殷(號 尙郁)의 孫이며, 나주보통학교 수학, 1925년 2월 효종단 참여, 5월 나주노농공영회 중앙집행위원, 7월 나주청년회 집행위원, 1926년 2월 나주노동연맹 위원, 1926년 11월 나주청년회 지육부 위원, 『중외일보』 나주지국장, 1929년 8월 나주청년동맹 검사위원장, 1929년 8월 신간회 나주지회 서기장 등의 경력을 가진 이였다.[55] 그는 밀양 박

던 徐基洙(농업)의 아들이었다.

52) 「나주서 긴장하여 청년학생을 검거」『조선일보』1930. 3. 4.
　　2월 28일 나주경찰서에서는 돌연히 청맹 나주지부 집행위원 高二泰, 소년동맹 집행위원 徐炯允 외 나주보통학교와 실업학교 학생 3인을 검속하고 시내 거리에는 사복경관을 배치하여 행인의 행장을 살피므로 시민은 무슨 계획이나 발각되었는가하여 큰 의심을 가지나 사실은 만일을 염려하여 그와 같이 긴장한 태도를 취한다더라.

53) 「박공근군 출옥」『동아일보』1931. 1. 22.
　　전남 나주학생사건으로 재작년 겨울에 광주형무소에 수감되었던 신간회 나주지회 서기장 朴恭根군은 만기되어 금 1월 20일 오전 9시경 수십 동지의 환영리에 건강한 몸으로 출옥되어 나주 자택으로 돌아갔다 한다.

54) 「광주학생사건 류찬옥군 출옥」『동아일보』1931. 8. 23.

55) 「나주학생만세시위사건 광주지방법원 판결문」(昭和5年 刑合公 제7호) ;『密陽朴氏 淸齊公派 家乘譜』; 徐有采씨(1905년생) 증언(1992. 10. 9.) ; 崔南九

씨로, 앞에서 본 박준삼과는 다소 촌수는 멀지만 같은 집안으로 한 항렬 아래였다.

VI. 맺음말

이상 1929년의 11·3학생독립운동과 나주학생들의 연관성에 대해 살펴보았다. 나주 학생들은 11·3봉기의 도화선이 된 10월 30일의 나주역 사건으로부터 시작하여, 10월 31일의 통학열차 안의 사건, 11월 1일의 광주역에서의 한일 학생들의 충돌, 11월 3일 광주고보생들의 1차 봉기, 11월 12일의 2차 봉기 등에서 주동적인 역할을 수행하였다. 그리고 11월 27일의 나주농업보습학교와 나주보통학교 학생들의 봉기, 이듬해 2월 10일 이들의 2차 봉기 등에 이르기까지 나주 지역 내에서도 줄기찬 항쟁을 계속하였다. 그리고 이 사건으로 인해 30여 명에 이르던 광주 통학생들은 전원 퇴학당하였고, 구속 기소된 이들을 비롯하여 감옥에 들어가 고초를 겪은 이들은 부지기수였다.

타 지역의 학생들과 비교하여 왜 나주의 학생들은 이같이 이 항쟁에 주도적으로 참여하였을까. 그 배경으로 먼저 들 수 있는 것은 나주지역에 타 지역에 비해 많은 일본인들이 들어와 있었고, 따라서 그들은 일제의 식민지 지배와 수탈에 더 민감하지 않을 수 없었다. 또 그들은 일본인 학생들과 같은 열차로 통학하면서 그들과 자주 부딪칠 기회를 가졌다. 그 때마다 그들은 일본인 학생들과 맞서서 결코 물러설 수 없다는 자존심을 강하게 키워왔다. 이러한 그들의 자존심은 그들의 선조, 부형, 선배들의 항일운동의 전통에 의해 더욱

씨(1903년생) 증언(1992. 6. 3.) ; 徐炯珉씨(1903년생, 박공근의 처)와 박정현 씨(1923년생, 박공근의 딸) 증언(1992. 12. 8.) ; 박화옥씨 증언(1993. 6. 25.)

조장되었다. 나주지역에는 1896년 단발령에 대한 저항으로부터 시작하여 한말의 의병봉기 등 항일운동의 뿌리깊은 전통이 있었다. 그러한 전통은 1920년대 청년회운동, 노동운동, 농민운동, 신간회운동 등으로 이어지고 있었다. 11·3봉기 이후 학생독립운동에 참여한 이들 가운데에는 이들과 인맥으로 연결된 이들이 많았고, 1929년 11월 27일 나주학생들의 봉기는 이들의 지도를 받아 이루어졌다. 결국 이같은 한말 이래 일제에 대한 저항운동의 전통과 학생들의 자존심, 항일의식 등이 강하게 결합되어 나주는 11·3학생독립운동의 진원지의 구실을 하고, 나아가 광주에서 목포로 이어진 봉기를 나주에서 다시 한 번 일으킴으로써 이를 전국적인 투쟁으로 확산시켜 나가는 중요한 구실을 할 수 있었던 것이다.

그리고 나주출신 학생들은 11·3학생독립운동으로 학교에서 퇴학당하고 옥고를 치른 뒤, 1930년대 전반 나주의 민족운동의 주역으로서 등장하게 된다. 이들은 나주의 각 면에서 농민조합, 노동조합, 야학, 청년회 등에 참여하여 민족운동의 기반을 넓히는 데 기여했고, 또 일제에 의해 그만큼 가혹한 탄압을 받기도 했다.

한말 일제시기(1895~1929) 나주지역의 근대교육

박 만 규*

Ⅰ. 머리말

개항 이후 민간에 의해 먼저 추진된 근대교육은 서양의 신문물을 수용하여 근대사회로의 발전을 도모하는 동시에, 제국주의 외세의 침략을 극복하고자 하는 민족운동의 일환으로 전개되었다. 이후 조선정부에서도 갑오개혁을 계기로 관공립학교를 설립하여 근대교육을 본격화하였다. 이러한 근대교육의 전개과정은 대체로 1880년대 민족사학의 형성기, 1895년 갑오개혁으로 정부에 의해 추진되는 관

---

* 전남대 역사교육과

공립학교의 설립기, 1906년 을사조약 체결로 통감부가 설치되고 일본에 의한 교육침략정책이 추진되는 시기 그리고 일제식민지 교육정책 시기 등으로 구분되고 있다.[1] 특히 일제의 침략이 노골화되는 1880년대와 1890년대에 걸쳐 민족사학과 정부에 의해 추진된 일련의 근대교육은 민족운동사에 있어서 중요한 의미를 가지고 있다.

조선의 근대적 교육기관은 관학에 앞서 민간의 자발적 노력에 의해 세워졌다. 최초의 사립학교는 1883년에 설립된 元山學舍로 알려져 있는데,[2] 원산 지방인들이 관료들과 함께 신학문을 가르치기 위해 설립하였다. 특히 학생들에게 입학 자격을 개방하고 있다는 점과 조선인의 성금의 의해 설립되었다는 점은 조선의 근대교육이 지향하고자 하는 점을 시사해 주기도 한다. 즉 민족사학의 경우 대개는 일제의 침략으로부터 국권을 수호하기 위한 민족운동의 일환으로 설립되었으며 이러한 성격 때문에 사학의 설립에는 전민족적인 호응이 함께 하였던 것이다. 그리고 이러한 정신은 일제의 의해 강제 합병을 당한 시기에도 지속적으로 유지되고 있었다. 민족사학은 교육이라는 본래의 기능과 함께 독립운동의 한 방략으로서의 역할을 수행하고자 했던 것이다.

元山學舍 이후 기독교 선교사들은 이화학당(1886), 배재학당(1886), 정신여학교(1895) 등을 설립하였고, 민족지도자들도 興化學校(1895), 乙未義塾(1896), 漸進學校(1899) 등의 근대학교를 설립하면서 본격적인 근대교육이 전개되었다.[3] 이후 사립학교의 설립은 급격히 늘어나

---

1) 金興洙, 「한국 근대 민족사학의 성립과 교육내용에 관한 연구」, 『역사교육』 50집, 역사교육연구회, 1991.
2) '기독교계 최초의 학교이자 우리 나라 최초의 서양식 학교는 1855년에 충북 제천군 봉양면 구학리 오지에 설립된 가톨릭계의 배론 성요셉 신학당이다.'라는 문형만의 연구성과가 있지만 '근대적인 영향은 크지 않을 것으로 평가'하고 있어서 논의에서 제외하였다. (문형만, 「한국의 근대학교 발달과 성요셉 신학당」, 『신학전망』 68호, 광주가톨릭대학, 1985)
3) 이외에도 신문기사를 통해 확인되는 학교명으로는 『사립법률학교』(독립신문 1896년 5월 26일자), 『송천사립학교』(『독립신문』, 1896년 8월 18일),

는데, 합병 직전인 1908년에는 전국적으로 사립학교가 京城시내에
100여 교를 비롯하여 總數 5,000여 개에 달했으며, 학생 수는 20만에
이르렀다.4) 이들 사립학교들이 애국·자주·항일·독립사상을 배양
하는 온상이 되자, 일본은 1908년 8월 26일 「사립학교령」 발포를 시
작으로, 8월 28일자로 「사립학교령 시행에 관한 훈령」과5) 교과서의
내용을 통제하기 위한 「교과용도서검정규정」을 발포하고6), 동시에
각 학회의 활동을 함께 규제하기 위한 「학회령」을 발포하여7) 사립
학교의 증가를 억제하고자 하였다.

조선정부는 1886년 미국인 길모어(G.W.Gilmore), 벙커(D.A.Bunker),
헐버트(H.B.Hulbert) 등 3명의 교사를 초빙하여 외국통역관과 정부의
관리 양성을 목적으로8) 육영공원을 설립하였는데, 입학자격을 양반
자제로 제한하고 있기는 하지만 정부에 의해 추진된 근대교육의 효
시라 할 수 있다. 조선정부는 갑오개혁으로 6부의 관제를 八衙門으
로 확장·개편하고 그 가운데 학무로 하여금 교육문화를 담당하게
하였다. 1894년 7월에 새로 출발한 학무아문에는 大臣 1, 協辨 1, 參
議 6, 主事 18인의 직원이 배정되었고 사무기구는 총무국을 중심으
로, 先聖, 先賢의 詞廟와 經籍의 保守 등을 관장하는 성균관 및 庠校
書院 사무국, 중학교·대학교·외국어학교 및 전문학교에 관한 사무
를 관장하는 전문학무국, 소학교·사범학교에 관한 사무를 관장하는

평양의 『보통문안 학당』과 『대동문안 학당』(『독립신문』, 1896년 9월 5일)
등이 있다.
4) 朝鮮總督府, 『朝鮮の保護及倂合』, 大正 7년(1908) ; 孫仁銖, 『한국근대교육
사』, 연세대학교 출판부, 1971. 재인용.
또한 黃玹의 梅泉野錄에 의하면 1910년 한일합병 직전까지 불과 몇 해
사이에 三千餘에 달하는 사립학교가 세워지고 1909년 전국 사립학교 請
願數가 2,056건이라고 하였다.(한국교육사연구회, 『한국교육사』, 교육출판
사, 1998)
5) 『官報』 1908년 9월 1일 (學部令 제2호, 私立學校令施行에 관한 件)
6) 『관보』 1908년 9월 1일 (학부령 제16호 – 교과용도서검정규정)
7) 『관보』 1908년 9월 1일 (칙령 제63호 – 학회령)
8) 『增補文獻備考』 卷之二百九, 學校考八.

보통학무국 그리고 국문철자·외국어 번역 및 교과서 편찬사무 등을 관장하는 편집국 등으로 구성되었다.[9]

이러한 조직개편과 함께 정부는 먼저 교사양성을 목적으로 우리나라 최초의 근대식 학교법규인 한성사범학교관제를 공포하고, 이와 함께 4장 29조로 되어 있는 소학교령를 공포하여 소학교의 목적, 종류, 경비, 편제, 남녀 아동의 취학, 학교 설치 및 감독 그리고 직원에 대하여 규정하였으며, 각급 학교의 관제와 규칙도 잇따라 제정·공포하였다.[10] 이에 의거하여 1895년에 근대식 관립학교인 漢城사범학교가 설립되었고, 같은 해 서울의 吳慶善家에 세웠던 私立己未義塾을 관립으로 승격시킨 수하동 소학교를 비롯하여 영동·정동·제동 소학교와 四學의 하나였던 東部學堂 舊址에 세운 양사동 소학교가 설치되었다.[11] 이와 함께 1896년 9월에는 지방에도 공립학교를 설립하기 시작하여 한성부와 13도관찰사의 소재지인 수원·공주·충주·광주·전주·진주·대구·춘천·평양·경성·해주·함흥 등지에 공립심상소학교가 설립되었으며 이어서 개항장과 전국의 주요군 지역인 개성부·강화부·인천항·부산항·원산항·경흥항·제주·양주·파주·청주·홍주·임천·남원·순천·영광·경주·안동·안악·의주·강계·성천·원주·강릉·북청 등지에 학부의 지정지로서 소학교가 설치되었다.[12] 소학교의 설치는 전국적으로 확대되어 1905년 을사조약이 체결될 때까지 서울에 10개교와 지방에 50개교의 소학교가 설립되었다.[13] 1895년 2월에 발표된 敎育立國詔書나

---

9) 吳天錫, 『한국근대교육사』, 광명출판사, 1975.
10) 吳天錫, 『한국근대교육사』, 광명출판사, 1975.
  1895. 4. 16. 한성사범학교관제, 1895. 5. 10. 외국어학교 관제, 1895. 7. 2. 성균관관제, 1895. 7. 19. 소학교령, 1895. 7. 23. 한성사범학교규칙, 1895. 8. 9. 成均館經學科規則, 1895. 8. 12. 소학교규칙 大綱, 1896. 2. 20. 補助公立小學校規則, 1899. 3. 24. 의학교관제, 1899. 4. 4. 중학교관제, 1899. 6. 24. 상공학교관제, 1900. 6. 27. 외국어학교규칙, 1904. 6. 8. 농공상학교관제.
11) 차석기, 『교육사교육철학』, 집문당, 1986.
12) 官報, 建陽 元年(1896) 9월 21일, 學部令 5호.

1895년 9월 30일에 발표된 學部告示에서 나타난 관공립학교의 교육
이념에는 애국적이고 민족적 성격을 강조하였다.[14]

1904년 8월에 「한일외국인고문용빙에 관한 협정」이 체결되고 이
에 따라 1905년 2월에 일본인 學政參與官으로 幣原坦이 배치되면서
일제에 의한 교육침탈이 본격화되었으며,[15] 을사조약이 체결된 다음
해 2월에는 통감부 초대통감으로 伊藤博文이 부임하면서 통감부 서
기관인 俵孫一이 교육사무를 담당하였고 학부 직원의 거의 반수가
일본인으로 바뀌었다.[16] 이들의 주도하에 1906년 8월 27일에 대한제
국 황제의 칙령으로 「농림학교관제」, 「사범학교령」, 「고등학교령」,
「외국어학교령」, 「보통학교령」 등의 諸 「학교령」이 공포되었으며,[17]
이에 따라 이전의 소학교는 보통학교로, 이전의 중학교는 고등학교
로 명칭이 개정되었다. 1906년 공포된 교육령 개정에는 통감부시대
의 교육정책의 기본방침이 나타나고 있는데, 이는 식민지체제를 고
착시키기 위해 한국민에 대한 文盲政策을 추진하고 아울러 사립학
교의 통제에 주안점을 두었다.[18]

1910년에 조선을 강제 합병한 일본은 제국주의의 정치적·경제적
침탈을 뒷받침하기 위한 교육정책을 입안하여 「제1차 조선교육령」
을 공포하였는데, 이에 의하면 보통학교는 수업연한을 3~4년으로
하여 낮은 수준의 교육을 제공하였으며, 2~3년 과정의 농업학교, 상
업학교, 공업학교를 두어 농·상·공의 직업교육을 강화하였고, 간
이실업학교를 통해서 단기간에 많은 농·공·상인을 양성하여 전문
지식인보다는 일본의 식민지정책에 순응하는 전문직업인의 양성에

13) 高稿濱吉, 『조선교육사고』, 동경: 제국지방행정학회, 1927.
14) 金興洙, 「한국 근대 민족사학의 성립과 교육내용에 관한 연구」, 『역사교육』 50집, 역사교육연구회, 1991.
15) 鄭在哲, 『일제의 대한국식민지교육정책사』, 일지사, 1985.
16) 孫仁銖, 『한국근대교육사』, 연세대학교출판부, 1971.
17) 『官報』 1906년 8월 31일, 9월 1일(勅令 41호-44호, 學部令 20호-23호)
18) 한국교육사연구회, 『한국교육사』, 교육출판사, 1998.

주력하였다. 특히 「제1차 조선교육령」 시기에는 민족교육이 추진되는 사립학교를 탄압하기 위해 별도의 「사립학교규칙」과 「개정사립학교규칙」을 제정하였으며, 일제의 탄압으로 사립학교의 수가 격감하는 것과는 반대로 서당수가 증가하기 시작하자, 일제는 다시 「서당규칙」을 제정하여 민족교육을 말살하고자 하였다.

합방 이후 강압적인 방법으로 한국민을 통치해 온 일본은 「3·1운동」이라는 전민족적 저항을 맞으면서 통치방법에 있어서 이른바 「문화정치」라는 회유정책을 쓰게 되었다. 이에 따라 교육정책도 새로운 전환점을 모색하면서 1922년 "內鮮共通의 정신에 기하여 동일한 제도하에 시설의 완비를 기한다."[19]는 이름아래 「조선교육령」을 개정·공포하였다. 「제2차 조선교육령」의 특징은 보통학교의 수업연한을 6년으로 연장하여 일본과 동일한 학제를 채택하였다는 점과 고등교육기관에서 「內鮮共學」을 정하고 있다는 점을 들 수 있다. 그러나 이러한 일본의 교육정책은 한국민의 격화된 반일감정을 무마하려는 유화책에 불과하였으며, 오히려 일본은 「內鮮一體」, 「內鮮共學」, 「日鮮融和」 등의 정책을 통해 한국민에 대한 동화주의 교육에 주력하였다.[20] 「제2차 조선교육령」은 일제가 1938년 3월 「제3차 조선교육령」을 공포할 때까지 계속되었다.

본고는 1929년에 발생한 광주학생독립운동의 배경으로 나주지역의 근대교육을 살펴보고자 한다. 따라서 본고는 근대학교의 설립에서부터 「제2차 조선교육령」 시기인 1929년까지를 시한으로 하였으며, 교육정책의 변화에 따른 나주지역의 근대교육상황을 관공립학교와 사립학교 그리고 청년회의 교육활동으로 나누어 고찰하였다. 일본은 한반도에 대한 식민지체제를 공고히 하기 위한 수단으로 근대교육을 실시하였으며, 이에 대해 한국민은 국권회복을 위한 민족운

---

19) 大野謙一, 『朝鮮敎育問題管見』, 昭和 11년 ; 제3대 조선총독 齊藤實이 「제2차 조선교육령」을 공포하면서 함께 발표한 논고의 구절이다.
20) 한국교육사연구회, 『한국교육사』, 교육출판사, 1998.

동의 일환으로 근대교육을 받아들였다. 일제가 추진한 교육정책에 대해 한국민은 어떻게 대응하였으며, 한국민의 민족의식에 어떤 영향을 끼쳤는가 하는 점을 파악하는 것은 독립운동사의 측면에서도 중요한 일이다. 이러한 점에서 광주학생독립운동의 발상지인 나주지역 근대교육의 실상을 살펴보는 것은 광주학생독립운동의 배경을 이해할 수 있는 한 방법이 될 수 있을 것으로 생각된다.

Ⅱ. 나주지역의 근대교육

1. 관공립학교

조선은 1895년 「敎育詔書」를 발표하고 「한성사범학교관제」, 「외국어학교관제」, 「성균관관제」, 「소학교령」 등 제학교관제와 법규를 제정하고, 다음 해인 1896년에 한성부, 13도관찰사소재지, 개성부와 강화부, 그리고 개항장과 전국의 주요 군 등 37개소에 공립학교의 설립을 공포하였다. 전남지역에서는 광주·순천·영광 등 3개 지역이 이에 해당하는데 이에 따라 전남지역 최초의 근대학교로 심상과 3년의 학제를 도입한 광주공립심상소학교가 1896년에 설립되었다.[21] 비슷한 시기에 순천공립심상소학교와 영광공립심상소학교가 설립되었으며,[22] 1897년에는 목포항의 치소가 있던 무안읍내에 무안공립심상소학교가 개설되었다.[23] 이 곳에 세워지는 학교들에 대해서는 국가에서 기존 향교의 講學堂과 學田을 사용하도록 하였으나 현재 이들

---

[21] 전라남도지편찬위원회, 전라남도지 15권, 전라남도, 1994. 87쪽 재인용 : 구한국관보, 1896. 9. 21. 현재 광주서석초등학교.
[22] 구한국관보 제434호, 건양 원년, 9월 21일자.
[23] 전라남도지편찬위원회, 전라남도지 15권, 전라남도, 1994.

학교에 대한 기록은 전혀 남아있지 않다.

나주지역에서 관공립학교로 세워진 최초의 학교는 나주공립심상
소학교이다. 1897년에 설립된 나주공립심상소학교는 府 治所이상의
지역에 공립소학교를 설립토록 독려한 정부의 정책에 의해 설립되
었다.[24] 당시의 신문 기사를 보면 나주 군수가 학교를 세우고 교육
시켰다거나 혹은 학교를 보수하였다는 기록이 있어, 1897년에 이미
나주 군수가 관여하는 관공립학교가 세워져 있었음을 확인할 수 있
다.[25] 그러나 나주공립소학교는 그 기록이 부실한 관계로 현재의
나주초등학교로 계승되고 있는 것으로만 추정하고 있을 뿐이다. 갑
오경장 이후 소학교령에 의해 세워진 소학교가 전국에 60여 개로
파악되고 있으나 나주지역의 경우는 나주공립소학교 외에는 확인되
지 않는다.

---

24) 전라남도지편찬위원회, 전라남도지 15권, 전라남도, 1994.
25) <독립신문>, 1897. 8. 12일자.
   리우규씨는 작년 사월에 나주 군수로 도림하여 비도 쇼요한 남져지에 해
   군 인심을 잘 무마하여 읍촌간에 병든 것 같은 인민들을 다행히 소생을
   시키고 별도히 학교를 배설하여 인민의 자제들을 시무에 유죠한 학문으
   로 교육시키고 엽전 일천 오백량을 연름 하여 학교비를 보조 하고 갑오
   년 유망 난판 된 결 호전 미 상랍죠엽견 삼천여량을 자당 하여 상랍을
   마감하고 뎡유전 봄등에 경내 민후 칠천여호 호포젼을 매호에 엽견 너돈
   식 또한 자당 하여 상랍 한고로 랴쥬군 일경 백셩 거의 소셩 되야 가랴
   는 즈음에 리우규씨가 원을 갈녀 가지해군 인민의 마음은 어린 아해가
   부모를 일허 버린것 같다더라.
   <황성신문>, 1898. 12. 2일자.
   家家買絲
   나주군수金稷鉉氏가 莅官以後에 一心循良에 百弊가俱祛하야 一境人民이 召杜
   의澤을彼하고錦城의曲을歌하더니 其功德을益讚코져 하야 萬人傘을製하고 詩
   歌八章을揭하니 其槪意則弊局을蘇復홈과 耆老善養홈과 學校를修補하는等事
   라己往에도 或善治守令이라고稱하는이가 多하느 其確實홈을信치하니 하엿더
   니 同氏는 춤實蹟이有하다니 우리는 羅州人民이 爲하야다시 讚頌하노라
   『나주초등학교 연혁지』에 따르면 1907년에 나주보통학교의 교장으로 나
   주군수가 겸임하고 있어, 이 시기에도 나주군수가 학교의 운영에 관여했
   을 것으로 생각된다.

일본은 「사범학교령」, 「고등학교령」, 「외국어학교령」, 「보통학교령」과 각 학교령의 시행규칙을 1906년 8월 27일자로 한꺼번에 발표하였으며,[26] 이를 9월 1일부터 시행하였다. 1906년에 「보통학교령」이 공포되면서 동년 4월에 목포의 공립소학교가 공립보통학교로 바뀌었으며, 1906년 9월에는 광주공립소학교가, 1907년 5월에는 나주의 공립소학교가 공립보통학교로 바뀌었다. 「보통학교령」의 공포로 기존의 공립소학교가 보통학교로 개편되고 일본인 교사에 의해 식민지 교육이 시작되면서 조선정부에 의해 설립된 공립소학교의 기록은 현존하는 초등 학교의 연혁 속에 사라지게 되었다. 나주초등학교의 연혁지에도 학교의 설립연도를 보통학교로 개편되는 1907년 5월로 기록하고 있는데, 이는 일본이 보통학교의 설립을 근대학교의 원년으로 삼고자 하는 의도를 드러내는 것이라 하겠다.[27]

개교 당시의 나주공립보통학교의 모습을 <황성신문>에서는 다음과 같이 묘사하고 있다.

羅校興旺

나주공립보통학교는 작년 사월에 설립하였는데 훈도 根本貞吉, 金振龜, 南弼權, 井茂榮 諸氏가 열심으로 시세를 설명하고 과정을 교수함에 학도가 130여인에 달하고 타군에서도 聞風來學者가 많으며 하기시험에 우등생이 보습과에 金晟浩 등 4인, 보통과 2학년에 李宰先 등 9인, 同 1학년에 朴泰英 등 40인이오 하기휴학에 학도연습을 위하여 金振龜, 南弼權 兩氏가 自擔하여 매일 取其凉時하여 或二時 或三時 복습을 시켜 數多學徒가 浪游치 아니함에 입학하고자 하는 학생이 답지하는 고로 우선 견습을 시키고 또 父兄懇親會를 설립하여 교사와 서로 연락하여 학도도 근면하며 교무도 爛確하는데 會中監督은 전 참봉 金根煥, 朴尙郁 兩氏라 운동장이 狹窄한 고로 父兄이 各各役夫를 내어서 금월부터 修築하는데 金根煥, 朴尙郁 兩氏가 감독을 열심으로 하며 役夫가 매일 답지하여 不

---

26) 『官報』 1906년 8월 31일, 9월 1일(勅令 41호-44호, 學部令 20호-23호)
27) 이영란, 『광주·전남지역 근대 초등학교의 발달과 성격』, 전남대 교육대학원 석사학위 청구논문, 1992.

日可成이라 역부는 팔백명 가량 入用預算이니 設校一周年에 如是擴張홈은 일반 직원과 일반 부형이 상호 協力贊成함이라고 無不稱誦한다더라.[28]

1907년 5월에 羅州郡 西部面 營村에서 나주공립보통학교[29]로 개교한 후, 1908년 8월에 교원은 일본인 2명, 조선인 2명, 학생은 130여명이었으며, 2년 뒤인 1910년 3월말에는 3개 학년에 3학급, 교원은 일본인 1명 조선인 4명으로 학생은 남학생만 189명이 재학중이었다.[30]

나주지역에서 나주공립보통학교 이후 두 번째로 설립된 학교는 남평공립보통학교이다. 남평공립보통학교의 경우 조선총독부 통계연보나 전남사정지에서는 설립연도를 1911년 6월로 밝히고 있는데, 본래 남평보통학교는 1906년에 나주군수를 지낸 이준규가 文廟에다 永興學校란 교명으로 설립한 것으로 남평보통학교로 이름을 바꾸고 1911년 3월말까지 사립보통학교로 운영되다가[31] 1911년 6월에 공립으로 전환되었다.[32] 일본은 남평보통학교가 공립으로 전환한 시점을 학교의 설립연도로 기록하고 있는 것이다.

일본은 1911년 8월에 「제1차 조선교육령」이라 불리우는 「조선교육령」을 공포하였는데, 이에 의하면 각급학교의 수업연한을 보통학교는 4년제로 하고 지방실정에 따라 1년을 단축할 수 있도록 하였으며, 고등보통학교와 여자고등보통학교는 4년, 실업학교는 2~3년, 전문학교는 3~4년으로 규정하였다.

1911년 3월말 당시 제주도를 제외한 전남지방의 조선인 대상 학

---

28) <황성신문>, 1908. 8. 29일자.
29) 조선총독부, 『조선총독부통계연보』, 명치 42년.
30) 조선총독부, 『조선총독부통계연보』, 명치 42년.
31) 조선총독부, 『조선총독부통계연보』 명치 43년.
32) 전라남도지편찬위원회, 『전라남도지』 권15, 1994 : 『남평초등학교 연혁지』, 『전남교육통계연보』(전남교육청, 1998)에는 남평초등학교의 설립연도가 1911. 6. 15일로 되어 있음.

교현황을 보면, 보통학교는 官立及甲種公立學校가 4개교,[33] 보조지
정학교 4개교,[34] 을종공립보통학교 2개교,[35] 사립보통학교는 모두
15개교가 있었으며[36] 중등교육기관으로는 1909년 4월에 광주농림학
교가 농림과와 측량과 2개과로 설립되어 1910년 3월말 당시 64명의
학도가 재학 중이었다.

나주지역의 조선인 교육기관으로는 나주보통학교와 남평보통학교
이후, 다도보통학교와 다시보통학교가 차례로 설립되었다.[37] 동아일
보 1922년 11월 3일자 기사에는 고막원공립보통학교의 운동회 소식
을 전하고 있는데 남녀 재학생이 300여 명이라고 기록하고 있다.[38]
고막원보통학교는 1919년 11월 설립 인가되었고 1931년에 다시공립
보통학교로 교명을 바꾸었다.[39]

---

33) 조선총독부, 『조선총독부통계연보』 소화 43년. 위의 통계연보에 의하면
   官立及甲種公立學校로 광주보통학교, 목포보통학교, 나주보통학교, 영암보
   통학교가 있었다.
34) 조선총독부, 『조선총독부통계연보』 소화 43년: 진도보통학교, 담양보통학
   교, 彰明보통학교(장흥군), 순천보통학교 등 4교.
35) 조선총독부, 『조선총독부통계연보』 소화 43년: 구례보통학교, 동복보통학
   교 등 2교.
36) 조선총독부, 『조선총독부통계연보』 소화 43년. 위의 통계연보에 기재된
   사립보통학교명과 설립연월일은 다음과 같다.
   남평보통학교(1910. 1월 설립), 능주보통학교(1910. 2월 설립), 月嵋보통학
   교, 通明보통학교(이상 소재지 곡성군, 1910. 2월 설립), 광양보통학교, 창
   평보통학교, 흥양보통학교, 함평보통학교, 완도보통학교, 장동보통학교(장
   성군소재), 법성포보통학교, 거문보통학교, 여수보통학교, 眉山보통학교(해
   남군소재)(이상 1910. 6월 설립), 영광보통학교(1910. 12월).
37) 『전남교육통계연보』(전라남도교육청, 1998)에 따르면 다도초등학교와 다시
   초등학교의 설립연월을 1918. 12월과 1919. 11월로 각각 기록하고 있으나,
   전남사정지에는 다도보통학교와 다시 보통학교의 전신인 고막원보통학교
   의 설립연월을 1925. 9월과 1920. 2월로 각각 기록하고 있다.
38) <동아일보>, 1922. 11. 3일자
   古幕院公普運動會
   羅州郡古幕院公立普通學校에서는 十月二十一日 午前九時부터 同校秋季運
   動會를 行하엿는대 男女學生三百餘名과 官民及學父兄 數百人이 列席하야
   盛況을 뭇하얏다더라(영산포)

1922년 개정된 「제2차 조선교육령」에서 각급학교의 수업연한을 연장하였는데, 보통학교는 4년제 또는 6년제로 하고, 고등보통학교는 5년제로, 여자고등보통학교는 3년제 또는 5년제로, 실업학교도 3년제 또는 5년제로, 전문학교는 3년 이상으로 수업연한을 늘려 형식상으로는 일본의 학제와 동일한 수준으로 하였으며, 남자 6년제, 여자 5년제의 사범학교와 예과 2년과 학부 3년~4년의 대학 등을 신설하여 일본의 학제에 맞추었다. 그러나 이러한 외형상의 변화와는 달리 일본은 조선인 대상 학교에서의 일본어시간을 확대하고, 일본역사를 국사로 가르치도록 하였으며, 일본지리 시간을 신설하여 조선인의 일본화에 주력하였다.[40]

1920년대에 나주지역의 공립학교는 양산보통학교, 봉황보통학교, 공산보통학교, 금천보통학교, 노안보통학교, 반남보통학교, 영산포보통학교, 동강보통학교가 설립되었으며, 중등교육기관으로는 나주농업보습학교와 영산포실과여학교가 설립되었다.[41] 공립보통학교의 설립과정에서 지역주민들의 부담이 많은 비중을 차지하고 있음을 볼 수 있는데, 일례로 영산포보통학교의 설립경위를 언급한 <동아일보>의 기사를 보면 그 같은 실정을 확인할 수 있다.

전남 나주군 榮山面 오백여명의 면민들이 同面 山亭里桂登에 모여 면장 李圭逢씨 사회로 면민대회를 개최하여 나주에서 으뜸되는 포구로 팔천여명의 인구가 거주하는 곳이나 아직 보통학교 하나가 설립되지 못한 것을 유감으로 생각한 인사들이 열성을 다하여 도 당국과 교섭하여 다

---

39) 『다시초등학교연혁지』
40) 한국교육사연구회, 『한국교육사』, 교육출판사, 1981.
41) 전라남도교육청, 『전남교육통계연보』, 1998. 각 학교의 설립연도는 다음과 같다.
  양산보통학교: 1922. 4. 17일 설립, 봉황보통학교: 1922. 7. 19., 공산보통학교: 1922. 11. 22., 금천보통학교: 1923. 9. 5., 노안보통학교: 1924. 2. 4., 반남보통학교: 1925. 6. 11., 영산포보통학교: 1925. 9. 1., 동강보통학교: 1928. 4. 15., 중등교육기관으로는 영산포여자중학교: 1928. 2. 8일에 설립되었다.

행히 작년 삼월에 인가를 득하였으나 본면이 負面임으로 설립경비를 용
이하게 얻을 곳이 없어서 各戶에 부담금을 정하여 수금하게 되어 작년
구월 중에는 개교할 예정이었으나 본면 부호 河淡父子가 부담금 육백여
원을 내지 아니함으로 인하야 공사착수에 연기가 되어 아직까지 개교되
지 못하였는데 그를 여러 번 권유하였으나 끝내 듣지 아니함으로 수차
례 성토회까지 열었던 바 금년 삼월경에 본 면민 육칠백여명이 군집하
여 금수와 같은 하가의 금전이 아니라도 할 수 있다 하며 자진하여 捐出
한 금액이 팔백여원에 달하였음으로 공사를 착수하여 금년 십월중순에
개교할터임으로 그에 대한 모든 점을 토의하고자 면민대회를 열게되었
던 바 양심에 찔린 河哥父子는 該會席上에 참석하여 자기의 잘못한 점
을 일일이 들어 사과한 후 該校에 천원을 제출하겠다는 승낙을 쾌히 하
였음으로 該會에서는 그 지은 바 죄를 사하여 주엇다 하며 십월중순에
는 개교할터이라.42)

　일본은 영산면민의 근대교육에 대한 열망을 교묘히 이용하여 영
산포 면민들로 하여금 공립학교의 설립비용을 부담하게 하였다. 그
러나 이와는 반대로 일본은 조선에 토지를 소유한 일본인이나 조선
에 거주하는 일본인에게는 공립보통학교의 설립비용을 부담시키지
않았는데,43) 이는 1920년대 소위 문화정치를 표방하면서 내세운 「內
鮮一體」, 「內鮮共學」, 「日鮮融和」 등의 정책이 단지 일제식민지정책
의 수행을 위한 도구에 불과했음을 입증하는 것이라 하겠다.
　1926년 10월에 개교한 나주농업보습학교의 경우도 군민들의 부담
으로 설립되었다. 1926년 2월에 전남도에서 실업보습과를 2년제로 2
곳에 설립예정이라는 사실을 알게 된 나주민 수백여 명이 나주공회
당에서 시민대회를 개최하고 여기에서 나주실업학교기성회를 조직
하였으며,44) 동년 5월에는 실업학교의 설립을 위해 同校建設期成會

42) <동아일보>, 1925. 10. 16일자, 榮山面民大會 學校設立討議
　『전남교육통계연보』(전남교육청, 1998)에서는 영산포보통학교의 설립일자
　가 1925년 9월 1일로 되어있는데, 위 기사에 의하면 실제 개교는 1926년
　의 일로 보인다.
43) <조선일보>, 1926. 12. 24일자. 羅州老·靑聯合懇談會 十大條項決議.

主催로 시민대회를 개최하여 나주군 19개면에 배당액을 일만오천원으로 정하고 이를 다시 戶別로 등급에 따라 할당하기로 하고 징수방법은 각 町洞里에서 위원을 선정하여 모금하도록 하였다.45) 그러나 배당액에 대해 일부에서 불만을 제기하는 경우가 있어서 이를 대한 대책을 강구하기 위해 시민대회를 다시 개최하였으며,46) 이러한 노력 끝에 개교 장소는 羅州面 南門町本願寺後 田地로 정하고 開學日字는 九月一日로 예정하였다가,47) 다음 달에 공립실업보습학교인 나주농업보습학교를 개교하였다.48)

영산포실과여학교는 1928년 2월에 설립되어 4월 20일 개교하였다.49) 영산포실과여학교의 경우를 살펴보면, 지원자는 조선사람이나 일본사람이나 상관없고 자격은 보통학교나 심상소학교졸업자 중에서 동교에서 시행하는 입학시험에 입격한 자에게 입학을 허락하는데 시험과목은 재봉, 독방, 산술 등으로 하였다.50) 이러한 자격조건은 조선인과 일본인의 차이를 인정하지 않고 입학시험에 의해 학생을 선발하겠다는 것인데, 이는 1922년 개정된 제2차 조선교육령이 외견상 조선의 학제를 일본의 학제와 동일한 수준으로 맞추고, 일본인과 조선인의 구별을 두지 않고자 하는 데서 비롯된 것이다. 그러나 1931년 3월말 현재 영산포 실과 여학교의 현황을 보면 3개 학급에 일본인 교사 4명, 생도 역시 일본인만 55명이 있을 뿐, 조선인은 한 명도 보이지 않는다.51) 이는 일본의 기만적인 식민지교육정책을 스스로 인정하고 있는 것이라 할 수 있다.

---

44) <동아일보>, 1926. 2. 20일자. 實業學校期成會.
45) <동아일보>, 1926. 5. 20일자. 羅州失業學校 各面配當額決定.
46) <동아일보>, 1926. 5. 28일자. 富豪의 不平으로 市民大會準備 實業校建築 負擔金問題로.
47) <중외일보>, 1926. 7. 21일자. 羅州實業校 九月一日開學.
48) 전라남도지편찬위원회, 『전라남도지』권15, 1994.
49) 전라남도교육청, 『전남교육통계연보』, 1998.
50) <중외일보>, 1928. 3. 23일자. 榮山浦實科女學校 사월이십일개교.
51) 조선총독부, 『조선총독부통계연보』소화 5년.

나주보통학교생도들은 1926년 4월 26일 순종황제가 창덕궁에서 승하하였음에도 학교당국에서 별도의 조치없이 수업을 계속하자 동맹휴학을 결의하였는데, <동아일보>에서 이 소식을 다음과 같이 전하고 있다.[52]

羅州普校

전남라주공립보통학교에서는 창덕궁전하께서 승하하심에 대하여 학교당국에서는 하등의 말이 없이 여전히 공부를 계속한다는 불평으로 인하여 륙년생 전부가 지난 사일 오전까지는 여전히 공부를 하였으나 오후부터는 일제히 책보를 싸 가지고 집으로 돌아갔음으로 학교당국에서는 긴급히 학무위원회를 열고 선후책을 강구하고 군청과 도청 당국에 교섭한 결과 할 수 없이 삼일간 휴교를 허하였다더라(라주)

순종의 승하와 관련하여 나주보통학교 생도들이 동맹휴학을 결의하여 학교당국으로부터 삼일간의 긴급휴교조치가 내려지고 있는데, 이는 1927년 이후 전국적으로 전개된 동맹휴학의 서막이라 하겠다. 1929년의 광주학생독립운동이 전국적 민족운동으로 전개될 수 있었던 것은 그 이전의 전국규모의 동맹휴학이라는 기반이 있었기 때문이었다.[53] 이러한 점에서 나주보통학교의 동맹휴학은 광주학생운동의 발단이 나주에서 발생하였다는 점과 관련하여 생각할 때 의미있는 일로 생각된다.

일본은 한반도에 거주하는 일본인을 대상으로 심상소학교를 설립하였는데, 1906년도에 전남 지역에는 목포심상고등소학교, 영산포심상소학교, 광주소학교가 설립되었다.[54] 나주에 세워진 일본인 교육기관으로는 1906년 7월에 설립된 영산포 심상소학교[55]와 1908년 5월

---

52) <동아일보>, 1926. 5. 9일자.
53) 한국근현대사연구회, 『한국독립운동사강의』, 한울아카데미, 1998.
54) 조선통감부, 『제1차통감부통계연보』 명치 39.
55) 조선총독부, 『조선총독부통계연보』 명치 43년. 자료에 의하면 영산포 심상소학교는 1910년에 심상고등소학교로 확대·개편되었다.

에 설립된 나주심상소학교, 1909년 3월에 설립된 남평심상소학교가
있었으며, 강제 합병 후에 세지공립심상소학교, 봉황공립심상소학교,
왕곡공립심상소학교가 차례로 설립되었다.56)

『전남사정지』를 참고하여 1928년도 당시 나주지역의 일본인 공립
소학교 6개교와 조선인 보통학교 12개교를 대상으로 학교운영실태
를 보면 다음과 같다.

<일본인 대상 소학교와 조선인 대상 보통학교의 운영실태>

	교사 1인당 평균 생도수	1학급당 평균 생도수	생도 1인당 평균 경상비
일본인대상소학교	26명	30명	63원
조선인대상보통학교	52명	52명	22원

위의 표에 의하면 교사 1인당 생도수나 1학급당 생도수에 있어서
소학교와 보통학교간에 커다란 차이를 보이고 있으며, 생도 1인당
경상비에서도 3배 정도의 차이를 보이고 있다. 구체적으로 나주공립
심상고등소학교와 나주공립보통학교를 비교해 보면, 일본인을 교육
대상으로 하는 나주공립심상고등소학교의 경우 교사 8명에 생도수
가 239명으로 교사 1인당 생도수는 30명에 불과하였으며, 경상비
11,235圓을 생도 1인당 경상비로 환산해보면 47원이었다. 이에 반해
조선인을 교육대상으로 하는 나주공립보통학교의 경우는 교사 14명
에 생도수가 893명으로 교사 1인당 생도수는 무려 64명에 달했으며,
생도 1인당 경상비는 16원에 불과하였다. 이 같은 일본인 대상 학교
와 조선인 대상 학교간의 학교운영과 환경의 차이는 나주보통학교
학생들로 하여금 민족의 현실을 되돌아보게 하는 한 원인이 되었을
것으로 생각된다.

---

56) 조선통감부,『통감부 통계연보』, 명치 39~명치 44.

<나주지역 관공립학교>

학교명	전남교육통계연보(1998)	연혁지	전남사정지
羅州초등학교	1907. 5. 20.	1907. 5. 20. 공립나주보통학교 설립 1907. 10. 23. 사립금성학교를 합병 1911. 11. 1. 나주공립보통학교 개칭	나주공립보통학교 (1907, 5월)
南平초등학교	1911. 6. 15.	1906. 文廟에다 永興학교 창설	南平공립보통학교 (1911, 6월)
茶道초등학교	1918. 9. 12.	1918. 9. 12. 다도공립보통학교 4년제 개교	茶道공립보통학교 (1925, 9월)
多侍초등학교	1919. 11. 27.	1919. 11. 27. 고막원공립보통학교 설립인가 1920. 2. 11. 4년제 고막원공립보통학교 개교 1931. 10. 1. 다시공립보통학교로 교명 변경	古幕院공립보통학교 (1920, 2월)
良山초등학교	1922. 4. 17.	1921. 3. 28. 含山學院 설립인가 개교 1922. 3. 18. 양산공립보통학교 설립인가 1922. 4. 17. 양산공립보통학교 개교 1932. 10. 1. 旺谷공립보통학교로 개칭	良山공립보통학교 (1922, 4월)
鳳凰초등학교	1922. 7. 19.	1922. 7. 19. 봉황공립보통학교 4년제 인가 1922. 11. 24. 개교	鳳凰공립보통학교 (1922, 11월)

학교	날짜	내용	현재 학교명
公山초등학교	1922. 11. 22.	1922. 7. 1. 월비공립보통학교 설립인가 1922. 11. 22. 개교 1924. 4. 1. 금구공립보통학교로 개칭 1934. 4. 1. 공산공립보통학교로 개칭	수승공립보통학교 (1921, 11월)
金川초등학교	1923. 9. 5.	1923. 9. 5. 금천보통학교 설립인가 1923. 10. 1. 개교(4년제)	金川공립보통학교 (1923, 9월)
老安초등학교	1924. 2. 4.	1923. 11. 1. 노안공립보통학교 설립인가	老安공립보통학교 (1924, 2월)
潘南초등학교	1925. 6. 11.	1925. 3. 10. 반남공립보통학교 설립인가 1925. 6. 11. 개교	潘南공립보통학교 (1925, 6월)
榮山浦초등학교	1925. 9. 1.	1925. 9. 1. 영산포공립보통학교 4년제 인가 1926. 1. 11. 개교	榮山공립보통학교 (1926, 1월)
洞江초등학교	1928. 4. 15.	1928. 4. 15. 동강보통학교 4년제 인가. 개교	洞江공립보통학교 (1928, 4월)
나주농업보습학교			나주농업보습학교 (1926, 10월)
榮山浦여자초등학교	1928. 2. 8.	1928. 3. 8. 영산포공립실과여학교 설립 1928. 3. 21. 개교	영산포공립실과여학교 (1928, 4월 설립)

1929년까지의 나주지역의 조선인을 대상으로 하는 관공립학교를 정리해 보면 공립보통학교 12개교, 중등교육기관으로 실업학교인 나주농업보습학교 1개교가 있었다. 공립실업학교인 영산포실과여학교는 지원자를 조선인과 일본인 모두에게 개방한다고는 하였지만, 실제로는 일본인을 위한 교육기관이었다. 1929년까지 설립된 나주지역의 관공립학교 현황을 정리해 보면 위와 같다.

2. 사립학교

1883년에 元山學舍가 설립된 이후 종교계와 민족지도자들에 의해 다수의 사립학교가 설립되었다. 특히 민족지도자들에 의해 설립된 사학의 경우 교육을 통해 일본의 침략을 극복하고 국권을 수호하기 위한 목적으로 설립되는 경우가 많았으며, 이러한 성격 때문에 일본의 침략이 노골화되는 1908년대에는 사학의 수가 급증하였다. 1908년 전국의 사립학교 수는 5,000여에 달했으며, 학생 수는 20만에 이르렀다.57) 일본은 사립학교를 탄압하기 위해 별도의「사립학교령」과「사립학교령시행에 관한 훈령」을 발표하였으며, 합방 이후에도「조선교육령」과는 별도로「사립학규규칙」과「서당규칙」을 제정하여 민족교육을 말살하고자 하였다.

조선총독부 통계연보에 따르면 사립보통학교와 각종사립학교로 구분하여 학교수를 밝히고 있는데, 합방 이후 전남지역에서의 연도별 사립학교와 서당 현황을 살펴보면 다음과 같다.

---

57) 주 4)번 참조.

<전남지역 연도별 사립학교와 서당 현황>

	사립보통학교		각종사립학교						서당	
			일반			종교계				
	학교수	생도수	학교수	학급수	생도수	학교수	학급수	생도수	서당수	생도수
1910	15		27			9				
1911	5		13		617	7		192	1795	19424
1912	6		15		787	4		182	2101	26790
1913	5		10		517	7		334	2130	24697
1914	5	322	9	24	535	7	34	403	2248	26537
1915	5	314	9	27	520	7	32	415	2657	31843
1916	6	397	8	22	461	5	25	382	2954	38024
1917	4	258	5	9	249	5	26	321	2674	35816
1918	4	331	5	17	274	5	25	309	2204	31011
1919	3	287	4	11	240	8	34	457	2417	34869
1920	3	351	2	4	156	5	33	801	2482	34552
1921	4		2	3	207	7	39	1183	2074	31939
1922	6	1022	6	15	800	7	45	1526	1679	30516
1923	11	1708	5	16	679	7	41	1406	1758	30333
1924	13	1068	3	9	490	7	48	1455	1621	26032
1925	13	1642	3	9	314	6	46	1200	1574	24418
1926	11	1374	2	5	188	6	44	1146	1463	21125
1927	10	948	2	5	105	6	48	1006	1484	20195
1928	9	957	2	8	305	6	48	1151	1531	21172
1929	8	1073	2	7	278	6	41	1208	869	14272
1930	9	1399	2	9	343	12	62	1889	773	13791

위의 표에 의하면 사립학교규칙이 공포되기 전인 1915년도에 생도수가 520명이던 일반사립학교가 1917년에는 247명으로 격감하고 있으며 이후 일본이 소위 문화정치를 시행하기 시작하는 1920년대까지 지속적으로 감소하는 경향을 보여주고 있다. 한편 서당의 경우는 1915년도는 전년도에 비해 무려 400여 개소가 증가한 2657개소가 있다가 1918년에 다시 2204개소로 감소하였다. 이는 일본이 강제합

방을 하고 난 후 사립학교를 탄압하기 위해 1915년에 「사립학교규칙」을 개정·공포한 결과였다. 사립학교에서의 민족교육이 좌절되자 한국민들은 당시 일본의 관심 밖에 있었던 서당을 통해 항일의식을 고취하고자 하였으나, 다시 일본이 1918년에 「서당규칙」을 공포하여 서당에서까지 일어를 교수하게 하고, 교과용 도서로서 소위 불량서적을 사용치 못하게 하고, 수시로 서당을 감시하여 서당의 명의를 빌어 사립학교 규칙의 적용을 면하려는 반일적 교육을 차단하려 하였다. 이에 따라 1918년을 고비로 서당이 수가 크게 감소하는 경향을 보여주는 것이다. 1920년대에 들어서면 사립보통학교의 수가 급증하고 있는 것은 일본이 이른바 문화정치를 추진하면서 사립학교에 대한 탄압을 완화한 결과라고 하겠다.

　나주지역의 경우 사립학교를 살펴보면, 신문자료를 통해 1899년 羅州郡 金鰲島에 사는 李榮圭가 경비를 부담하여 崔殷卿 등과 함께 금오도에 小學校를 설립한 것이 확인된다.[58] 1907년 국채보상운동에 참여한 의연금 납부자 명단에 羅州錦城學校 吳翔學 朴在珪의 이름이 보이고 있으나 학교의 규모나 운영실체는 파악되지 않는다.[59] 금성학교는 같은 해 10월 23일에 공립나주보통학교에 합병되어 금성학교의 생도를 나주보통학교의 보습과로 함으로써 폐교되고 말았다.[60] 1908년에는 나주군 枝竹上谷郁谷三面에 사는 李佶魯 李太明 朴泳殷 등 3명이 실업교육의 중요성을 인식하고 農商工業學校를 설립을 도모하다가,[61] 慶善宮所管二倉과 潮海 兩倉舍에 학교를 설립하기로 하고 認許를 얻은 후에,[62] 교장은 査檢官 金永逵, 교감은 朴永殷이 각각 맡아서 私立任置學校를 설립하였다.[63] 그 외에도 누각동

58) <황성신문>, 1899. 3. 24일자. 島中設校
59) <황성신문>, 1907. 7. 8일자. 國債報償義務金集送人員及額數.
60) <나주초등학교연혁지>
61) <대한매일신보>, 1908. 1. 29일자, 農商工校.
62) <대한매일신보>, 1908. 4. 1일자. 借倉設校
63) <대한매일신보>, 1908. 4. 7일자, 羅郡新校.

사립신명학교 교사 송정순이 나주군공립보통학교 부훈도로 전임하
였다는 기사[64]를 보면 사립신명학교의 존재도 확인된다.

1920년대 들어와서 사립학교의 설립이 활발해지는데, 매일신보 전
남지국 기자가 직접 나주의 한 사립학교를 방문하고 그 소감을 기록
한 다음의 신문자료는 1920년 당시 각종 사립학교의 경비조달이나
운영실태 그리고 지역민들의 근대교육에 대한 열망을 엿보게 해준다.

> 나주文平里 榮興堂 노소남녀가 薺就學
> 舊穀을 脫하고 新型을 取하자는 發論下에 우리도 시대적 생활 환언하
> 면 이십세기의 문명적 생활을 구하여 보자는 맹렬한 각오로부터 奮起한
> 전남 나주 文平面 玉堂里部民은 물론 근접지에 관공서의 盡力으로 상당
> 한 학교도 설립되지 아니한 바는 아니지만은 근래 학제가 변경된 후 學
> 齡超過者도 많을 뿐만 아니라 더욱이 이십으로부터 내지 삼십, 사십여
> 세에 달한 자는 과연 신지식이 무엇인지 일생을 無意識한 가운데 마치
> 고 말지라 如斯히 강개한 견지에서 呱呱의 聲을 발하고 대정 십이년 십
> 월부터 창설한 本里 榮興堂의 脫俗한 취지는 學에 臨하여 무슨 노소의
> 관계가 있겠는가 하여 일촌 남녀로소가 一齊就學하는 터인데 현재 인원
> 수는 男오십오명, 女삼십오명이다. 然하여 학과를 受하는 시간은 생산에
> 노력할 시간을 제한 외 각기 통학자의 형편에 따라 畫學夜學二部로 나
> 누었으며 本堂의 유지비는 형세의 유무에 따라 差等分配하는 例도 있으
> 며 또는 共同出力에 의하야 생긴 *金을 本堂經費로 제공하는 등 매우 意
> *있고 規模있는 단결성의 掌固한 그네들의 시작은 필히 유종의 미를 收
> 하기 족한 현상이다. 去 사월구일 陽春의 煙景을 따라 古幕院驛에 하차
> 한 記首는 本堂의 文名消息을 聞하고 峯回路轉으로 半里를 전진하니 幽
> 適한 一部落에 出業한 三間敎室이 완연히 그것이다 因하야 本堂 설립
> 이래의 주력자인 李在天씨 외 사오인의 말이며 實地就學及維持狀態를
> 목도한즉 寧히 本堂의 내용 충실은 소문 이상이라 하겠으며 可謂 近代
> 稀有한 이상촌이라 玆에 一言으로서 本堂의 영원한 장래를 祝하는 동시
> 에 확실히 타의 모범이 될 것을 信하는 바이다.(全南支局記者訪問)[65]

---

64) <대한매일신보>, 1911. 1. 26일자.
65) <매일신보>, 1924. 4. 18일자. 羅州文平里 榮興堂 老少男女가 薺就學.

합병 이후 1910년대에는 학교의 증설이 거의 이루어지지 않았기 때문에 보통학교 교육의 기회를 잃은 학령초과자들이 다수 있었다. 문평면 玉堂里部民의 경우만 해도 취학생 수가 男오십오명, 女삼십오명이라고 하는 것을 보면 여타 지역에도 일본에 우민화정책에 의해 정상적인 교육을 받지 못한 '이십으로부터 내지 삼십, 사십여 세에 달한 자'가 많았을 것으로 생각되며 이들은 대개 사립학교나 야학을 통해 교육에 접할 수 있었다. 일제시기 사립학교나 야학의 운영은 문평면의 경우에서 볼 수 있는 것처럼 '형세의 유무에 따라 差等分配하거나' 혹은 '共同出力에 의하여 생긴 자금을 경비로 제공하는 등'의 방법으로 운영했을 것으로 보인다.

구체적으로 1920년대에 나주지역에서 설립된 사립학교를 살펴보면, 1922년에는 나주군 본량면 북산리에서 吳溶根 李彰錫 金錫奎 林炳周 等 유지들이 봄에 교실을 신축하고 교사 玄洪* 梁志洵 兩君을 초빙하여 4월 1일 학생 팔십여 명으로 本良義塾 개학식을 거행하였고,[66] 같은 해 기독교에서도 학교설립에 관여하는데, 나주유지들이 일반 취학난에 처한 아동을 구제하기 위해 남학생 백여 명과 여자강습회원 삼십여 명으로 錦明學院을 설립하고 운영경비는 나주지역의 安息敎會에서 담당하기로 하였다.[67] 나주청년회에서는 강사 趙快禮 女史를 중심으로 학생 팔십여 명으로 여자야학부를 운영하여 1922년 6월 25일 하오 팔시에 나주청년회관에서 제1회 修業式을 거행하였다.[68] 나주군 細枝面 유지들은 시험이나 연령관계로 공립보통학교에 입학하지 못한 청년들을 위하여 지난 6월 26일에 李明奎氏家에서 회합하여 교육장려의 목적으로 장학회를 조직하고 강습소를 신축하기로 결의한 후 의연금을 모금하였는데 유지 李熙芳이 자기 소유토지를 은행에 담보로 하고 대출을 받아 건물을 신축하여 8월 말일경

---

66) <동아일보>, 1922. 5. 26일자. 本良義塾 開學式
67) <동아일보>, 1922. 5. 31일자. 羅州 錦明學院 消息.
68) <동아일보>, 1922. 7. 10일자. 羅州女子夜學修業.

에 준공될 예정이며 그 기간동안 李明奎의 집을 임시강습소로 정하고 입학자 구십여 인으로 개학하였다.

나주지역의 노동야학회도 활발한 활동을 전개하였는데, 第七日耶蘇再臨教會에서 운영하던 노동야학이 여러 가지 사정으로 유지가 곤란해지자 나주청년회에서 이를 인수하여 1923년 2월 2일 개학하였다. 당시 학생은 30여 명이고 교사는 金容夏 羅鍾河 梁長柱 등 3인 담당하였다.[69] 1925년에는 나주군 노농공영회에서 운영을 담당하게 되었고,[70] 동년 10월에는 50여 명의 입학아동으로 개학식을 하였는데 金亨浩 吳錫煥 등이 무보수로 全責任임을 다하여 교육을 담당하였다.[71]

나주지역의 유치원은 羅州長老教會에서 安仁淳女史의 주도로 1922년 5월 초순경에 설립되었다. 당시 아동은 약 40명에 달했는데,[72] 동년 7월에는 나주청년회관에서 음악회를 성대히 개최하기도 하였다.[73] 그러나 1925년 여름방학 이후 보모문제로 개원을 못하다가 신임 보모 李南香이 부임하여 40여 명의 아동으로 다시 개원하였다.[74] 나주 유치원의 운영경비는 나주의 유지들의 성금에 의해 충당되거나,[75] 유치원음악회나 가극대회를 개최하여 성금을 모금하기도 하였다.[76] 1929년 8월 11일 新幹羅州支會 사무소에서 나주유치원 제2회 평의회가 개최되었는데, 여기에서 의장에 朴準三, 원감 徐有采가 그리고 評議員 27명이 改選되었다.[77]

---

69) <동아일보>, 1923. 4. 29일자. 羅州勞働夜學會.
70) <동아일보>, 1925. 11. 5일자. 羅州勞夜主催 音樂演劇.
71) <동아일보>, 1925. 11. 25일자. 羅州勞夜開始.
72) <동아일보>, 1922. 7. 15일자. 羅州幼稚園消息.
73) <동아일보>, 1922. 7. 23일자. 羅州幼稚園音樂會.
74) <동아일보>, 1925. 9. 24일자. 羅州幼稚園開院.
75) <동아일보>, 1925. 9. 25일자. 幼稚園評議員會.
76) <동아일보>, 1922. 7. 23일자. 羅州幼稚園音樂會 : <동아일보>, 1925. 10. 15일자. 羅州幼園歌劇.
77) <중외일보>, 1929. 8. 21일자. 羅州幼稚園 第二回評議會.

<나주지역 각종사립학교, 야학, 유치원 현황>

학교명	설립자 또는 운영주체	지 역	경비부담	설립연월일 또는 신문게재일
소학교(학교명칭 없음)	李榮圭, 崔段卿 등 3인	羅州郡 金敾島	자담	1899. 3. 24. (황성)
羅州錦城學校	吳翔學, 朴在珪			1907. 7. 8. (황성)
私立任置學校	李佑嘗, 李太明, 羅士集, 朴泳段 三氏	羅州郡 郡谷三面 所管二倉斗 兩倉舍 枝竹上谷 慶薯宮 潮海		1908. 1. 29. (대매신) 1908. 4. 1. (대매신) 1908. 4. 7. (대매신)
사립신명학교				1911. 1. 26. (매일)
本良義塾	開學式. 吳容根, 李韋錫, 金錫奎, 林炳周 等 有志 諸氏 敎師: 玄洪*, 梁志淘 兩君	全南 羅州郡 本良面 北山里		1922년 4. 1. 개학식 (학생 80여 명) 1922. 5. 26. (동아)
錦明學院	설립 당시 의연금낙부자 朴正萊, 三百圓, 金炳斗, 二百圓, 白仁賛, 徐炯 奎, 許永奎, 金在中, 各百圓, 鄭安民, 南興七, 金容圭, 朴成柱, 朴鳳儀, 梁錫煥, 孫鍾達 各五 十圓(羅州)	羅州	운영經費는 同地 安息 敎會에서 此를 支辨	1922. 5. 31. (동아) 男學生 百餘名과 女子講 習會員 三十餘名

全南羅州靑年會 女子夜學部	全南羅州靑年會 講師 趙快禮女史			1922. 7. 10. (동아) 學生이 八十餘名
永申女子夜學會	講師: 安仁順孃과 李滋旻女史 及			1922. 7. 10. (동아)
羅州細枝面獎 學會講習所	任員: 會長 李圭祐, 副會長 李仁宋, 幹事 李大奎, 李熙芳, 朴成奎, 崔榮珍, 羅址炯 外 訴議員 十八人(榮山浦)	羅州細枝榮山旺谷		1922. 7. 16. (동아) 來八月末日까지 竣工될 豫定 入學者 九十餘人
잠모교 학교				1923. 4. 1. (동아)
羅州勞働夜學會	敎師는 金容夏, 羅鍾河 梁長柱 三氏		第七日耶蘇再臨敎會에 서 當地靑年會가 引受	1923. 4. 29. (동아) 學生은 三十餘名
나부무아이학회	金禮洙, 閔宗喜 兩婦人	금명학원내	安息日교회 주최	1923. 5. 11. (동아) 학생은 30여 명
榮興堂 晝學夜學第二部	主力者인 李在天氏外四五人 大正十二年 十月부터 創設	全南羅州文平面玉堂里部民	差等分配 혹은 共同出力	1924. 4. 18. (매신) 現在人員數는 男五十五 名, 女三十五名
노동아학회	1923년 10월 羅宗煥 설립 正사: 羅快運, 羅鑽壽, 金鑽燮, 羅吉星	나주군문평면 東 院里	나충환	1924. 6. 14. (조선)

노동야학부	羅州郡勞農共榮會 11. 20. 개학식 교사: 金亨浩, 吳錫煥	청년회관		1925. 11. 5. (동아) 1925. 11. 25. (동아) 임하아동 50여 명
女夜學	金順王女史	羅州郡潘南面新村里		1927. 6. 7. (조선) 부녀 30여 명
신수리야학원	吳正根	나주군 본천면 산수리		1928. 12. 15. (조선) 40여 명
노동야학		나주군 세천면 발산리		1928. 12. 16. (조선)
노동야학	부인조합 金九沼, 金正者)	나주군 금천면 고등리	부인조합모금	1929. 1. 31. (조선)
나주유치원	安仁淳女史 주도 나주의 유지가 경비부담	羅州長老敎會	유지의 성금, 유지원은 아회나 가극대회를 통한 모금	1922년 5월 조순정설립 <동아일보>, 1922. 7. 15. 아동은 약 40명

신문자료를 통해 확인할 수 있는 나주지역 각종사립학교, 야학과
유치원 현황은 위와 같다.

3. 나주청년회 활동

나주청년회는 나주청년의 수양이나 지방발전에 공헌을 하자는 목
적으로 1910년대 초반에 설립되어 학우회, 청년회, 수양구락부 등의
명칭으로 활동해오다가 1920년 1월에 회장인 朴鳳儀外, 朴準三, 昇秉
湖 등의 발안으로 수양회로 개칭, 羅州靑年修養會로 변경하였다. 6
월에는 나주군 南山公園 밑 천여 평에 임시회관과 운동장을 수리 완
료하고 총회를 개최하였는데, 당시의 조직구성을 보면 다음과 같다.

> 회장 朴鳳儀 총무 金洪俊 회계 昇秉湖 金暎燮 서기 梁長柱 외 1인
> 贊成部長 金炳斗 社交部長 金洪俊 矯風部長 金宗欽 文藝部長 南啓龍 運
> 動部長 白南潤[78]

청년수양회는 부속사업으로 아동교육과 야학을 운영하였는데, 나
주청년회 여자야학부는 강사 趙快禮女史의 지도로 영어, 일어, 조선
지리력사, 상업부기 등을 敎授하였다.[79] 학생이 80여 명이었는데
1922년 6월 25일에는 청년회관에서 제1회 졸업식을 거행하여 24명에
대한 수업증서를 수여하였고 당시 입장한 여자가 700여 명에 달해
여자야학부에 대한 나주민의 관심을 엿볼 수 있다.[80]

아울러 청년수양회는 회칙에 의해 매월 토론과 강연을 실시하였
는데, 일례로 1920년 7월 23일에는 호남학생강연대를 초빙하여 오후
2시부터 연사 金洪俊이 「靑年을 爲하야」란 제목으로, 昇秉湖는 「重

---

78) <동아일보>, 1920. 6. 18일자. 靑年 修養會의 活動.
79) <동아일보>, 1920. 7. 23일자. 羅州靑年修養會.
80) <동아일보>, 1922. 7. 10일자, 羅州女子夜學修業.

大한 責任」이란 제목으로, 朴鳳暎은 「女子解放」이란 제목으로, 회원
중 동경유학생으로 여름방학을 이용하여 귀성한 金賢準은 「現代思
想」이란 제목으로 강연회를 개최하였다.[81] 강연 내용은 확인할 길이
없으나, 당시 나주청년수양회의 강연활동은 일본의 엄중한 감시를
받고 있었다. 강연회 당일, 순사가 삼십여 명이나 들어와서 '매우 무
시무시한 칼소리를 내며 경계를 엄중히 하였다.'[82]는 기사로 보아
나주청년수양회의 강연활동이 나주군민에게 미치는 영향이 매우 컸
음을 짐작케 한다.

　1922년 6월에 청년회관 건물을 준공하였고,[83] 동년 9월에는 제3회
정기총회를 개최하여 신규임원을 선출하였는데, 새로운 조직은 회장
에 李基性, 부회장 朴正業, 총무 朴鳳儀, 贊成部長 金炳斗, 庶務部長
金洪俊, 經理部長 梁長帳, 智育部長 金基胤, 體育部長 昇秉湖, 矯風
部長 金鍾彦, 産業部長 長成夏 등으로 구성되었다.[84] 나주청년회는
민립대학설립운동에도 관여를 하였는데[85] 민대나주발기인과 회합하
여 민대나주지방부 조직을 구성하였으며 그 취지 선전을 위해서 民
大趣旨 겸 文化宣傳講演隊를 3대로 조직하고 8월 20일부터 10여 일
간에 걸쳐 군내 18개 면을 순회강연하였다.[86] 또한 羅州靑年會는 羅
州頤老會, 羅州勞動組合聯盟, 羅州農民組合聯盟 등 3개 단체와 간담
회를 개최하여 입학난을 겪고 있는 無産兒童을 위하여 나주 각 단체
와 제휴하여 농민학교 등 무산아동수용교육기관 등을 설립할 것, 나
주 유치원의 설립을 촉진할 것, 공립실업보습학교의 승격을 도모하
여 초과되는 아동을 수용케 할 것 등을 결의하는 등 나주지역 교육

---

81) <동아일보>, 1920. 7. 23일자. 羅州靑年修養會.
82) <동아일보>, 1920. 7. 27일자. 湖南學生 第三講演會.
83) <동아일보>, 1922. 6. 27일자. 羅州靑年會館落成.
84) <동아일보>, 1922. 9. 28일자. 羅州靑年會總會.
85) <동아일보>, 1923. 4. 14일자. 羅州靑年會總會.
86) <동아일보>, 1923. 8. 21일자. 羅州靑年巡回講演; 1923. 11. 20일자. 羅州
　　民大準備; 1923. 12. 13일자. 民大羅州郡部委員及決議.

활동에 지속적인 관심을 보여주었다.[87]

III. 맺음말

이상으로 나주지역의 근대교육을 관공립학교와 사립학교 그리고 청년회활동으로 나누고, 교육정책에 따른 변화를 살펴보았다. 본문의 내용을 요약하는 것으로 결론에 대신하고자 한다.

관공립학교의 경우 나주지역에서 세워진 최초의 학교는 나주공립심상소학교이다. 이러한 사실은 나주 군수가 학교를 세우고 교육시켰다거나 혹은 학교를 보수하였다는 당시의 신문 기사를 통해 확인할 수 있으나, 기록이 부실한 관계로 현재의 나주초등학교로 계승되고 있는 것으로만 추정하고 있을 뿐이다. 1906년에 「보통학교령」이 공포된 이후, 1907년 5월에는 나주의 공립소학교가 공립보통학교로 바뀌었으며, 나주보통학교도 연혁지에 학교의 설립연도를 1907년 5월로 기록하고 있다. 이는 일본가 「보통학교령」의 공포를 근대학교의 원년으로 삼음으로써 근대교육의 실시가 일본에 의하였음을 드러내고자 하는 의도를 보여주는 것이라 하겠다. 이러한 의도는 남평보통학교의 경우에도 확인되는데, 조선총독부 통계연보나 전남사정지에서는 남평보통학교의 설립연도를 공립화가 이루어진 1911년 6월로 기록하고 있는 것이다.

학교설립에 소요되는 경비는 지역주민들이 분담하여 감당하였다. 일본은 공립학교의 설립비용을 지역민에게 부담하게 하면서 도서, 조선에 토지를 소유한 일본인이나 조선에 거주하는 일본인에게는 전혀 설립비용을 전가시키지 않았다. 일본은 1920년대 소위 문화정

---

87) <동아일보>, 1926. 12. 22일자, 父老靑年懇談.

치를 표방하면서 「內鮮一體」, 「內鮮共學」, 「日鮮融和」 등의 정책을 내세우는데, 이는 단지 일제식민지정책의 수행을 위한 구호에 불과했음을 입증하는 것이라 하겠다. 이러한 점은 영산포실과여학교의 경우에서도 확인된다. 영산포실과여학교는 지원자격으로 보통학교나 심상소학교 졸업자로만 규정하고 조선사람이나 일본사람에 대한 제한은 없었는데, 1931년 3월말 현재 영산포 실과 여학교의 현황을 보면 3개 학급으로 일본인 교사 4명, 생도 역시 일본인만 55명이 있을뿐, 조선인은 한 명도 보이지 않는다. 1922년 개정된 제2차 조선교육령이 외견상 조선의 학제를 일본의 학제와 동일한 수준으로 맞추고, 일본인과 조선인의 구별을 두지 않겠다는 것인데, 실제의 교육정책에 있어서는 여전히 조선인과 일본인을 차별해서 교육하고 있음을 보여주는 것이다. 또한 일본인 대상 소학교와 조선인 대상 보통학교의 운영실태를 비교해보면 교사 1인당 생도수나 1학급당 생도수는 보통학교가 소학교의 2배에 달하는데 비해 생도 1인당 경상비는 보통학교가 소학교의 1/3에 불과한 것으로 나타나고 있어 조선인 대상 보통학교의 교육여건이 열악했음을 짐작할 수 있다.

나주지역의 사립학교는 金敎島의 소학교, 나주錦城學校, 사립任置學校, 신명학교, 本良義塾, 錦明學院, 전남나주청년회여자야학부, 永申여자야학회, 나주세지면장학회강습소, 장로교학교, 나주노동야학회, 나주부인야학회 등이 신문자료를 통해 확인된다. 그러나 이들 학교들의 규모나 교육내용은 기록이 없어 파악되지 않는다. 일제시기 사립학교나 야학의 운영은 '형세의 유무에 따라 差等分配하거나' 혹은 '共同出力에 의하여 생긴 자금을 경비로 제공하는 등'의 방법으로 운영했을 것으로 보인다. 사립학교의 운영은 주로 지역 유지들이 담당하였으나, 第七日耶蘇再臨敎會와 安息敎會 등 종교기관이 사립학교를 운영하고 있는 모습도 보인다.

나주청년회는 학우회, 청년회, 수양구락부 등 여러 명칭으로 활동해오다가 1920년 1월에 羅州靑年修養會로 변경하였다. 청년수양회는 부속사업으로 아동교육과 야학을 운영하였으며, 아울러 회칙에 의해 매월 토론과 강연을 실시하였다. 1920년 7월 호남학생강연대를 초빙하여 개최한 강연회에서는 순사가 삼십여 명이나 들어와서 삼엄한 경계를 할 정도로 관심을 끌기도 하였다.

을사조약 이후 일본은 조선의 근대교육이 「보통학교령」의 공포에서 비롯되었음을 강조하고, 한반도에서의 교육정책을 한국민의 愚民化에 두었다. 3·1운동이라는 한국민의 전민족적 저항을 맞을 때까지 일본은 최소한의 교육만을 제공하였으며, 중등교육도 주로 실업학교를 설립하여 전문직업인의 양성에 주력하였다. 일본은 몇 차례의 교육령 개정을 통해 교육정책을 바꿔나가고 있지만, 이는 한국민의 식민통치에 대한 항거를 무마하기 위한 수준에 불과한 것이었으며, 그들의 근본 목적은 한반도를 영구히 통치하고자 하는 데 있었던 것이다.

이러한 상황에서 나주민들은 근대학교의 설립을 위해 자신들의 부담을 마다하지 않았으며, 중등교육기관의 설립을 위해서 2차례나 시민대회를 개최하고, 각 면에 부과된 배당액에 대해 일부에서 불만을 제기하는 경우가 있어서 이에 대한 대책을 강구하기 위해 다시 시민대회를 개최할 정도였다. 또한 1926년 4월 순종황제가 승하하였을 때, 나주보통학교 생도들의 저항으로 삼일간의 긴급휴교조치가 내려졌는데, 3년 후인 1929년에 광주학생운동의 발단이 나주에서 비롯되고 있음을 상기하면 시사하는 바가 크다고 하겠다.

* 이 글의 작성에는 호남문화연구소 이형주 연구원의 도움이 컸다. 이 자리를 빌어 고마움을 표한다.

日帝下 羅州・榮山浦地域 日本人資本家의 動向
- 1920, 30年代를 中心으로 -

金 旻 榮*

Ⅰ. 序論

1929년 광주학생독립운동이 발발한지 70년째를 맞이하였다.[1] 그 간 이 주제와 관련해서는 많은 연구가 축적되어 왔으며,[2] 비록 운동

---

* 군산대교수, 경제학

1) 주지하듯이 이 사건은 지금으로부터 70년 전인 1929년 10월 30일(수) 하오 전라남도 나주군의 나주역 출찰구에서 벗어난 한일 기차통학생들의 충돌사건을 기화로 일어났다.
2) 이에 대해서는 많은 연구가 있지만, 특히 1990년대 초반부터는 박찬승

사 차원에서 이루어진 것은 아니지만 운동의 사회경제적 배경이라
는 범주에 들어가는 연구도 적지 않게 이루어졌다.3) 특히 후자의 경
우는 대부분 운동에 대한 직접적 연구였다기보다는, 당시의 사회경
제적 배경분석이나 운동의 사회경제적 기초의 해명에 초점을 맞추
었다고 생각된다.

돌이켜보면 1980년대 이후 고양되기 시작한 지방사, 지역사 혹은
향토사에 대한 관심은 요즘처럼 고조된 적이 없었던 것 같다. 그리
고 이 같은 현상은 그간 중앙사 중심의 역사 서술에 대한 반성, 지
방자치제의 실시에 따른 지역사의 재조명에 대한 지역차원의 관심

등에 의해 다소 주목되는 연구가 이루어지기 시작했다(인터넷 홈페이지
http://mnum.mokpo.ac.kr/cspark/ 참조). 이는 『전라남도지』(1994)에서 정리된
바가 있기는 하지만, 본격적인 논문으로는 다음이 참고로 된다. 박찬승
(1992), "광주항일학생운동의 정치사상사적 배경 - 1920년대 중후반 학생
운동의 양상과 학생운동론 -",『전남사회운동사연구』. 박찬승(1995), "전남
지방의 3·1운동과 광주학생독립운동", 전남사학회,『한말·일제시기 광
주·전남지역의 민족운동』및 박찬승(1993), "일제하 나주지역의 민족운
동과 사회운동",『한국근현대지역운동사』2, 여강출판사. 특히 해방전후
와의 연결선상에서 고찰한 박찬승(1999), "해방전후 나주지방의 정치사회
적 동향", 역사문화학회,『지방사와 지방문화』도 주목된다.
3) 과문한 탓인지는 모르겠으나 이에 대해서는 다음의 논저들이 참고로 된
다. 박찬승편(1997),『나주근대백년사』,『나주군지』(1980). 장석흥(1985),
"영산포의 일제식민기지의 형성", 국민대학교 대학원 석사학위논문. 김용
섭, "한말, 일제하의 지주제 - 사례 3. ; 나주 이씨가의 지주로의 성장과
그 농장경영 -", 진단학보 42. 박천우(1988), "일제식민지시기 지주제 경
영의 일 사례연구 - 나주 박씨가의 사례 -",『한국근대사연구회보』제4호.
김민영(1988), "일제하 남평지역의 사회경제 상태와 일본인 이민에 관한
연구", 전남대학교 논문집 제33집. 함한희, "조선말, 일제시대 궁삼면 농
민의 사회경제적 지위와 그 변화",『한국학보』66집. 박찬승(1993), "일제
하 나주지역의 민족운동과 사회운동",『한국근현대지역운동사』2, 여강출
판사. 박찬승(1999), "해방 전후 나주지방의 정치 사회적 동향". 특히
1897년으로부터 개항 100년을 맞아 목포에서 펴낸 목포백년회(1997),『목
포개항백년사』도 참고로 된다. 그 밖에 당시 나주지역의 제반 상황에 대
해서는, "榮山浦における日本人町の形成"(佐堀伸三, 필사본) 및 전라남도
(1930),『전남사정지』등도 참고로 된다.

의 고조, 더욱이 20세기말 특히 새천년을 맞이하며 그간의 산업사회
로부터의 탈출구로서 우리가 공통적으로 갖게 되는 하나의 사고와
지향, 이른바 '회고적 미래(retro-future; 옛을 그리워하는 미래)의 경
향' 등에서 찾을 수 있지 않을까 생각된다.[4]

　이 같은 조류는 학계에도 연계되어, 이른바 지방사연구의 방법론
이나 문제의식 등을 정리하기 위한 다각적인 시도가 이루어지고 있
는 실정이다. 특히 광주, 전남지역의 경우에는 더욱 그러한 것 같
다.[5] 그리고 이러한 배경하에서 근래 지방사연구의 촉진과 함께 다
음과 같은 문제의식이 제기되고 있다. 즉 지역의 사회경제사 연구는
현재적인 관점에서 과거를 대상으로 인간의 사회경제생활을 탐구하
는 학문이지만, 이 때 인간은 고립무원한 존재가 아니라 '일정한 공
간'='지역'에 기반하여 생활하는 사회적 존재이고, 또한 여기에서
'지역'이란 단순한 자연의 일부이거나 지구의 한 조각이 아니라, 인
간이 생활하고 변화시키는 '현장'이므로, '경제사회생활의 공간 =
현장으로서의 지역'을 항상 시야에 넣어야 한다는 것이다.[6]

---

4) 즉 공업사회의 폐해에 찌들은 인류가 그들 생명의 원천이요, 고향인 지
　역에 대한 동경과 그리움을 갖는 것을 말한다. 이러한 경향은 근대사회
　에의 반발, 미래에 대한 불안, 뿌리가 없는 것에의 불안 등과 같은 동기
　에서 지역, 역사, 문화유산 등에 대한 관심의 고조로 연결되고 있다.

5) 이에 대해서는 전라남도·전남사학회(1992. 12.), 『전남지방사연구의 현황
　과 과제』(제7회 전남향토문화 심포지움). 특히 이 가운데 근현대사 부분
　은 이종범(1992. 12.), "전남지방 근·현대사 연구", 전라남도·전남사학
　회, 『전남지방사연구의 현황과 과제』를 참조. 또한 최근 '지방사', '지역
　사' 혹은 '향토사'라 불리는 부문에 대한 관심이 고조되고 있는 가운데,
　지방사 연구의 방법론 등을 정리하기 위한 적극적인 시도도 진행중인데,
　이에 대해서는 김정호·이해준·호남향사회원(1992), 『향토사 - 이론과 실
　제 -』, 향토문화 진흥원 및 호남향사회 편(1993), 『전남지방의 향토사 연
　구』, 향지사 등이 참고로 된다. 또한 교육자치와 향토교재편찬에 대해서
　는 "지방교육자치와 향토교재 편찬의 과제"(1997. 5.)(제8차 전국향토사연
　구 학술 심포지엄)이 참고로 된다.

6) 이와 관련하여 1992년 12월 전라남도·전남사학회가 주최한 제7회 전남
　향토문화 심포지움 <전남지방사연구의 현황과 과제>은 매우 의미있는

아무튼 현재 지방사 연구의 수준은 민족 전체사의 구체적이며 사실적인 재구성을 위한 지역적 차원에서의 사례와 자료의 발굴·정리 수준에 이르고 있다. 따라서 향후 한말, 일제하 지역사회 단위에서의 민족사회운동이나 그 토대에 관한 연구의 방향은 단순히 있었던 '사실의 발굴'에 그치지 않고, 일제의 지역지배와 함께 지역사회 및 지역주민이 어떻게 변화해왔는가를 더욱 심도있게 분석해야 할 것이 요구되고 있다.[7]

이 글에서는 이상과 같은 문제의식과 1929년 광주학생운동의 사회경제적 배경을 나주, 영산포지역의 사회경제사라고 하는 이른바 '진원지'적 측면에서 재조명해보고자 한다. 즉 당시의 지역적 개관(역사지리, 사회경제, 민족사회운동)과 1920, 30년대 전남 및 나주, 영산포지역의 사회경제상태,[8] 특히 일본인 자본가의 동향을 시론적으로 검토, 정리하고자 한다.[9]

것이었다고 생각된다.

7) 이에 대해서는 정근식(1995. 8. 25.), "한말·일제하 전남의 사회경제 - 민족운동의 기반 - ", 전남사학회, 『한말·일제시기 광주·전남지역의 민족운동』 참조.

8) 특히 영산포에 대해서는 장석흥(1985)의 연구가 독보적인데, 특히 1910년대 일인들의 동향을 아는 데 있어서 매우 긴요하다.

9) 특히 본 논문의 말미에 부록으로 1920, 30년대 나주, 영산포 지역의 주요회사와 주요 인물, 주요기관 등을 소개해 놓았다. 이를 통해 당시 이 지역 일인자본가들의 주요 면모를 확인할 수 있다고 생각된다. 하지만 이는 어디까지나 시론적이며, 향후 이를 발전시켜 이른바 '재한 일본인사'와 같은 연구도 가능하리라 생각된다. 이에 대해서는 향후의 과제로 남겨둔다.

Ⅱ. 地域的 槪觀

1. 歷史地理的 與件

나주평야에는 여러 군이 걸쳐져 있지만, 특히 나주군을 중심으로 펼쳐진 평야지대에서는 일찍부터 미면이 대량으로 생산되고 있어서, 전라남도 전체에 있어서도 주요한 농업지역을 이루고 있었다. 따라서 경지의 이용도도 가장 높은 곳이었다.

특히 나주는 영산강 하류에 위치하고 남해만에 연하고 있어서 선운(船運)에 의한 교통이 발달하고, 해상교통을 통한 유통경제와도 밀접하게 관련되고 있었다. 따라서 정치・행정적으로도 이미 조선조 1413년(태종 13) 정3품인 목사가 주재하는 나주목으로서 2군 8현을 통할하는 상당히 큰 고을이었고, 한말에 있어서도 호구 1만 6천여 호, 토지 2만 5천여 결에 달하는 대군(大郡)으로서, 한 때 관찰사가 있었던 전남지방의 중심지였다.

주지하듯이 지금으로부터 100여 년 전인 1895년 을미개혁 때 종래의 도를 폐지하고 전국을 23개 부로 나누는 지방제도개혁이 이루어짐에 따라, 전라도는 전주부, 나주부, 남원부, 제주부로 나뉘어진다. 그리고 기존의 부・목・군・현은 모두 군으로 되었다. 이에 따라 나주부에는 관찰사가 부임하게 되었으며, 나주군 이하 16개 군을 관할하게 되었다.[10] 그 후 관찰사는 비록 광주로 옮겼지만,[11] 영산강유

---

10) 박찬승(1993) 참조.

11) 그런데 1896년 2월 나주에서는 단발령에 저항하는 의병이 일어나 참서관 安宗洙를 타살하는 사건이 일어나 이후 정부에서는 나주부를 폐하고 광주로 관찰부를 옮겼다. 그리고 그해 8월 다시 지방제도 개편이 단행되어 전국을 13개도로 나눔에 따라 전라도는 전라남도와 전라북도로 나뉘었고, 전라남도의 도청은 광주에 소재하게 되었으며, 나주는 1등군으로 남게 되었다. 그리고 이때 나주관내 38面 32島 가운데 32島는 智島郡이 새롭게

역에 전개되고 있는 나주평야의 중심에 위치하고 있는 관계로 줄곧 전남지방에 있어서는 그 경제적 비중이 대단히 큰 고을이었던 것이다.[12)]

한편 나주로부터 4km 이내의 거리에 있는 영산포는 영산강 수운의 요지에 위치한 천연의 포구로서 조선초에는 한때 조창이 설치되었으며, 주위의 평야는 나주평야 가운데에서도 그 중심부를 이루고 있었다. 또한 강변에 펼쳐진 침수지 및 황무지는 개발의 가능성을 내포하고 있었다. 하지만 조선말기까지는 호남의 대읍인 나주와 인접한 관계로 나주의 생활권에 흡수되어 있었다. 결국 전통적인 질서가 잡힌 나주보다 오히려 수운 등을 이용하여 교통이 발달한 영산포에의 진출이 용이하였기 때문에, 일인들은 이 지역을 그들의 식민지 전초기지로 개발하였다.[13)] 이를 반영하여 읍으로의 승격(1927년)은 오히려 나주보다 앞서게 되었다(나주읍 승격은 1931년임).

아무튼 나주와 영산포를 중심으로 하는 이 지역의 농업발전은 일찍부터 유통경제의 발전을 수반하였고, 그 결과는 상업적인 농업을 더욱 촉진시키게 되었다. 그것은 단적으로 농산물을 교역하게 되는 장시의 확장으로 나타났다. 19세기초의 자료에 의하면 장시가 모두 5개소였는데, 목포항 개항 직전에 이르러서는 10개 처로 늘어나고 있었다. 상품의 교역이 그만큼 왕성해지고 있는 것이다.[14)]

요컨대 개항전야에 있어서도 나주지역의 산업, 특히 농업은 유통경제와의 관련 위에서 생산되고 있는 것이었으며, 이른바 상업적 농업으로서 경영되고 있었다.

이러한 사정은 1897년 목포항의 개항 후 일제하에 이르면서 더욱

만들어지면서 떨어져 나갔고, 또 일부 지역이 영암·함평·광주·장성·무안 등지로 이속되어 28개면으로 줄게 된다.

12) 김용섭, 앞의 논문, 34쪽.
13) 당시 영산포의 지리적 환경에 대해서는 장석흥(1985) 참조.
14) 김용섭, 앞의 논문, 35쪽.

현저해지게 된다. 즉 개항 후 영산강유역은 상업적 농업의 발전을 위한 입지조건이 더 한층 좋아지게 된다. 이는 무엇보다 영산강하구에 위치한 목포항의 개항(광무원년 1897년)과 호남선 개통(1914년)에 따른 것이었다. 이로 인해 이 지방의 내륙무역이 용이하게도 되고, 또 해외교역과도 깊은 관련을 갖게 되었다. 특히 목포항을 통한 해외무역은 이 지방의 면목을 일신시키고 있었다.

이러한 조건을 반영하여 일제시대에 들어 나주지역은 그 이전에 비해 행정구역상 상당한 재편이 이루어진다. 즉 1914년 3월 일제는 대대적인 지방제도 개혁을 단행하는데, 이때 남평군 일원과 함평군의 적량·장본·여황의 3개 면 및 광주군 소지면의 일부가 편입되어 42개 면이 되었던 것을 4월 각 면 폐합을 단행한 결과, 19개 면 222개 동리가 되었다. 그리고 1917년 양지면이 영산면으로 개칭되고 1927년 영산면이 다시 영산포읍으로 승격되며, 1929년 4월 나주면과 나신면을 합병하여 나주면이라 칭하고, 1931년 11월 나주면이 나주읍으로 승격됨으로써 2읍 16면이 된다.[15]

따라서 이후의 나주지역은 중심지인 나주면을 중심으로 크게 세 지역으로 나누어 볼 수 있다. 즉 나주면(나신면 포함)을 기준하여 서북쪽으로 다시면·문평면·본량면·삼도면·평동면·노안면과, 남쪽으로 동강면·공산면·반남면·세지면·왕곡면·영산면, 그리고 동남쪽으로 금천면·산포면·남평면·다도면·봉황면 등을 들 수 있는 것이다. 그리고 여기서 서북쪽은 역시 다시면이 중심이 될 수밖에 없었고, 남쪽은 영산포가 중심이 되었으며, 동남쪽은 남평면이 중심이 되었다고 볼 수 있다. 이는 당시 場市에도 반영되어 일제하 나주지방의 큰 장시로는 나주장, 남평장, 영산포장, 다시장 등이 있었다(<표 1> 참조).[16]

---

15) 박찬승(1993) 및 나주시청의 인터넷 홈페이지(http://city.naju.chonnam.kr) 참조.
16) 김민영(1988) 참조.

<표 1> 일제시대 나주, 영산포 인근지역의 5일장

시장명	소유지	장날	구 분
나 주 시 장	나 주 시 장	2일, 7일	사 설
영산포 시장	영산포 시장	5일, 10일	〃
동 창 시 장	세 지 시 장	3일, 8일	〃
반 남 시 장	반 남 시 장	4일, 9일	〃
남 창 시 장	공 산 시 장	2일, 7일	〃
가 동 시 장	다 시 시 장	3일, 8일	〃
삼 도 (평림)	삼 도 시 장	5일, 10일	〃
남 평 시 장	남 평 시 장	1일, 6일	〃
대 초 시 장	다 도 시 장	3일, 8일	〃

자료: 朝鮮總督府調査資料, 第8輯.

2. 社會經濟的 與件

이상에서 살펴보듯이 개항 이전부터 역사지리적으로 나주가 전남 지역의 요충지였다는 것은 분명한 것 같다. 그러나 무엇보다 1897년 의 목포개항과 1914년의 호남선 개통은 이 지역의 지경학적 특성을 크게 탈바꿈시켰다. 즉 당시 우리 나라의 대외무역은 주로 미·두· 면 등 농산물의 수출과 일용생필품이나 기타 공산물의 수입이 주였 으므로, 이 지방에서는 이제 내륙지방에 대한 농산물 판매 외에도 외국에 대하여 이를 대량으로 판매할 수 있게 된 것이었다. 그리고 이를 통해서 이 지방에서는 농업생산이 한층 더 상품화하고 유통경 제도 더욱 발달하게 된다.[17]

요컨대 목포를 비롯하여 나주·영산포·남평·함평·광주 등지는 목포항과 밀접한 관련을 가진 도시로서 목포를 중심으로 하는 상권 을 이루었으며, 목포항의 수출무역이 번영할 수 있는 배경을 이루고 있었다. 그리고 그러한 가운데서도 나주와 영산포는 그 심장부를 이 루고 있었다. 나주나 영산포가 농업 및 상업도시로서 크게 발달할 수 있었던 것은, 무엇보다도 이들 두 도시가 모두 나주평야의 중앙

---

17) 김용섭, 앞의 논문, 36쪽.

에 위치하고 있어서 상품으로서의 판매할 수 있는 농산물이 풍부한
데다, 육로·수로·철로 등 교통이 편리하여서 각 지방의 산물이 집
산하는 중심지가 되고 있었던 까닭이었다.18)

따라서 일인들의 집중적인 관심은 우선 농업과 이를 위한 토지에
모아지게 된다. 그리고 그 이후의 결과는 지역차원에서 전개된 식민
지적 농업의 재편성과정에 다름 아니었다. 즉 일인 농업자본가들에
의해서 토지가 매수되고, 일인 대지주가 등장하여 이곳의 농업생산
과 그 상품화를 좌우하게 된다. 그들은 토지를 매수하여 그들의 이
른바 농장을 설치하고 이를 지주소작제로 경영하였으며, 추수한 소
작료는 도정하여 일본으로 수출함으로써 이중으로 그 수입을 올리
고 있었다.

일인들이 이곳에서 직접적으로 토지를 매입하게 되는 것은 목포
항이 개항된 후, 특히 광무 5년(1901)에서 동 6년에 걸치면서 일본의
회가 그들의 이민보호법을 개정하여 상민의 자유도항과 부동산점유
를 결의하게 되면서부터였다. 그때까지 일인들은 우리 나라의 법에
의해서 거류지 외에서의 부동산 소유에 일정한 제약을 받고, 또 내
륙지방에의 여행도 부자유스러운 것이었는데, 일본은 이제 이러한
법을 무시하고 자유도항과 부동산점유를 강행하였던 것이다.

이렇게 내한하는 일인들이 점유하는 토지는 말할 것도 없이 남해
안의 도서나 내륙지방의 곡창지대가 중심이었다.19) 그리고 그러한
지대 가운데에서 영산강유역의 농업지대가 주요한 위치를 차지하고

---

18) 김용섭, 앞의 논문, 43쪽.
19) 이는 당시 전남도내의 군별 일인 이민부락수를 보더라도 금방 나타난다.
즉 전남도내 일인들의 이민부락은 26개였는데, 나주군이 6개 마을로서
23.1%를 차지하여 으뜸이다. 그 가운데 남평지역에는 2개의 이민부락이
존재했다. 이 지역 일인이민의 총가구수는 46가구로 이를 종류별로 보면
농업 18, 상업 25, 기타 3가구로서 상업이민이 54.4%를 차지하여 남평지
역에 있어 일인 이민은 농업보다도 상업중심으로서 그 특징을 잡을 수
있겠다. 조선총독부(1933), 『朝鮮の聚落』중편 및 김민영(1988) 참조.

있었음은 말할 것도 없었다. 그들은 이 지역에서 닥치는 대로 토지, 를 매입하고 있었다. 그것은 마치 군산항 배후의 만경평야에서의 현상과도 흡사하였다.[20]

특히 1902년 경부터 영산포에 진출하기 시작한 일인들은 먼저 영산강의 수운개발을 신호로 목포에서 영산포로 이어지는 토지수탈 및 경제침략의 통로를 마련하였다.[21] 이후 1905년의 러일전쟁을 승리로 이끌게 되면서부터 일인들의 토지잠매는 더욱 심해졌다. 한반도 침략에 있어서의 최대의 경쟁자를 물리치게 되면서 토지매점과 농업경영에 대한 전망이 한층 더 밝아진 까닭이었다. 전국적으로 경제적 요지에 대한 그들의 매점은 늘어났으며, 영산강유역도 그 중의 한 곳이 되었다(<표 2> 참조).[22]

<표 2> 1910년 이전 영산포지역 일인 토지소유 상황 (단위: 정보)

이름	東山農場	木浦興農協會	黑主猪太郎	河野喜三郎	韓國興農(株)	石川蔣十
면적	1,523	250	237.30	122.33	117	17.23
이름	飯田淸治郎	杉本恒五郎	馬淵繡太郎	鳥越和夫	米津大濤	小早川与一郎
면적	95.99	90.50	64.20	30.74	23.46	25.23

자료: 『朝鮮農會報』(1909年).

한편 여기에서 간과할 수 없는 것은 그들이 여러 가지 식민기구를 함께 만들고 있었다는 사실이다. 예컨대 우편수취소(1903년), 영산포 일본인회(1906년), 일인소학교(1907년), 일본사찰(1910년), 영산포 헌

---

20) 최낙필(1988), "군산항개항과 지역사회경제의 구조적 관계에 대한 연구", 전북향토문화연구회, 『전라문화연구』 제3집 및 김민영(1997), 『일제하 군산 옥구지역의 민족 사회운동사』 군산문화원.
21) 수운개발의 전개에 대해서는 장석흥(1985) 참조. 아울러 최근 영산강수운의 복원계획이 지역차원에서 검토되고 있어 무척 의미있는 것으로 생각된다.
22) 1910년대 영산포일대에서의 일인들의 토지잠매의 실태에 대해서는 장석흥(1985) 참조.

병분대(1909년), 광주농공은행 영산포지점(1910년)[23] 등이 바로 그것
이다.

이 가운데 은행은 식민수탈의 재정적 지원과 관련하여 특히 중요
한데, 이후 1930년 초에는 18은행 나주지점, 조선식산은행 영산포지
점 외에 나주, 금성, 영산포, 남평, 반남 등 5개의 금융조합과 기타
군내 일부 소수 면을 구역으로 광주군 송정리금융조합이 있었다. 그
리고 1930년말경에는 나주와 영산포에 각 은행의 지점이 1개씩 늘게
된다.

그렇다면 1920년대 말기 나주군 전체의 인구, 특히 일인들의 분포
는 어떠하였을까. <표 3, 4>를 통해 볼 때, 1929년 현재 나주지방의
총인구는 14만 6,686명으로 이 가운데에는 일인 3,425명, 중국인 69
명이 포함되어 있었다. 여기서 일인 3,425명은 각각 나주면 795명,
영산면 743명, 남평면에 409명이 거주하고 있어 절반 이상이 이들 3
면에 집중되어 있었다.[24]

<표 3> 전남·나주·영산포 등지의 인구상황 (단위: 명, %)

구분 지역	1930년				1925년
	총 인구	남	녀	여100 : 남	총인구
전남도	2,332,256	1,171,720	1,160,538	100.96	2,158,513
나주군	165,719	84,303	81,416	103.55	150,207
영산면	14,236	7,490	6,746	110.03	나주면포함
남평면	10,775	5,400	5,375	100.47	10,006

자료: 朝鮮總督府(1930), 「朝鮮國勢調査報告」.

그리고 이듬해 1930년에 이르면, 나주지역의 인구는 16만 명을
돌파하기에 이른다. 당시 나주군의 호수는 모두 31,948호였으며

---

23) 비슷한 시기 나주에는 18은행 나주출장소(1907년 설립)가 있었는데, 대출
   상황을 비교해 보면 영산포가 활발하여 그만큼 식민투자가 적극적이었음
   을 말해주고 있다. 장석흥(1985), 28쪽 참조.
24) 전라남도(1930), 『전남사정지』.

이 가운데 일인 가호는 838호이며, 한국인 인구는 161,822명, 일인 인구는 3,788명이었다. 그런데 한국인 토지는 51,275,950평이며 일인 토지는 3,732,905평으로, 1인당 한국인 소유토지는 310평, 일인 소유토지는 1만여 평이었다. 특히 영산면의 경우는 이러한 상황이 더욱 심하여 영산면 전체 토지면적이 5,880정보인데, 그 가운데 한국인 소유는 25.6%인 1,507정보인 반면, 일인 소유는 74.3%인 4,373정보에 달하여, 한국인 2,494호의 1호당 토지소유면적은 0.6 정보인 반면, 일인 290호의 1호당 토지소유면적은 17.5정보에 달하였던 것이다.

또한 1930년대 나주지역의 국적별 인구분포를 보면, 영산면과 남평면 지역의 경우 일인이 차지하는 비율이 7.9%, 4.3%로서 각각 전남과 나주지역을 크게 상회하고 있음을 알 수 있다. 또한 일인 전체수로 볼 때에도 나주(1,057명)지역에 이어 영산면(1,042명)이 그 뒤를 따르고 있었다(<표 4> 참조).

이처럼 당시 나주지방은 일인지주층이 농장을 설치하는 중심지의 하나가 되고 있었다. 본시 궁방전이 많았던 데서 동척농장이 들어서게 되었음은 말할 것도 없으나, 그 밖에도 대규모의 농장이 많이 설치되었던 것이다(<표 5> 참조).

<표 4> 1930년도 나주지역의 국적별 인구분포

(단위 : 명, %)

구분 지역	조선인			일본인			중국인			기타		
	총	남	여	총	남	여	총	남	여	총	남	여
전남도	2,288,429	1,147,527	1,140,902	40,986 (1.8)	21,589	19,397	2,774	2,576	198	67	28	39
나주군	161,834	82,286	79,548	3,779 (2.3)	1,921	1,858	106	96	10	0	0	0
영산면	13,144	6,927	6,217	1,042 (7.9)	520	522	50	43	7	0	0	0
남평면	10,290	5,134	5,156	460 (4.3)	242	218	25	24	1	0	0	0

주: ( ) 안의 숫자는 각 지역별 총 인구에 대한 구성비임.
자료: <표 3>과 같음, 50~61쪽.

<표 5> 나주지역의 일인 대농장 및 대지주 명부

연도	경영지	소유지 면적(정보)				영농종별	창립방법	창립연월	명칭
		답	전	기타	계				
1922년말	나주군	209.0	203.0	33.0	445.0	보통농사조립	소작	1905년	黑佳농장
		116.0	187.0	2.0	305.0	보통농사	"	1907년	杉本농장
		65.0	16.0	–	81.0	"	"	1918. 4.	北鄕농장
		143.0	28.0	24.0	195.0	"	"	1906. 4.	西見농장
		870.0	4,061.0	512.0	5,454.0	보통농사조립	"	1919. 11.	동산농업주식회사
1925년말	나주군	1,233.2	335.7	–	1,568.9	보통농사	"	不明	"
		52.0	8.5	2.2	62.7	"	"	1917. 3.	竹田仙三郎
	나주·광주·화순군	38.7	6.7	10.5	55.9	보통농사, 양잠	"	1911. 5.	緒方民平
1929년말	나주·광주·화순군	1,588.2	362.7	24.7	1,975.6	보통농사	"	1924. 6.	동산농사주식회사 전남출장소
		30.0	3.4	0.2	33.6	"	"	1907. 1.	"
1931년말	나주·광주·영암군	1,604.0	349	131	2,084	"	"	1907. 1.	"

자료: 한국농촌경제연구원(1985), 「農地改革時 被分配地 및 日帝下 大地主 名簿」.

3. 社會運動의 展開

주지하듯이 나주지역은 전통적으로 토착세력이 강한 곳으로 알려
져 있다. 특히 나주吳, 나주羅, 나주鄭, 금성羅씨, 반남朴씨 등은 조
선시대 이전부터 나주에 자리잡고 지배층을 이루고 조선시대에 들
어와 사족화하여 그 세력을 유지해온다. 또한 나주林씨, 문화柳씨,
풍산洪씨, 제주梁씨 등은 조선시대에 들어와 나주에 터를 잡은 客班
들이라고 할 수 있다.[25]

이러한 연유에서 이 지역은 근대에 들어와서도 다른 여타 지역에
비하여 개화의 물결이 상당히 늦게 들어온 보수적인 지방이었다. 이
러한 보수적인 분위기는 1910년대까지 거의 그대로 지속되는 것으
로 보이며, 1920년대에 들어서도 상당히 뿌리깊게 남아있었던 것으
로 분석되고 있다.[26]

반면 영산포지역은 이 같은 호남의 대읍인 나주와 인접하면서 나
주의 생활권에 흡수되어 있다가, 일인지주들의 토지수탈을 근간으로
일약 호남수탈의 전초기지로 부각된다. 특히 1910년 이후 영산포는
전남 내륙지방에서 식민사회의 거점 및 교두보로 등장하게 된다. 영

---

25) 박찬승(1993) 참조.
26) 나주지방의 사회적 조건을 볼 때에도 역시 무시할 수 없는 영향을 미친
요소 중의 하나로 교육을 꼽을 수 있다. 즉 한국인 학교는 나주와 남평의
두 곳에만 있었던데 비해, 당시 일본인 아동 생도들을 위한 교육은 학교
비조합이라는 것이 나주면・영산면・세지면・왕곡면・봉황면 등지에 구
성되어 뒷받침하고 있었으며, 1930년 현재 일본인 학교 현황을 보면, 영
산포 공립심상고등소학교(1906년, 6학급), 나주 공립심상고등소학교(1907년
설립, 7학급), 남평 공립심상고등소학교(1911년 설립, 3학급), 세지 공립심
상소학교(1914년 설립, 1학급), 봉황 공립심상소학교(1919년 설립, 1학급),
왕곡 공립심상소학교(1925년 설립, 1학급), 영산포 공립실과여학교(1928년
설립, 2학급) 등이 있었다. 이처럼 나주군 관내에 일본인 학교는 이미
1910년대에 5개교나 있었다. 사회운동과 교육의 역할에 대해서는 정근식
(1995) 참조.

산포의 일인사회는 초기에는 주로 농업관계회사였으나, 점차 식민적 기간산업으로까지 확대되어간다. 나아가서는 전국적인 유통망을 갖는 대규모의 기업으로 팽창하기도 한다.[27]

아무튼 이러한 상황에서 1920, 30년대 나주 및 영산포의 식민사회는 소수의 일인에 의해 장악되고 있었으며, 한국인과 일인의 지위는 주객이 전도된 것이 되고 만다. 특히 영산포는 마치 일본내의 일인사회를 그대로 옮겨놓은 것과 같은 곳으로 되고 있었다.

바로 이러한 조건에서 일제하 나주지역에서는 청년, 노동·농민, 신간회, 산업, 야학과 강습소운동 등 각종 민족 및 사회운동이 전개되기에 이른다. 그리고 그 과정에 광주학생독립운동의 발단이 놓여 있는 것이다.[28] 그 운동의 경과는 크게 세 시기로 나누어 볼 수 있다. 첫째 시기는 1920년대 전반으로서 나주지역의 지주, 부르주아계층이 중심이 되어 부르주아적 '문화운동'을 전개한 시기이다.[29] 둘째 시기는 1920년대 후반으로서 새로이 등장한 나주지역의 진보적 지식층이 중심이 되어 청년운동, 노동·농민운동, 신간회운동 등을 전개한 시기이다.[30] 셋째 시기는 1930년대 전반기로서 주로 1920년대 후반에 학생운동에 참여하여 사상적으로 무장된 신진 사회주의적 청년들에 의해, 변화된 정세 속에서 신간회를 해소하고 대신 혁명적 노동조합·농민조합을 건설하려는 운동이 전개된 시기였다.[31]

---

27) 장석흥(1985), 82쪽.
28) 박찬승(1993) 참조.
29) 당시 그들은 나주청년회를 중심으로 수양과 교풍을 위한 계몽운동을 전개하였으며, 민립대학기성운동 나주지방부를 조직하여 모금운동을 전개하기도 하였다.
30) 당시 이들은 사상단체 효종단, 나주청년동맹, 나주노농공영회·나주노동조합연맹·나주농민조합연맹, 신간회 등을 중심으로 대중들에 대한 진보적 사상의 보급, 노동·농민운동 지원, 광주학생운동 지원 등의 운동을 펼쳤으며, 1927년 신간회 결성이후 대부분의 역량은 신간회에 집중되었다.
31) 박찬승(1993) 참조.

요컨대 1920, 30년대 나주지역의 민족운동과 사회운동은 전체적으로 대중들의 봉건적인 의식과 관습을 타파하고, 민족의식을 고취시키는 계몽운동을 중심으로 전개되었으며, 부분적으로 상당한 성과를 거두었다고 할 수 있다. 그리고 노동야학뿐 아니라 나주청년회의 계몽운동 등도 보수적이었던 나주지역에 반봉건적인 분위기를 불어넣는데 크게 기여하였던 것으로 분석된다. 더욱이 이러한 운동의 주도층은 해방 직후 건준 및 인민위원회의 활동으로 면면히 연계되어진다.[32]

Ⅲ. 地域經濟와 日本人資本家의 動向[33]

1. 植民地的 農業의 展開

일제시대 나주지방의 산업을 살펴보면, 역시 농업이 가장 중요한 산업이었다. 지경학적으로 영산강을 끼고 형성된 나주평야는 전남지방에서는 가장 넓은 평야를 형성하고 있었고, 따라서 이곳의 산업은 농업을 중심으로 이루어질 수밖에 없었다.

그러나 <표 6>을 통해 1929년경 산업별 종사자의 구성비를 볼 때, 영산면 지역의 경우 1, 2, 3차산업의 종사자가 각각 59.9%, 10.8%, 29.3%로서, 상대적으로 타지역과 대조적인 모습을 나타내고 있다. 특히 2차산업은 물론이고 상업 등 3차산업 종사자의 구성비가 3할에 육박하고 있어, 당시 영산포를 비롯한 영산면지역의 경제상황을 알고도 남음이 있다.

---

32) 박찬승(1999) 참조.
33) 『전남시정지』(1930), 나주편 참조.

<표 6> 산업별 종사자의 구성비   (단위: %)

구분	전 남	나주군	영산면	남평면
1 차 산 업	85.2	85.7	59.9	87.2
2 차 산 업	4.3	5.6	10.8	3.1
3 차 산 업	10.5	8.7	29.3	9.7

자료: <표 3>과 같음, 50~61쪽.

아무튼 1930년 당시 직업별 호수를 살펴보아도 농업자의 호수가 21,316호로 전체 호수 29,865호의 84%를 차지하고 있을 만큼 농업이 차지하는 비중은 큰 것이었다. 나주지방의 총경지면적은 27,683정보로서 이 가운데 논이 67%, 밭이 33%를 차지하고 있었다. 그리고 이 시기 자소작면적을 보면, 이 가운데 자작지가 35%, 소작지가 65%를 차지하였다. 농가의 경우 소작농이 53%, 자작겸 소작농이 40%, 자작농이 5.4%, 지주가 1.6%를 차지하였다. 즉 소작농 내지 자소작농이 대부분을 차지하였고, 순자작농은 극히 소수에 불과하였던 것이다.

나주지방의 농업은 미곡을 주요 작물로 하고 있었다. 미곡은 1년에 평균 26만석을 생산하여 7만석을 수출하고 있을 정도로 나주지방 농업에서 큰 비중을 차지하였다. 이러한 나주의 미곡농업은 물론 영산강 및 그 지류에 크게 힘입어 관개에 그리 큰 어려움이 없었기 때문에 가능한 것이었다.

한편 1930년대 나주군내에서는 미곡검사사업이 1931년 10월부터 국영으로 이관되어 전남일원을 총독부 관할 검사소 목포지소의 관할에 두고, 그 검사비에는 ㉗의 着判에 의해 표시하고 있었다(실적은 <표 7> 참조). 이를 뒷받침하고 있는 것이 1930년대 가마니[34] 공동판매에 관한 통계이다(<표 8> 참조).

---

34) 당시 이를 '수탈주머니'로 명명한 자료가 있어 인상적이다. 특히 가마니 시장은 영산포 시장이 전국적으로 유명하였다. 米昇右(1983), 『日帝農林收奪相』, 綠苑出版社, 154~157쪽.

<표 7> 쌀 검사량 실적표 　　　　　　　　　　　　　　　　　(단위: 석)

연도	쌀수확량(석)	검사량		
		현미	백미	벼
1915	1,553,009	37,713		
1919	2,210,342	180,110		
1922	2,210,164	202,755	49,816	
1926	2,301,930	575,308	14,344	
1930	2,551,412	761,614	94,444	
1935	1,777,715	947,158	46,227	163,526
1937	2,967,476	966,694	94,280	1,258,713
1938	2,598,778	1,109,838	123,078	1,889,812

자료: 1938年版, 『全南の産業』.

<표 8> 1930년대 전남지역의 연도별 가마니 공동판매 현황 　　(단위: 매)

종별＼연도	1934	1935	1936	1937	1938
穀用 가마니	4,035,551	4,903,826	4,738,017	3,444,637	4,338,716
朝窒 가마니	455,508	500,312	1,183,496	1,167,592	1,579,462
豊年 가마니	420,058	184,301	342,622	410,020	272,275
鹽用 가마니		37,980	124,089	165,501	13,667
계	4,911,115	5,626,419	6,388,224	5,187,750	6,204,120

자료: 1938年版, 『全南の産業』.

<표 9> 1930년도 나주군의 일인 대지주 현황 (30정보 이상 소유자, 단위: 정보)

	지주명	주소	전	답	기타	합계
1	黑住猪太郎	榮山浦	491	241	366	1,098
2	高田讓	榮山浦	70	140	21	231
3	杉本農場	榮山浦	104	41	2	147
4	內山弥太郎	榮山浦	99	23	10	132
5	猪方龍太郎	羅　州	80	15	-	96
6	大久保網賀	榮山浦	76	17	2	95
7	全南商社(株)	榮山浦	74	15	-	89
8	高田德之助	榮山浦	46	15	10	71
9	伊丹万吉	金川面	53	17	-	70
10	阿部万吉	榮山浦	57	9	1	67

11	吉田信郎	榮山浦	51	12	–	63
12	河野喜三郎	榮山浦	21	24	6	51
13	鳥越和夫	榮山浦	24	18	5	47
14	橋本義助	金川面	38	8	1	47
15	江口仲吾	多侍面	27	8	12	47
16	中紫勢追	旺谷面	33	11	1	45
17	北御門正	多侍面	39	5	–	45
18	前田江吉	榮山浦	42	2	1	45
19	板谷喜多	榮山浦	20	22	1	43
20	綿貫裔吉	榮山浦	20	13	9	42
21	石田嘉太郎	榮山浦	31	11	–	42
22	竹田仙太郎	南平面	29	9	–	38
23	高田信太郎	榮山浦	26	7	4	37
24	松平富米吉	金川面	21	14	–	35
25	浜村松五郎	多侍面	31	2	–	33
26	小林善太郎	南平面	19	15	1	35
27	久山壽賀一	金川面	21	10	–	31

자료: 박찬승(1993)에서 재인용.

미곡 외의 주요 작물은 보리, 면화, 잡곡류, 과수, 소채류, 大麻, 苧麻, 莞草, 누에고치 등이었다. 이 가운데 1920년대 특히 중요한 것은 면작으로 1928년 4,047정보에 심어 417만 3,328근의 면화가 생산됨으로써 농가경제에서는 미작 다음으로 큰 비중을 차지하기에 이르렀던 것이다. 또 잠업도 크게 활발하여 1928년 공동판매수량이 전남에서 제1위를 차지할 정도에 이르렀다. 면작과 잠업의 비중이 이처럼 커진 것은 주지하듯이 1910년대 이후 일제의 강제적인 육지면 재배정책과, 역시 강제적인 뽕나무 재배와 누에사육정책에 따른 것이었다.

한편 나주평야와 영산포를 끼고 있던 나주지방에는 다수의 일인이 진출하여 엄청난 토지를 차지하고 있었다. 당시 나주지방의 경지가 포함되었던 회사형의 일인 대농장으로서는 동양척식회사 목포지점, 東山農場 전남출장소, 鎌田産業株式會社 목포지점, 朝鮮實業株式會社 목포지점 등이 있었고, 이들 대농장외에도 나주지방에는 크고 작은 일인 농장들이 다수 설치되어 있었다. 1930년 현재 나주지방에 30정보 이상의 토지를 갖고 있던 일인 지주들의 현황은 <표 9>와 같다.

　본시 궁방전이 많았던 데서 동척농장이 들어서게 되었음은 말할 것도 없으나, 그 밖에도 대규모의 농장이 많이 설치되었다. 1911년 현재 이곳에는 동척농장・동산농장・조선실업농장・겸전농장・黑住농장・금서농장・馬淵농장・靑木농장 등의 대지주의 농장일부가 개설되고 있었으며, 특히 이곳에 근거를 둔 큰 농장으로서는 이미 1922년 현재 黑住농장(445정보)・杉本농장(305정보)・北御門농장(81정보)・西見농장(195정보)・東山농장(5453정보)・특수농장으로서의 동척농장이 세워져 있었다(<표 5, 9> 및 부록 참조). 이러한 양상은 1930년에 이르면 최고조에 달하게 되었던 것이다. 여기에는 소개하지 않았지만 그 밖에도 많은 중소지주가 있어서 지주경영을 하고 농민을 지배하였음은 말할 나위도 없을 것이다.[35]

<표 10> 1930년도 나주군의 한국인 대지주 현황 (50정보이상소유자, 단위: 정보)

	지주명	주소	전	답	기타	합계
1	許永奎	羅州面	318	31	23	372
2	朴正業	羅州面	207	14	2	223
3	鄭安民	羅州面	95	6	70	171
4	朴奉一	羅州面	127	14	12	153
5	許國香	羅州面	92	41	9	142
6	河東秀	榮山面	86	17	11	114
7	金柄斗	羅州面	50	8	36	94
8	白南善	羅州面	49	13	30	92
9	梁奇俠	羅州面	86	6	-	92

---

35) 김용섭, 앞의 논문, 43쪽.

10	洪丙憙	茶道面	42	11	38	91
11	鄭性勉	羅州面	76	6	3	85
12	梁然鎬	羅州面	64	7	-	71
13	梁奇秤	羅州面	54	5	-	59
14	崔升煥	羅州面	48	7	1	56
15	李啓善	多侍面	32	22	2	56
16	金漢燮	南平面	44	9	-	53

자료: 박찬승(1993)에서 재인용.

반면 <표 10>에서 보이는 바와 같이 나주지방의 가장 큰 한국인 지주는 許永奎였으며, 朴正業·鄭安民·朴奉一·許國香이 그 뒤를 잇고 있었다. 특히 許永奎는 만석군으로 불리던 대지주였다. 그런데 한국인 지주들은 대부분 나주읍 거주로 되어 있어 일인 지주들이 영산포 거주로 되어 있었던 것과 대비된다.[36]

그러면 당시 나주군내의 소작관행[37]을 살펴보기로 하자. 논에 있어서는 執穗法, 打租法, 定租法 등을 썼고 밭에서는 보통 定租法을 썼는데 그 내용은 다음과 같다. 즉 執穗法은 執租法, 檢見法, 看坪法이라고도 했다. 分益法의 일종으로 매년 작물의 성숙기에 지주(또는 사음)와 소작인의 입회하에 작황을 檢見해서 수확예상고를 협정하는 방법으로 地租는 地主와 소작인의 공동부담으로 했는데 소작료율은 실수고의 4할~5할이었다. 打租法은 打作法, 刈分法의 별명이다. 역시 分益法의 일종으로 지주 또는 사음이 입회한 가운데 수확물을 탈곡 조제해서 이등분하는 방법으로 地租 및 운반비는 소작인 부담이

---

36) 이들 한국인 지주 가운데 특히 주목되는 이는 박정업과 김병두이다. 이들은 각각 밀양 박씨, 김해 김씨로서 일제하 나주읍내의 주요 가문이었으며, 1920년대 전반 나주지방의 부르주아적인 문화운동에서 중심적 역할을 하였다. 특히 박정업의 아들 박준삼은 1920년대 후반에도 청년운동, 신간회운동 등 사회운동에서 큰 역할을 하였다. 이에 대해서는 박찬승(1993) 참조.

37) 『羅州郡誌』(1980), 306쪽.

었다. 睹只는 睹作, 定租法의 별명이다. 일종의 定額法으로서 일정액을 소작인이 지주에게 납입하는 것으로 주로 전곡에서 행하는데 소작료는 주요작물 평년작의 3할 내지 4할 이내였다.

한편 대지주층에 있어서는 사음[38]이라는 독특한 형태하에서 부재지주형태를 띠었고 동산농장조합이 그 대표격이었다.[39] 당시 부재지주는 소작인 소재 농촌에 사음 또는 이와 유사한 자를 배치하여 이들로 하여금 소작자를 관리케 하였는데 다시 사음 아래에는 差宅 또는 探偵軍 혹은 庫軍 등을 두고 소작지의 작황을 조사하여 소작료 분납의 사무를 맡기고 그 외 토지 및 소작인을 감독케 하는 것이 관행으로 되어 있었다.

어쨌든 당시 나주군의 소작관행은 논의 경우 76%로서 집조법이 우세하였고 밭의 경우 타조와 정조가 4 : 6의 비율로 행해지고 있었다.(<표 11> 참조).

<표 11> 1920년대 나주군의 소작관행　(단위: %)

구 분	타 조	정 조	집 조
논	7	17	76
밭	42	57	1

자료: 羅州郡(1980), 『羅州郡誌』.

---

38) 『羅州郡誌』(1980), 307쪽.
39) 동산농장회사의 창립년대는 1907년이며 소재지는 경기, 전북, 전남으로서 소유면적은 1915년 4,830정보, 1929년 5,998.5정보였다. 이렇듯 이와자키(岩崎) 등 일본에서도 쟁쟁한 대자본가들이 한국에 진출하여 토지투자를 개시한 것은 1905년을 전후한 시기이며 이들은 주로 전주평야를 중심으로 단시일 내에 광대한 토지를 점유하였다. 이와자키의 동산농장은 전주 교외에서 水田 600정보를 점유하고 있었다. 동산농장은 미작중심으로 소작료는 4.5~5할로서 보통으로 나타나지만, 기타 제부담을 고려한다면 결코 타지역보다 낮은 것은 아니었다. 동산농장은 나주군 영산포 속칭 새끼네(상습 수해지)에 본부를 두고 있었다. 조기준(1982), 『韓國資本主義 成立史論』, 大旺社, 147~148쪽.

<표 12> 1920년대 나주지역의 농가구성   (단위: 호)

연 도	자 작 농	자작겸소작	소 작	총 호 수
1921	1,417(6.6)	10,171(47.5)	9,817(45.9)	21,405(100.0)
1925	1,374(5.4)	10,032(39.7)	13,881(54.9)	25,287(100.0)
1927	1,359(5.3)	9,908(38.8)	14,294(55.9)	25,561(100.0)
1928	35%	-	65%	-

자료: 『羅州郡誌』(1980), 315쪽.
주: ( ) 안은 구성비임.

소작계약은 문서화하여 개인별로 땅의 소재지, 마지기수, 소작료를 명시한 인쇄된 용지를 사용했는데 이는 경영합리화의 일환으로 파악되며 소작인의 관리를 위해 3~4명씩 연대보증책임제를 두어 소작인 유고시 소작지 대경과 소작료 대납을 하게 하였는데,[40] 이는 소작인의 계약불이행에 대응한 일종의 안전판이라 할 수 있겠다. 또한 소작료 수납, 가공, 荷造, 검사, 출하, 보관, 판매에 맞추어 그에 상응한 담보를 제공하고 短資를 얻어 농장경영에 필요한 자금조달에 차질이 없도록 했다.

이러한 정황을 보다 구체적으로 알아보기 위해 <표 12>를 통해서 1920년대 나주지역의 농가구성을 살펴보면, 1920년대를 통해 자작농은 점감하고 소작농이 점증함을 알 수 있다. 특히 1928년 농지 소유를 통해 볼 때 전체 인구의 65%가 소작인으로 되어 있다.

이 같은 현상은 <표 13>을 통해 1930년말 수준과 비교해 보더라도 64.4%가 소작인으로 나타나 있어 소작농의 증가추세를 엿볼 수 있다. 또한 이는 <표 14>를 통해 전국치와 비교해 보더라도 그만큼 나주지역이 자작이상층의 비율이 낮고 소작층의 비중이 높았음을 알 수 있다.

문제는 이 같은 광범위한 소작계층은 몰락농민으로서 토지상실에

---

40) 洪性讚(1986), "日帝下 企業家的 農場型 地主制의 存在形態-同福 吳氏家의 東山農場 經營構造 分析", 『經濟史學』第10號, 79쪽.

의해 농장소작인화하거나 도시에로의 이농 내지 만주·일본 등지로
이민을 가야만 했다는 것이다. 또한 이들 농장소작인은 점차 경제자
립성 상실에 의해 실질적으로 임노동자화했다는 사실이다.

<표 13> 1930년말 농가의 계층 구성   (단위: 명, %)

지역 구분	전 남			나 주		
	총	남	여	총	남	여
자작	118,290 (31.5)	99,804 (29.4)	18,486 (50.6)	3,174 (12.2)	2,755 (11.3)	419 (26.0)
소작	186,995 (49.8)	171,894 (50.7)	15,101 (41.4)	16,708 (64.4)	15,710 (64.6)	998 (62.0)
자소작	70,385 (18.7)	67,456 (19.9)	2,929 (8.0)	6,050 (23.4)	5,859 (24.1)	191 (12.0)
총농경업주	375,670 (100.0)	339,154 (100.0)	36,516 (100.0)	25,939 (100.0)	24,329 (100.0)	1,610 (100.0)

주: 위의 총 농경업주에는 과수재배업주가 제외되었음.
자료: <표 3>과 같음. 100~107쪽.

<표 14> 농가호수의 자소작 비율(1931년)   (단위: %)

대지주	중소지주	자작	자소작	소작	화전민	계
0.87	2.8	17.0	29.6	48.4	1.4	100.0

자료: 이훈구, 『조선농업론』, 288~289쪽.

　　실제 <표 15>에서 알 수 있듯이 전남, 나주 지방에 있어서 1930
년대말 현재 농업 총인구 중 「작남작녀」[41]는 각각 2.5%, 3.0%로서
오히려 나주 쪽이 높은 편이었다. 게다가 「농업수조」[42]는 나주지역
의 경우 18.9%에 달하고 있고, 남자보다도 오히려 여자층이 높아서
그만큼 부녀노동의 강화를 알 수 있다. 이처럼 실질적인 임노동자로
전락한 층과 함께 일부는 상대적으로 일본 등지로의 도항자, 광산·

---

41) 이는 당시 가내 고용인으로 짐작된다.
42) 이는 당시 임노동자로 짐작된다.

부두·토목공사장에서 일하며 간신히 끼니를 이어가는 위장된 노동
자로 전락하게 되는 것이다. 당시 소위 도시는 한국에서의 수탈을
위한 일인들의 거점, 농토를 빼앗겼거나 가난에 쫓겨 농촌을 등진
농민들의 도피처이기도 했기 때문이다.

<표 15> 작남·작녀 및 농업수조의 분포   (단위: 명, %)

지역 항목	전 남			나 주		
	총	남	여	총	남	여
총인구(A)	2,332,256	1,171,720	1,160,536	165,719	84,303	81,416
작남·작녀(B)	57.112	56,554	558	5,012	4,989	23
(B/A)×100	2.5(%)	4.8	0.04	3.0	5.9	0.03
농업수조(C)	600,345	167,121	433,224	31,281	9,843	21,438
(C/A)×100	25.7(%)	14.3	37.3	18.9	11.7	26.3

자료: <표 3>과 같음.

이를 보다 구체적으로 알 수 있는 자료가 <표 16>이다. 즉 이 당
시 생활곤란으로, 임노동을 행하는 소작농 호수를 보면, 전남의 경우
총소작농에 대한 비율이 47.0%로서 전국 평균치 37.0%를 훨씬 상회
하고 있다. 이를 보다 실제적으로 알아보기 위해 1930년말 농촌인구
중 무직자 구성비를 알아보자(<표 17>참조).

<표 16> 생활곤란으로 임노동을 행하는 소작농 호수(1930) (단위: 호, %)

도명	호수	총소작농에 대한 비율	도명	호수	총소작농에 대한 비율
경 기 도	85,839	41.7	황 해 도	50,960	27.6
충청북도	44,159	38.4	평안남도	28,960	24.4
충청남도	74,510	50.7	평안북도	29,365	22.3
전라북도	100,526	48.1	강 원 도	42,808	32.8
전라남도	111,976	47.0	함경남도	27,740	33.2
경상북도	82,193	29.7	함경북도	5,292	24.5
경상남도	91,228	39.7	합 계	775,106	37.0

자료: 朝鮮總督府, 「朝鮮ニ於ケル小作ニ關スル參考事項摘要」.

<표 17> 1930년말 농촌인구 중 무직자 구성비   (단위: 명, %)

지 역 구 분		총	남	여
전남	총인구(A)	2,232,256	1,171,720	1,160,538
	무직자(B)	1,067,010	480,964	586,046
	B/A × 100(%)	47.8	41.1	50.5
나주군	총인구(A)	165,719	84,303	81,416
	무직자(B)	87,145	36,643	50,502
	B/A × 100(%)	52.6	43.5	62.0
영산면	총인구(A)	14,236	7,490	6,746
	무직자(B)	4,729	3,157	4,372
	B/A × 100(%)	33.2	42.2	64.8
남평면	총인구(A)	10,775	5,400	5,375
	무직자(B)	6,291	2,416	3,815
	B/A × 100(%)	58.4	44.7	71.0

자료: 김민영(1988)에서 재인용.

이 시기 전남, 나주지역의 무직자 구성비는 각각 47.8%, 52.6%로 나주지역의 경우 절반 이상이 무직자로 나타난다. 이 중 남자의 경우만 보면 41.1%, 43.5%로 나주지역 거의 절반 가까이의 남자들이 무직상태에 있는 상황이었다.

한편 이들의 생활을 좀 더 구체적으로 알아보기 위해 1930~31년에 걸쳐 朝鮮農會에서 실시한 나주군 나주면 松村里의 자작농 3가구, 자소작농 3가구, 소작농 3가구의 농가경제조사를 통해서 부채현황을 알아보면,[43] 각각 16.820圓, 111.077圓, 102.126圓으로서 오히려 자소작농보다 소작농이 낮게 나왔다지만, 전반적으로 부채를 짊어져야 하는 상황이었음을 알 수 있다. 이에 대해 전국적 상황을 알아보기 위해 <표 18>을 이용해 보면 소작농의 경우, 비록 통계의 신빙성문제를 감안한다 하더라도 나주지방이 훨씬 열악한 상황이었음을 알 수 있다. 또한 雇入의 난이에 대해 '부락 내에 빈농이 많기 때문에 노력과잉으로써 노동자 고입이 매우 쉽다'라고 되어 있음을 보더

---

43) 朝鮮農會(1930), 『農家經濟調査』(全南), 9쪽.

라도 당시의 상황을 알고도 남음이 있다.[44] 게다가 각종 제부담과 부역으로 실직생활은 더욱 어려운 실정이었다.

<표 18> 조선농가 1호당 평균 부채액(1930년)   (단위: 원)

구 분	농업용 부채	농업용 이외부채	합 계	구 분	농업용 부채	농업용 이외부채	합 계
자작농	68.917	75.533	144.450	소작농	13.237	21.517	34.754
소작농	232.040	0.200	232.240	평균	104.731	32.417	137.148

자료: 日本産業研究會, 『日本農業年報』, 第2輯.

2. 羅州地域 商工業의 展開

1) 商業의 展開와 日人들의 動向

1920, 30년대 전남도내 주요 도시를 중심으로 특히 일인의 상업이 성업 중이었는데, 그 가운데 대표적인 곳으로는 다음의 지역을 들 수 있다. 즉 목포를 비롯하여 광주, 나주, 영산포, 여수, 벌교, 순천, 송정리, 남평, 함평, 담양, 장성 등지이다. 그 밖에 장흥, 강진, 화순, 구례, 곡성, 해남 등지도 점차 상세가 확장되고 상설점포도 나타나게 된다.

일인의 상업의 중심은 무역으로, 각종 상품의 도소매업을 비롯하여 곡물, 우피, 면, 기타 산물을 수이출하거나, 각종 잡화, 면포류, 소맥분, 사탕, 식염, 주류 등 수이입하고 있었다. 그 가운데 미곡, 면화의 거래는 목포를 중심으로 대성황를 이루고 있었다. 그 밖에도 吳

---

44) 朝鮮農會, 앞의 책, 32쪽. 즉 1930년도 나주군 나주면 송촌리의 농가경제를 조사하면서 이 고장의 개황으로서 농업노동자 고입의 상황을 다음과 같이 기술하고 있다. '고입의 난이: 마을 안에 빈농이 많음으로 노력과잉이 되어 노동자의 고입이 대단히 쉬움. 노임: 연고(남)는 최고 년액 50圓, 최저 20圓 외에, 음식비 급 피복비 80圓정도. 일고는 도시락 지급하는 자, 남 25錢, 여 15錢, 도시락 지급하지 않는 자 남 50錢, 여 25錢임. 물론 이 경우에 노임은 지역에 따라 년도에 따라 차이가 있었다. 이 무렵의 그러한 사정에 관해서는 李勳求(1935) 제8장 제4절이 참고로 된다.

服(일인 옷), 일용잡화, 문방구류는 목포, 광주, 여수, 순천 등지의 도
매상으로부터 각지의 소매상에 공급되고 있었다. 또한 교통발달에
힘입어 철도의 연선이나 항만을 끼고 있는 연안지방의 상인의 경제
력도 상당하였고, 직접 일본이나 외국과 접촉하고 있었다.

당시 전라남도의 상권을 보면, 크게 3분할 수 있는데, 하나는 목포
를 중심으로 하여 철도 연선 즉 영산포, 나주 및 연안지방(여수항도
목포상권이었음)에 이르는 것이었고, 다른 하나는 부산을 중심으로
광양, 구례, 곡성, 여수, 벌교, 보성, 화순에 이어지는 것이었다. 나머
지 하나는 군산을 중심으로 하는 호남연선 지역이었다. 그러나 특히
운수교통의 발달과 경제의 충실에 힘입어 이후 오지 상업자들도 직
접 거래가 가능하게 됨으로써, 목포, 군산, 부산이라는 기존의 상권이
축소되어가는 듯한 상황이었다. 또한 여수항, 벌교포의 축항, 매축,
남철 등이 개통되면서 상권에 있어서 일대 변화가 나타나게 된다.

<표 19> 1920년대 주요 지역의 상거래 추이　　　　　　　　(단위: 圓)

구 분	1925년	1926년	1927년
목포	63,348,944	69,129,950	53,423,143
광주	17,232,430	16,488,200	9,319,900
순천	3,530,000	3,763,000	3,760,000
여수	9,731,517	9,610,018	11,137,200
나주	3,699,260	3,781,022	3,459,680
영산포	4,782,699	4,761,526	4,369,974
송정리	4,749,940	3,854,000	1,290,750
장흥	733,900	741,500	874,950
벌교	877,800	7,100,575	6,654,146
법성포	1,786,877	2,031,734	2,484,505
장성	1,694,650	1,156,100	1,173,200
담양	1,145,978	1,177,345	1,149,933
함평	851,880	942,200	1,155,996
남평	1,106,630	1,197,036	1,185,423
제주	1,270,000	1,350,016	1,283,908

주: 장성은 鈴泉里, 月坪里임.
자료: 『全羅南道事情誌』(1930), 254면.

1920년대 전남 주요 지역의 상거래 추이를 살펴보면 다음의 <표 19>와 같다. 여기에서 알 수 있듯이, 일제하 특히 1920년대 전남지역의 상거래는 목포가 단연 중요한 지역이었고, 이를 이어 광주를 제치고 여수가 뒤따르고 있다. 또한 나주와 영산포도 매우 중요한 거래지로서 나타나 있어서, 당시 항구를 중심으로 무역에 기반을 두고 있었던 일인 상업 전개의 특징을 알 수 있다.

이 가운데 1920년대 전남지방의 각 지역별 상설점포 현황은 <표 20>에 나타나 있는 바와 같다. 즉 목포, 광주는 말할 필요도 없이, 나중에 전남에서 행정구역상 제외되는 제주를 제외한다면, 나주 및 해남, 보성 등지의 상설점포 수가 100개에 이르고 있어, 당시 무시할 수 없는 주요 지역이었음을 알 수 있다. 그러나 불행히도 1930년대의 통계를 찾을 길이 없어, 그 이후 이 같은 상황이 어떻게 변화되어 가는지 확인할 수가 없는 실정이다.

특히 우리의 관심을 끄는 것은 나주와 영산포지역의 상설점포에 관한 것이다. 당시 나주지역에는 83개의 잡화상이 있었으며, 미곡의 집산지에 어울리게 곡물상도 23개소에 이르고 있었다. 그 밖에도 '오복(吳服)'이라 하여 일인들의 전통 의복을 취급하는 곳이 22개소나 되었음을 볼 때, 당시 일인들의 집중지였음을 말해주고 있다.

한편 1930년대에 이르면 공업 등 각 분야에서의 생산액 증가를 반영하여 상업도 더욱 활발하게 이루어진다. 먼저 <표 21>을 통해 1930년대 전남지역 상거래액 추이를 살펴보기로 하자. 이를 통해 알 수 있듯이, 1930년대에 이르면 그동안 높은 비중을 차지했던 농산물의 비중이 다소 감소하면서 공산물의 비중이 점차 증가되어 간다. 이 같은 현상은 당시 한국 전체의 상황이라 할 수 있겠지만, 북부지방을 중심으로 실시된 이른바 '식민지 공업화'에 따라 전남지역에서도 공업생산이 점차 증가하였고, 이를 반영하여 상업에 있어서도 이 같은 변화가 나타났던 것으로 이해된다.

<표 20> 1920년대 전남지방 상설점포의 현황

(단위: 개소)

구분	잡화상	곡물매상	주점음	신어	해산물	신탄	오복	신발	양종	금물	도자기	과자	약재	문방구	시계	재목	자전거	비료	서적	기타	합계
목포	104	57	28	10	4	9	44	20	6	10	7	13	-	-	3	4	3	1	-	19	342
광주	80	9	4	3	-	3	25	11	11	11	5	10	3	7	5	6	8	3	2	9	215
나주	83	23	4	-	9	-	22	5	22	8	1	8	-	-	3	3	7	3	-	5	207
담양	30	3	2	-	-	-	4	-	2	1	2	3	-	-	-	-	-	-	-	-	47
곡성	14	2	2	-	-	-	4	-	5	-	-	1	-	-	-	-	1	-	-	-	29
구례	20	-	-	-	-	-	3	-	2	-	-	-	-	-	-	-	-	-	-	-	25
광양	18	3	-	-	-	1	2	-	2	1	-	4	-	1	3	-	2	-	-	-	34
여수	22	3	1	-	-	-	-	4	3	2	-	-	-	-	-	2	-	5	-	4	37
순천	18	3	-	-	-	-	3	-	3	-	3	3	-	2	1	4	2	-	-	3	57
고흥	41	4	1	-	2	-	11	-	6	-	1	-	-	-	-	-	-	-	-	1	65
보성	31	13	-	-	-	-	14	-	4	5	-	5	-	2	-	5	4	-	-	10	95
화순	22	-	-	-	-	-	3	-	-	-	-	4	-	-	1	-	-	-	-	-	29

지역																					합계
장흥	33	-	-	-	-	-	-	-	3	1	-	-	-	-	-	-	2	-	-	3	44
강진	25	-	-	-	-	-	-	-	-	-	-	2	-	1	1	1	-	-	-	-	28
해남	94	-	-	-	-	-	6	1	4	2	-	3	1	-	-	-	2	-	-	1	114
영암	54	5	2	-	-	-	7	-	-	-	-	-	-	-	-	1	2	-	-	1	71
무안	2	1	-	-	-	-	-	1	-	-	1	-	-	-	-	-	-	-	-	2	61
함평	30	4	-	-	-	-	5	-	6	-	-	3	-	-	-	-	2	-	-	-	50
영광	32	25	3	-	2	-	10	3	2	2	-	6	-	-	2	2	1	-	-	3	83
장성	30	8	2	-	-	-	15	-	2	-	1	2	-	-	-	3	2	1	-	2	68
완도	27	4	1	1	-	1	2	-	-	-	-	3	-	-	-	-	-	-	-	-	39
진도	52	-	-	-	-	-	6	1	1	-	-	2	-	-	-	-	-	-	-	-	62
제주	162	8	-	-	-	-	20	2	12	3	2	6	-	-	2	3	1	-	2	6	229
합계	1,076	166	51	14	17	14	206	47	95	47	22	79	4	14	18	34	41	13	4	69	2,031

자료: 『全羅南道事情誌』(1930년), 257~258쪽.

<표 21> 1930년대 전남지역 상거래액의 추이 　　　　　　(단위: 圓, %)

구분	1930년	1934년
농 산 물	52,906,983(43.9)	60,782,893(40.4)
수 산 물	14,172,067(11.8)	17,568,893(11.7)
공 산 물	28,319,000(23.5)	36,574,055(24.3)
축 산 물	2,838,514(2.4)	3,463,653(2.3)
임 산 물	2,140,610(1.8)	4,893,546(3.3)
일용잡화	14,121,286(11.7)	17,835,844(11.9)
기타	5,967,948(5.0)	8,339,565(5.5)
합계	120,466,408(100.0)	150,457,969(100.0)

자료: 『全南の産業-商工』(1935년).

　　아무튼 일제하 전남지역 상업에 있어서 가장 융성했던 지역은 공업과 마찬가지로 목포로서, 1930년대에 있어서도 여전히 그 위치를 공고히 하고 있었다. 또한 일본과의 무역을 기반으로 한다는 특성상 여수의 위치가 목포 다음으로 상업이 융성한 지역이었으나, 1934년경에 접어들면 광주로 그 위치가 반전되고 있음을 확인할 수 있다. 특히 1935년이 되면 광주가 모름지기 전남지역의 중심지로서, 정치 행정적으로는 말할 것도 없이 물산의 집산 및 교역의 중심지로서, 부상하여 간다. 또한 이 시기 목포와 함께 이 지역의 중요한 포구로서 영산포, 여수, 벌교, 법성포 등지는 여전히 상업이 융성한 지역으로 되어 있었다.

　　그러면 당시 상공회의소에 대해서 알아보기로 한다. 상공회의소는 1915년 조선상업회의소령이 시행됨에 따라 이 지역에서는 목포에 처음 설립되게 된다. 이후 상공업에 관한 제반 조사 또는 상공업에 관한 각종 분쟁을 중재하는 등 회의소령에 의거 그 기능을 발휘하며 상공업 발달에 큰 역할을 수행한다. 그 밖에 「전라남도상품진열소규정」이 있었고, 또한 다른 지역에서는 그 전례를 찾기 힘든 전남실업연합회가 있었는데, 매년 실업회를 개최하여 지방산업의 발전을 위해 필요한 사항을 논의하고 있었다. 여기에서 결의된 사항은 각 관계부처에 건의하거나 청원을 하고 있었다. 아울러 지방 상공업발달

을 목적으로 설립된 제단체를 회원으로 하여, 매년 1회 광주에서 대
회를 개최하였다. 사무소는 목포상업회의소 내에 설치하고 있었고,
대표자는 목포상업회의소의 회두였다. 참고로 각 회원을 보면 다음
과 같다.

　　나주상공회, 영산포상공회, 광주상공회, 영암상공회, 남평번영회, 벌교
학교조합, 해남번영회, 강진번영회, 구례학교조합, 송정리실업회, 순천번
영회, 곡성공영회, 화순실업친목회, 함평실업회, 제주도학교조합, 광양번
영회, 법성포번영회, 담양번영회, 여수학교조합, 보성학교조합, 학교공정
회, 장성번영회, 장흥번영회

<표 22> 1928년도 나주 인근 역의 발송화물 통계　　　　　　(단위: ton)

역명 품목	나 주	영산포	고막원
쌀	3,888	3,589	2,745
면화	1,169	638	343
새끼 · 가마니	1,059	4,949	
과물	452		
식료	80		
소채	52		
보리		266	
선염건어물		156	
목재			37
가구류			51

자료: 김민영(1988)에서 재인용.

　　그러면 이 같은 상업의 상황을 알아보기 위해, 당시 인근지역인
나주역, 영산포역, 고막원역의 발송화물, 도착화물의 물동량에 관한
통계를 통해 그 대강을 살펴보기로 하자.[45] <표 22>는 1928년말 현
재 위 세역의 발송화물이고 <표 23>은 도착화물에 관한 통계이다.

_____

45) 이에 대해서는 향후 추가적인 자료발굴을 통해 철도화물의 도착, 발송의
　　물동량 및 품목을 일제의 한국지배 시기별로 분석함으로써 보다 나은 연
　　구가 기대될 수 있다고 본다.

<표 22>에서 보듯이 세 역의 발송화물은 쌀, 곡류, 면화 등이 대표적인데, 이들은 대부분 목포를 중심으로 거래되었고, 기타 새끼줄, 가마니는 특히 군산, 인천 방면으로 발송되었다. 또한 <표 23>에서 볼 수 있듯이, 도착화물 가운데 쌀이 보이나 이는 외국미였으며 대부분 목포를 경유했다. 또한 실려간 쌀을 대신하여 식량을 위한 조가 도착하고 있으며, 이는 거의가 만주에서 목포를 경유했으며, 어류는 대부분 부산, 목포에서, 大豆粕은 거의 만주에서 기타 식료품은 목포에서 실어온 것들이었다.

<표 23> 1928년도 나주 인근 역의 도착화물　　　　　　(단위: ton)

품목＼역명	나주	영신포	고막원
쌀			66
조		653	38
목재		827	118
비료	372	295	300
豆粕	145	157	314
선염・건어물	277	1,836	49
시멘트	757	985	77
석유	304		
면포	194	70	
보리	207	903	
잡곡	133		
목탄	74		
석	82		
과물	90		
금속기류	209	66	
연와	436	114	
연초		210	
염		147	91
식료품			30

자료: 김민영(1988)에서 재작성.

이상에서 보았듯이 일제하 나주지역의 상업은 나주, 영산포, 남평을 중심으로 전개되었으며, 특히 영산포는 수출입화물의 집산지로서

성황을 보여 시장개시일에는 나주나 남평 등지의 재래시장을 능가하였다. 앞에서 살펴보았듯이 영산포는 목포 개항 이후 목포와 영산포간의 수운이 크게 늘어나면서 시장이 크게 발달한 것이었다. 즉 영산포에서는 나주뿐만 아니라 인근 각군에서 산출된 산물이 집산되어 목포로 운반되는 중간 기지로서, 그리고 목포에 수입된 일본상품의 내륙판매시장의 기지로서 크게 구실을 하게 된 것이다. 영산포에서 수출되었던 상품은 주로 米, 면화, 누에고치, 기타 곡물, 가마니, 죽제품, 비단, 면포, 마포 등이었으며, 수입상품은 주로 비료, 면사포, 해산물, 석유류, 성냥, 주류, 기타 일용품, 농기구, 건축재료, 철기류 등이었다.[46)]

2) 地域工業의 展開와 日人資本

위에서 살펴본 상업의 발달과 함께, 다른 한편 공업에서도 이와 연결된 精米, 繰綿, 生絲, 醬油, 酒類 등이 비교적 발달하였다. 그리고 그 외에 짚제품, 가마니, 죽제품, 직물, 목제품관계 수공업이 크게 발달하였으며, 특히 가마니는 전국 각지에 수출되어 호평을 받고 있었다. 1930년 현재 나주군 전체에 공장은 38개소가 있었는데, 이 가운데 30개가 일인들의 공장이었다.

주지하듯이 일제의 침략의도는 기본적으로 제품의 판매시장과 원료의 구입시장으로서의 한국경제의 식민지적 재편성이었다고 할 수 있지만, 이와 함께 일본 자본이 직접 한국에 진출함으로써 이와 경쟁관계에 있던 한국의 전통적 수공업상품의 시장을 직접 탈취하기도 하였다. 전남의 경우에 있어서는 일찍이 일본의 미면수탈정책에 의해 이들 업종에의 일본 자본진출이 1910년 전부터 이루어졌다. 특히 1910년경 개항장이었던 목포에 진출한 일인경영 공장을 보면, 정미소, 철공소, 조면공장, 제유소 등으로 자본금의 규모로 보면 조면

---

46) 박찬승(1993) 참조.

공장, 정미소의 순으로 큰 공장이 존재하고 있었다.

당시 목포의 주요한 산물이 면화와 쌀이었음을 생각할 때 이는 당연한 귀결이었을 것으로 해석된다. 또한 한국에서 일본으로 이출되는 면화의 거의 대부분이, 그리고 쌀은 이출량의 10% 이상이 목포항을 통해서 나가는 것으로 추산되었던 것에서 알 수 있듯이,[47] 목포는 전형적인 식민지 항구로서의 역할과 기능을 수행하였다. 따라서 이들을 원료로 하는 조면업과 정미업이 일찍부터 발달하여 목포의 주요 공업을 구성하였던 것이다. 특히 나주, 영산포지역의 공업을 설명하려 하더라도 목포와의 관련성을 간과하고서는 설명이 어렵다고 생각된다. 따라서 목포지역의 공업상황을 간략히 정리해 보기로 한다.

우선 정미업은 자본금 규모에서는 조면이나 직포, 제유 등에 비해 다소 뒤떨어지지만 연산액에서는 단연 최고를 점하여 1927년말 현재의 통계에 의하면 공장수 40개소, 자본금 144만 5,000원, 종업원수 915명, 연산액 40여만 석, 100여만원으로 목포항 이출의 거의 절반을 차지하는 비중있는 공업이었다.[48]

또한 조면업은 1906년에 자본금 20만원으로 면화의 재배 및 면화, 조면의 수출을 목적으로 한국면업주식회사가 설립되었다가, 1910년

---

47) 한편 1899년에 목포보다 2년 늦게 개항한 군산항의 경우에는 대표적인 쌀의 유출항으로서, 국내 쌀 이출량의 25% 정도가 이곳을 경유했다. 이에 대해서는 김민영(1997) 참조.

48) 1901년 일인 3인의 공동경영에 의해 목포정미소가 처음으로 설립되었다가 한사람의 단독경영으로 되면서, 1905년에 木村정미소로 개칭되었다. 당시 이 정미소는 최신식 증기기관을 장치하여 대련에 지점을 두고 주로 만주로 수출하면서 대판, 부산, 원산, 블라디보스톡 등에도 수이출을 하였다. 북전정미소는 1911년에 설립되었는데 목촌정미소와 함께 목포 정미업계의 대표적인 공장이었다. 이 외에도 1914-15년 무렵에 일인 경영의 정미소 2개소, 1924년에 다시 1개소의 정미공장이 설립되었으며, 동력도 1921년 이래 종전의 증기나 석유에서 전력동력기를 채용함으로써 독점이 강화되었다.

이후 조선면업주식회사로 명칭을 변경하였다. 이후 총독부의 면화장려계획에 따라 면화의 생산량은 해마다 증가함으로써 새롭게 천평면업회사가 1906년에서 1910년에 걸쳐 3공장을 건설하였으며, 1913년에는 목포면업주식회사가 설립되었다.

이들 세 회사는 전라남도에서 생산된 면화를 지정매수하여 발전해 갔는데, 1918년에 일본 大坂의 일본면화주식회사 목포지점으로 된 조선면업주식회사가 천평면업, 목포면업을 합병하여 조선면화주식회사를 신설하면서 자본금도 200만원으로 증액하였다. 조선면화의 소유공장은 목포뿐만 아니라 영산포, 남평, 광주, 여수, 부산, 마산 등 합계 12개소에 이르는 대규모 공장이었다. 또한 1919년에는 삼정물산에서 자본금 100만원 규모의 남북면업주식회사를 목포에 설립하였으며 이들 대공장 이 외에도 개인경영에 의한 소규모 조면공장이 있었는데 1928년 6월 현재 이들의 수는 30개소에 달하고 있었다.

직포업에서는 조선면화주식회사 경영의 직포공장이 1914년에 설립되어 조포를 주로 생산하였다. 비록 단일공장에 의한 것이었지만 이 직포공장은 자본금과 생산액에서 목포의 주요한 산업을 이루고 있었다. 또한 이와 비슷한 것이 1918년에 설립된 조선제유주식회사였다. 설립 당시에는 면실유를 제조하는 전국 유일의 회사로서 1926년에 일본 일하제유회사에 합병되어 일화제유회사 목포공장으로 조업을 계속하였다. 공장공업으로는 이 밖에 고무업에서 1924년에 목포고무와 금강고무공업소가 설립되었지만 곧 도산하였고, 이듬해 1925년에 동아고무주식회사가 설립되어 지속적인 발전을 계속하였다. 목포 고무업에서 단일공장이었던 동아고무는 자본금 30만원에 종업원 200여 명을 사용하는 대공장이었는데 1933년에 들어와 고무통제책의 일환으로 삼정계열에 합병되어 삼화고무주식회사 목포분공장으로 되었다. 이 외에 공업으로는 전기, 조선, 양조, 철공업 등을 들 수 있는데 전기 등을 제외하고는 영세한 수공업적 경영을 면치 못하였다.

<표 24> 1920, 30년대 영산포지역 일인기업의 상황

내용\n회사명	창립일자	장소	사업내용 및 목적	자본규모 자본금	자본규모 불입금	사 원	주 주	비 고
① 朝鮮 가마니 株式會社	1918. 9.	榮山浦	① 가마니, 다다미 ② 비료, 식염 및 농구매매 ③ 가마니 원료 매부 ④ 運送業	20만圓	15만圓	社長: 黑住猪太郎 專務: 坂本由藏 理事: 松井邑次郎 監査: 松前爲之助	4천株(57명) 중 坂本由藏(1,014), 黑住猪太郎(501), 松井邑次郎(231), 中尾堯駿(250)	1928年에 大同洋行과 合倂하여 朝鮮殖産株式會社를 設立
② 榮山浦 運輸倉庫 會社	1919. 2.	榮山浦	① 運輸業 倉庫 및 金融業 ② 保險代理業 ③ 株式出資	5만圓	3만圓	社長: 森崎拼一 理事: 黑住猪太郎, 高木文太 監査: 坂本由藏, 松前爲之助 主任: 內山政夫	1,000株(26명), 坂本佰五郎(245), 黑住猪太郎(120), 藤田烏之助100), 烏越和夫(60), 桐島像一(55)	
③ 東山農事 株式會社	1919. 10.	본점: 東京 지점: 水原	① 農林業 및 부속 ② 不動産受交諮管理 및 賃貸借	1천만圓	7백만圓	專務: 坂本政治 理事: 桐島像一, 中尾堯駿, 齊藤延 監査: 境豊吉, 岩崎隆彌	10만株(8명) 중 岩崎久彌(6만株), 桐島像一(1만6천株)	

구분	설립	소재지	사업	자본금	납입자본	임원	주주	비고
④ 全南商社 株式會社	1920. 5.	榮山浦	① 物品賣買 ② 倉庫信託業	30만圓	7만 5천圓	代表理事: 國重富治 理事: 長會筆太郎, 杉岡滿之進, 二木市藏, 保田釆 監査: 中勢勢搖, 平川正美		
⑤ 全南電氣 株式會社	1925. 2.	羅新面 松月里	① 電燈, 電氣 및 電力供給 ② 電氣, 器具 販賣 및 賃貸	10만圓	6만圓	社長: 黑住猪太郎 理事: 緒方龍太郎, 北恒吉之輔, 北田鳴春吉, 松井邑次太郎, 龍口達四郎 監査: 今野直松, 金炳斗, 石田嘉太次	2,000株(101명) 중 黑住猪太郎(270), 杉本重雄(280), 杉本恒五郎(250), 木浦電燈(108), 北鳴春吉(103), 緒方龍太郎, 松井邑次郎(수 100)	
⑥ 朝鮮殖産 株式會社	1928. 5.	본점: 群山 지점: 榮山浦	① 가마니 賣買 ② 石粉其他商品 賣買 및 委託 販賣	120만圓	36만圓	社長: 岡木與茂一 專務: 坂本由藏 常務: 平松茂助, 吉岡憲吉 理事: 黑住猪一太郎, 松前馬之助, 中柴萬吉, 荻田德太郎 監査: 織田靜一, 齊藤勤		朝鮮가마니 株式會社와 株式會社 大同洋行이 合倂하여 設立
⑦ 全南 가마니 株式會社	1929. 8.	榮山浦	가마니·米穀 肥料·金融	20만圓		專務: 曾根勇 理事: 寺田茂次郎, 山崎喜造, 阿部萬吉, 村上九平 監査: 西山增吾, 連見庭次		

番號·會社名	設立年月	所在地	業種	資本金	拂入金	役員	
⑧ 杉本合名會社	1930. 1.	榮山浦	農事農産物賣買	10만圓		代表: 三浦直次郎(3만圓), 杉本重雄(2만5천圓), 三浦義一(2만5천圓), 三浦雅一(1만5천圓), 杉本ㅅ시, 三浦ㅊㅅ시, 三浦ㅊㅅ子 5천圓 支配人: 石井赳夫	
⑨ 木榮運輸株式會社	1930. 2.	榮山浦	海陸運送業 倉庫業 金融業 物品販賣業	10만圓	2만5천圓	社長: 大久保繼賀 理事: 坂谷敎一, 態谷元庵, 阿部萬吉, 伊藤榮枝, 小林善太郎, 國重富治, 大塚市郎, 伊秋垣吉, 永井憲五 監査: 自波衛	2,000株(57명) 중 坂谷敎一(729), 坂谷善多(200), 阿部萬吉(164), 伊藤榮枝(125)

자료: 東亞經濟時報社編, 『朝鮮銀行會社組合要錄』, 1929年. 柴田長雄(1928), 『朝鮮事業論』.
東亞經濟時報社編(1940), 『朝鮮銀行會社組合要錄』, 朝鮮商工會研究會編(1929), 『朝鮮商工大鑑』. 주: ①~⑥의 社員은 1929년 현재, ⑦~⑨는 1940년 현재의 사원을 명기하였음.
2) 東亞經濟時報社編, 『朝鮮銀行會社組合要錄』을 명기하였음.

이처럼 당시 목포지역의 조면공장, 정미소는 일본의 자원약탈적
침략정책을 반영하고 있으며, 철공소의 경우 생산물이 대부분 농기
구라는 점에서 전통적 수공업부문에 침투한 일인자본이라 할 수 있
다. 일인경영의 철공소가 어떤 경위로 진출하였는지는 구체적으로
알 수 없지만 개항장에 오가는 선박의 수리와 관련하여 나타난 것으
로 추측된다.[49]

이와 관련하여 나주지역에서의 공업의 전개는 1910년대 말부터
주로 일인들에 의한 각종 회사의 설립으로 이어졌다. 그리고 이들
회사의 설립은 주로 영산포를 중심으로 이루어졌다. 곡물상 또는
면화상들이 주로 설립한 이들 회사 가운데 주요 회사로서는 조선가
마니주식회사, 영산포운수창고회사, 전남상사주식회사, 전남전기주
식회사, 조선식산주식회사, 전남가마니주식회사, 杉本合名회사, 木
榮운수주식회사 등을 들 수 있다.[50] 그리고 이들 회사 외에도 일본
에 본점을 두고있는 회사들의 지점이 다수 설치되었다. 이들 회사
는 주로 농업관계의 회사, 혹은 운수관계 회사들이었다. 당시 영산
포에서 이들 회사 설립을 주도하고 있던 인물은 黑住猪太郎·阿部
萬吉 등으로 이들은 농장과 면화무역으로 치부한 자들이었다(<표
24> 참조).[51] 한편 한국인으로서는 나주읍내에서 조면업과 정미업
을 하던 李基性과 금융조합장을 하던 金炳斗 정도가 상공인으로 꼽
힐 수 있는 정도였다.

요컨대 1930년대 나주지역의 공업은 정미, 조면, 생사, 일본장유,
주류 등을 제외하면, 대부분 수공업 수준이었다. 하지만 농가의 부
업으로서는 왕골, 가마니 등이 전국적으로 유명하였다. 그 밖에 죽
제품, 직물 등이 있었으며, 목제품으로서는 대발, 서류상자 등이 유

49) 정기화(1987), "일제하 한국인자본의 존재영역과 성격에 관한 일연구-전
    남지역을 중심으로-」, 『전남대학교 논문집』 제32권.
50) 이들 회사의 면모에 대해서는 부록을 참조.
51) 그들에 대한 내용에 대해서는 부록을 참조.

명하였다. 당시 공장은 38개가 있었는데, 일인공장 30개, 한국인공
장이 8개였다. 그리고 전체 종업원은 974명으로, 총 자본금은 77만
圓이었다.

Ⅳ. 要約 및 結論

1929년 나주에서의 한일 학생들의 충돌사건을 기화로 일어난 광
주학생독립운동의 70주년을 맞이하였다. 이에 본 논문에서는 나주,
영산포지역의 사회경제사라고 하는 관점에서 당시 지역의 개관과
1920, 30년대 전남 및 나주, 영산포지역의 사회경제상태, 특히 일본
인 자본가의 동향을 시론적으로 검토, 정리했다. 이를 통해 광주학생
독립운동의 사회경제적 배경을 이른바 '현지적 관점'에서 고찰하고
자 했다.

주지하듯이 나주군의 중심지인 나주읍과 이로부터 4km 이내의 거
리에 있는 영산포는 영산강 수운의 요지에 위치한 천연의 요지로서,
일찍부터 문물의 집결지였으며, 따라서 나주평야 가운데에서도 그
중심부를 이루고 있었다. 또한 개항전야에 있어서도 나주지역의 산
업, 특히 농업은 유통경제와의 관련 위에서 생산되고 있는 것이었으
며, 이른바 상업적 농업으로서 경영되고 있었다.

그러한 가운데 1897년의 목포개항과 1914년의 호남선 개통은 이
지역의 지경학적 특성을 크게 탈바꿈시켰다. 이 시기 내한하는 일인
들은 영산강유역의 농업지대에서 닥치는 대로 토지를 매입하고 있
었다. 특히 1902년 경부터는 영산포에 진출하기 시작하여, 영산강의
수운개발을 신호로 목포에서 영산포로 이어지는 토지수탈 및 경제
침략의 통로를 마련하였다.

이 시기 나주지역의 상업은 나주, 영산포, 남평을 중심으로 전개되었으며, 특히 영산포는 수출입화물의 집산지로서 성황을 보여 시장개시일에는 나주나 남평 등지의 재래시장을 능가하였다. 즉 영산포에서는 나주뿐만 아니라 인근 각군에서 산출된 산물이 집산되어 목포로 운반되는 중간 기지로서, 그리고 목포에 수입된 일본상품의 내륙판매시장의 기지로서 크게 구실을 하였다.

다른 한편 이 시기 나주지역의 공업은 정미, 조면, 생사, 일본장유, 주류 등을 제외하면, 대부분 수공업 수준이었다. 하지만 농가의 부업으로서는 왕골, 가마니 등이 전국적으로 유명하였다. 그 밖에 죽제품, 직물 등이 있었으며, 목제품으로서는 대발, 서류상자 등이 유명하였다. 당시 공장은 38개가 있었는데, 일인공장 30개, 한국인공장이 8개였다. 그리고 전체 종업원은 974명으로, 총 자본금은 77만圓이었다.

결과적으로 1920, 30년대 나주 및 영산포의 식민사회는 정치경제는 물론 사회문화 전반에 걸쳐 소수의 일인에 의해 장악되고 있었으며, 한국인과 일인의 지위는 주객이 전도된 것이 되고 만다. 특히 영산포는 마치 일본 내의 일인사회를 그대로 옮겨놓은 것과 같은 곳으로 되고 있었다. 이러한 사정은 당시의 자료를 통해서도 일인들이 중심이 된 주요 기관, 회사, 인물들의 면모와 동향을 살펴볼 수 있었다. 바로 이러한 모순적 조건하에서 일제하 나주지역에서는 청년, 노동·농민, 신간회, 산업, 야학과 강습소운동 등 각종 민족, 사회운동이 전개되기에 이른다. 그리고 그 과정에 광주학생독립운동의 발단이 놓여 있었던 것이다.

회고해 보면 1980년대 이후 고양되기 시작한 지방사에 대한 관심은 요즘처럼 고조된 적이 없었던 것 같다. 그리고 이 같은 현상은 그간 중앙사 중심의 역사 서술에 대한 반성, 지방자치제의 실시에 따른 지역사의 재조명에 대한 지역차원의 관심의 고조, 더욱이 20세기말 특히 새로운 밀레니엄을 맞이하며 그간의 산업사회로부터의 탈출구로서 우리가 공통적으로 갖게 되는 이른바 '회고적 미래의 경향' 등에서 찾을 수 있지 않을까 생각된다.

더욱이 이 같은 조류는 학계에도 연결되어, 이른바 지방사연구의 방법론이나 문제의식 등을 정리하기 위한 다각적인 시도가 이루어지고 있는 실정이다. 특히 광주, 전남지역의 경우에는 더욱 그러한 것 같다.

이러한 노력의 결과 현재 지방사 연구의 수준은 민족 전체사의 구체적이며 사실적인 재구성을 위한 지역적 차원에서의 사례와 자료의 발굴・정리 등 많은 성과를 이루게 되었다. 하지만 향후 한말, 일제하 지역사회 단위에서의 민족사회운동이나 그 토대에 관한 연구의 방향은 단순히 있었던 '사실의 발굴'에 그치지 않고, 일제의 지역지배와 함께 지역사회 및 지역주민이 어떻게 대응・변화해 왔는가를 더욱 심도있게 분석해야 할 것 등이 요구되고 있는 실정이다.

[附 錄][52]

자료 1. 1920, 30년대 나주, 영산포지역의 주요 회사

□ 전남제사창고주식회사
    설립: 1930년 5월
    주소: 나주
    자본금: 5만圓
    목적: 제사, 창고, 금융
    대표이사: 村上九平

---

52) 『전남사정지』(1930), 나주편에서 발췌, 정리함.

이사: 山田林平, 千賀彦作, 湊政金, 森田勝次, 小曾木忠衛

감사: 大和豊, 神谷友五郎

□ 전남상사주식회사

설립: 1920년 6월

주소: 영산포

자본금: 30만圓

불입금: 7만 5천圓

목적: 미곡 및 면화, 가마니 매매, 부업장려, 농사개량, 개척, 상공업자금융, 위탁매매

사장: 保田 棻

□ 조선식산주식회사 영산포지점

설립: 1918년 9월(영산포지점은 1928. 5)

주소: 영산포(본사: 군산)

자본금: 200만圓

비고: 조선가마니주식회사와 주식회사 대동양행이 합병하여 설립

□ 영산포운수창고주식회사

설립: 1919년 3월

주소: 영산포

자본금: 5만圓(불입금; 3만圓)

목적: 창고업 운수

전무이사: 森崎胖一

지배인: 內山政夫

□ 전남가마니주식회사

설립: 1929년 8월

주소: 영산포

　　자본금: 20만圓

　　목적: 가마니, 미곡, 비료, 금융

　　전무이사: 曾根勇

　　이사: 寺田茂次郎, 山崎喜造, 阿部万吉, 村上九平

　　감사: 西田增吾, 蓮見庭次

□ 목영운수주식회사

　　설립: 1930년 3월

　　주소: 영산포

　　자본금: 10만圓

　　목적: 해육운수, 창고, 금융

　　대표이사: 板谷紋一(729주)

　　전무이사: 岩津保次

　　이사: 熊谷元庵, 阿部万吉(164주), 森崎胖一, 岡村松之助, 森誠
　　一, 伊藤榮枝(125주), 山田林平, 小林善太郎, 坂谷喜多(200주)

　　감사: 高津福太郎, 北島春吉, 大塚市郎

□ 杉本합명회사

　　설립: 1930년 1월

　　주소: 영산포

　　자본금: 10만圓

　　대표사원: 三浦直次郎(3만)

　　사원: 杉本金雄(2만5천), 杉本쓰네(5천), 三浦義人(2만원), 三浦
　　義成, 三浦雄之, 三浦庸夫(5천), 三浦雅二(1만5천)

　　지배인: 石井越夫

□ 나주흥산주식회사

　　설립: 1929년 1월

　　자본금: 5만圓

　　목적: 금융, 비료 농구판매

　　사장: 金漢燮

□ 제일인쇄주식회사
　　설립: 1928년 3월
　　자본금: 2만 5천圓
　　목적: 각종 인쇄 및 부대사업
　　사장: 姜秉燦

자료 2. 1920, 30년대 나주, 영산포지역의 주요 인물

○ 西見省三 나주군 동강면 월양리

1891년 일본 福岡縣 浮羽郡 福富村 태생, 1906년 5월 창업한 西見 농장의 주임으로 1908년 1월 부임, 당시 대부분이 도회지에 거주하면서 영농하는 것에 통탄하여 직접 농촌에 거주함. 1910년 우량소작 표창을 받음. 1912년 사음제도의 악폐를 인식하고 이를 폐지하여 조합제도로 변경함. 1928년 그 공적에 대한 불망비가 건립됨. 1920년대 후반 나주지주회 평의원, 반남금융조합 평의원, 나주군 연합 堤堰禊 평의원, 나주삼림조합 특별의원. 1921년 10월 10일 일본농회 총재 표창을 받음.

○ 井關實三 나주군 동강면 몽탄

1889년 4월 일본 和歌山縣 那賀郡 上名手村 字切畑 태생. 현립중학교 졸업 후 동경에 유학. 1902년 12월부터 1년간 지원병으로 입대. 1904년 육군 보병 소위로 러일전쟁 출병. 전공에 따라 훈6등을 받음. 1909년 농사경영을 위해 시찰조사하여 현지의 땅을 매수, 이후 20여 년간 농사일에 전념. 몽탄학교조합의원, 어업조합 감사를 지냄.

○ 山崎喜藏 나주

島根縣 태생. 1909년 죽세공업이 경영난에 빠지자 이와 관련된 유

능한 경영자를 물색하다 그가 적임자라 하여 1916년부터 맡음. 이후 전남 죽세공을 부흥시킴. 나주상공회장 역임.

○ 村上九平 나주우편소장

1880년 愛媛縣 堀江 태생. 1912년 한국에 옴. 조선총독부 경무총감부 근무, 1918년 경부에 임명됨. 전남도경무부, 구례, 함평, 곡성, 나주경찰서장 거쳐 도경시로 승진. 이후 퇴임하여 우편소장 및 전남제사, 창고주식회사 사장 역임.

○ 廣岡左門 나주

1885년 岡山縣 眞庭郡 美甘村 大字 美甘 태생. 1912년 영암에 왔다가 이후 1913년 나주에 옴. 약종상, 대흥전기 상담역. 공직에 있다가 후진을 위해 은퇴하고 가사에 전념.

○ 久民藤太郎 나주

1880년 福岡縣 朝倉郡 태생. 1904년 목포에 왔다가 이후 1909년 나주에 옴. 토목청부업, 잡화상. 나주면협의원, 나주상공회 평의원, 나주학교조합회의원 역임.

○ 松山意佐美 나주 公醫

1895년 福岡縣 安達郡 태생. 1920년 한국에 옴. 1927년 공의로 담양에 부임한 후 나주로 옴.

○ 佐藤三藏 나주

1887년 大分縣 태생. 1906년 大分縣立 농학교 졸업, 한국에 와서 농사경영. 1910년 이래 종묘 생산 판매 개시. 1928년 전남산림종묘조합 조직하여 조합장 역임, 상공회부회장, 재향군인분회장.

○ 黑住猪太郎 영산포 영농

1873년 岡山縣 태생. 약관의 나이에 縣의원 활약. 러일전쟁 후 한국에 옴. 시찰하다가 나주평야를 보고 영산포에 거주키로 함. 다수의 경지를 구입하여 농사경영. 학교조합관리자로서 표창을 받음. 조선농회 평의원, 1929년 부회장 역임. 이후 농회 특별평의원, 일본농회 총재로부터 유공장을, 육군대신으로부터 재향군인회에 대한 공로로 유공장, 적십자총재로부터 유공장 등을 받음. 경제계에 있어서는 가마니회사를 비롯하여 창고금융회사의 사장으로서, 업계를 대표함. 도평의회 의원, 전한국적 인물임.

○ 大塚市郎 영산포 실업가

1884년 山口縣 태생. 미곡, 양잠, 농구상. 1911년 조선동양척식주식회사에 입사. 평안북도 토지매수주임을 하다 1912년 영산포출장소로 옴. 1916년 퇴사. 영산면협의원, 영산神祀 총대, 영산포상공회장 역임. 1930년 黑住가 학교조합관리자를 사임함으로써 승계.

○ 石田嘉太次 영산포 실업가

1889년 德島縣 태생. 1912년 한국에 옴. 영산포산미, 난정개량조합장, 재향군인회 영산포 분회장, 영산면협의원, 나주군 농회 특별 평의원, 영산포금융조합 평의원.

○ 岩津保次 영산포 실업가

1890년 岡山縣 태생. 1911년 한국에 옴. 미곡상. 영산포상공회회장, 목영운수주식회사 전무이사(1911년 조선면화회사에 입사하였다가 1917년 영산포공장주임, 이후 1920년 퇴사).

○ 坂谷紋一 영산포 실업가

1880년 岡山縣 태생. 1908년 한국에 옴. 영산포학교조합회 의원, 상공회 평의원, 목영운수주식회사 사장.

○ 阿部万吉 영산포 실업가

1882년 岡山縣 태생. 1903년 목포에 옴, 이후 1909년 영산포로 옴. 미곡, 비료, 면화상. 영산면협의원, 영산포소방조두, 영산포곡물상조합장, 상공회평의원, 영산포금융조합감사, 목영운수주식회사 이사.

○ 李圭逢 영산면장

1883년 나주군 영산면 부덕리 태생. 1914년 영산면서기 임명, 1919년 영산면장 취임, 1920년 나주금남금융조합 평의원, 1922년 나주향교장의 임명, 1923년 나주금남금융조합장, 1927년 지방개발에 대한 공로로 표창.

○ 金兌根 영산포 의사

1904년 평양 태생. 1924년 평양 광성고등보통학교 졸업 후, 경성 세브란스의학전문학교 입학, 1928년 졸업 후 1년반 연구 후, 전남의원 개업.

○ 山田安平 남평 山田농장주

兵庫縣 태생. 잠업에 뜻을 두고 노력하여 남평지역을 전남 잠업의 중심지로 만드는데 일조. 전남상묘연합회장, 소방조두.

○ 馬淵甚吉 나주

岐阜縣 태생. 馬淵농장 경영. 전남 잠업의 개척자로 불리움.

○ 丁甲鎭 남평면장

자료 3. 1930년대 나주, 영산포지역의 주요 기관

□ 나주상공회(1913년 6월 20일 설립)
    회장: 山崎喜造
    부회장: 佐藤三藏
    평의원: 廣岡左門, 馬淵甚吉, 小平芳男, 森田勝治, 久民藤太郎, 村上九平, 湯澤政五郎, 奧村伴作
    상담역: 澤井政之輔, 林田杜馬, 緒方龍太郎, 今野直松

□ 영산포상공회(1911년 10월 설립)

　회장: 岩津保次

　평의원: 板谷紋一, 濱田米太郎, 大塚市郎, 高木文太, 多田豊三郎, 曾根勇, 國重富次, 古賀貞雄,小泉善太郎, 阿部万吉, 森崎胖一

□ 영산포곡물상조합(1916년 설립)

　조합장: 阿部万吉

　조합원: 岩津保次, 林實治, 李秉雨, 國重富次, 古賀貞雄, 森崎胖一

□ 영산포재향군인분회(1911년 5월 설립)

　분회장: 石田嘉太郎

□ 영산포소방조(1913년 설립)

　조두: 阿部万吉

　부조두: 北島研三

　소두: 吉和米吉, 畑島孝次郎, 佳田良吉, 高田德之助, 李腕雨

　후원회장: 河野喜三郎

나주의 근대도시발달과 공간의 이중성
-1929년 나주역 충돌사건과 관련하여-

고 석 규*

Ⅰ. 머리말

1935년판 『朝鮮都邑大觀』 중 나주읍 부분을 보면

　"市街는 서에서 동으로 완만한 경사를 이루고 있으며 土質이 좋고 水

---

* 목포대학교 역사문화학부

質 또한 양호하며 기후도 寒暑의 차가 적어 健康都市로 알려져 있었다. 近接 地方 産業의 발전에 따라 상공업지로서의 장래가 촉망되며 邑當路 者의 관심도 이 방면의 諸設備에 傾倒되어 있다."[1]

라고 하였다. 건강도시라는 칭호가 새삼스럽다. 건강도시 나주, 또 상공업지로서의 장래가 촉망된다는 나주였지만, 그곳에 살고 있던 조선인들에게 나주는 그렇게 항상 밝기만 한 것은 아니었다.

이 나주는 일제하 우리 민족운동사에서 3·1운동 다음가는 둘째 자리를 당당히 지키고 있는 1929년 광주학생독립운동의 불씨가 타오른 곳이었다. 바로 그해 10월 30일 나주역에서 광주로 기차통학을 하던 조선인 학생들과 일본인 학생들 간에 집단 싸움이 벌어졌다. 왜 그랬을까? 건강도시로 장래가 촉망되는 나주가 되었을 이 나주땅이 왜 청소년들의 싸움장이 되었고, 전국으로 확대되는 광주학생독립운동의 진원지가 되었을까?

사소한 청소년들간의 다툼처럼 시작되었지만, 그 안에는 식민지라는 상황이 만들어낸 커다란 문제들이 놓여 있었던 것이다. 그 중 근본적인 것은 조선인 대 일본인이라는 민족간 대립의 문제였고, 다른 하나는 교육상의 문제였다. 그러나 그런 대립의 배경에는 이런 추상적인 문제만 있었던 것은 아니었다. 도시경관이 규정짓는 물리적인 환경 속에도 문제는 고스란히 자리잡고 있었다.

지금까지 연구에서는 다분히 추상 수준에서 대립 모순의 발생을 살펴보았지만 이 글에서는 좀 색다르지만 공간이 빚어낸 모순에서 그 원인을 분석해 보려고 한다. 그러니까 결국 이 글은 1929년 10월 30일 나주역 충돌사건이 일어나게 된 배경의 하나를 나주가 근대도시발달 과정에서 겪게 되는 공간의 이중성이란 창을 통해 살펴보는 그런 글이 될 것이다.

---

1) 『朝鮮都邑大觀』(1935, 경인문화사 영인본), 191쪽.

Ⅱ. 천년 목사골 나주의 전통경관과 그 변화

1. 나주목의 위상 변화

고려 성종 2년 983년 전국에 처음으로 12牧을 두었을 때 羅州는 昇州와 함께 당당히 12목의 하나로 역사의 무대에 자리잡았다. 그후 顯宗 때 8牧 체제로 바뀌면서 승주가 郡으로 강등되었다.[2] 따라서 나주는 전라남도의 사실상 유일한 목사골이 되어 지금까지 천년 목사골의 전통을 이어오고 있다.

나주는 "물산이 많고 지역이 넓은",[3] 또 "토지가 광활하고 인물이 많은"[4] "나주는 全羅 한 道의 鉅邑"이었다. 나주가 전라도의 큰 고을이란 말은 이미 고려 때의 기록에도 보이고, '南方의 一巨鎭'이란 말은 鄭道傳의 '諭父老書'에도 실려 있다.[5] 나주는 비록 서울에서 멀리 떨어진 바닷가의 고을이지만 '전라도의 巨邑'이요 '南方의 巨鎭'이었다.

나주의 邑號는 여러 차례 오르내리는 우여곡절을 겪었다. 먼저 1645년(인조 23) 州吏 梁漢龍 등이 牧使 李更生을 칼로 찌르는 일이 발생해서 錦城縣으로 강등되었다. 全羅道도 全南道가 되었다. 전라도 대표 고을의 지위를 잠시 잃어버렸다.

그 후 1654년(효종 5)에 목으로 다시 올랐으나 그 이듬해인 1655년(동 6)에 목사 鄭基豊 때 殿牌[6]를 파손당하는 변이 일어나 또 다시

---

2) 昇州는 1310년(忠宣王 2)에 다시 승주목으로 복귀되었지만, 2년만에 다시 順天府로 바뀌었다(『高麗史』 권57, 「地理」 二, 昇平郡).
3) 『宣祖實錄』 권85, 선조 30년 2월 병인.
4) 『宣祖實錄』 권116, 선조 32년 8월 병술.
5) 『國譯 錦城邑誌』(나주시문화원·나주시, 1989), 34~38쪽.
6) 殿牌는 지방 客舍에 「殿」字를 새겨 세운 나무 패인데, 이 전패는 중앙 군주의 상징으로 출장한 관원이나 그 고을 수령이 拜禮하였다.

읍호를 錦城縣으로 낮추었다.[7] 낮추어진 칭호는 1664년(현종 5)에 가서야 나주목으로 승격되어 다시 원래의 지위를 찾았다.[8]

그러다가 영조 연간에 들어서면 1728년(영조 4, 무신) 무신란의 여파로 나주는 또 한 차례 그 호를 강등당했다. 1733년(영조 9년)부터 현감이 파견되었고, 1735년(영조 11)에는 全羅道의 이름마저도 全光道로 바뀌었다.[9] 그 후 무신란이 일어난 지 10년이 지났다고 하여 1738년(영조 14) 정월에 다시 전라도로 이름을 회복시키면서 아울러 금성현도 나주목이 되었다.[10] 이후 줄곧 목사골의 지위는 유지되었다.

그런 천년 목사골의 전통은 1895년 막을 내렸다. 1895년 7월 당시 개화파 정부는 8도로 구분되어 있던 전국의 행정구역을 23관찰부로 개편하였는데, 이때 나주는 전주부, 남원부, 제주부 등과 함께 전라도의 4관찰부 중 하나가 되었다. 나주목이 나주부로 바뀌게 된 것이다. 목이 부로 바뀌는 것은 행정상 승격이긴 하지만 나주는 이제 더 이상 목이 아니었다. 이에 따라 목사와 우영장 제도도 폐지되었다.

1896년 6월 정부는 전국의 행정구역을 다시 13도제로 개편하면서 전라남도를 만든다. 그런데 이때 당연히 나주에 두어야할 관찰도가 광주군으로 간다. 조선왕조 5백년 동안 목으로서 나주는 항상 광주보다 큰 고을이었다. 그런데도 나주가 아닌 광주에 관찰도를 두게 된 까닭은 뭘까? 그건 바로 그해 2월에 단발령에 반발해 일어났던 의병봉기가 영향을 미쳤기 때문이라고 해석된다.[11]

染川覺太郎이 쓴 『全南事情誌』를 보면

---

7) 『孝宗實錄』 권14, 효종 6년 1월 임인.
8) 『顯宗實錄』 권7, 현종 5년 1월 임신.
9) 『英祖實錄』 권40, 영조 11년 5월 경자.
10) 『英祖實錄』 권47, 영조 14년 정월 갑자.
11) 박찬승 외, 「나주시의 연혁」(『나주시의 문화유적』, 1999, 나주시 목포대박물관), 33쪽.

"익년 2월 9일에 이르러 단발령에 따른 불평의 무리 다수가 봉기하여 군수를 살해하는 등의 暴逆을 행하자 같은 해 3월 4일 鎭衛隊의 一中隊 (274명)는 急遽 羅州城內로 들어와 폭도의 鎭滅을 나시다리 같은 해 6월 官制 改正의 결과 관찰부를 폐하고 관찰도를 광주로 옮기고……"[12]

라고 적고 있다. 이 의병봉기는 단발령에 저항한 항일운동의 효시라 할 수 있다. 그럼에도 불구하고 이 때문에 나주는 뜻하지 않은 조락을 경험하게 된다.

이로써 나주는 그동안 관할해왔던 38개면 32개도 가운데 32개 도는 지도군으로 넘기고, 元井·金磨·非音·終南의 4개면은 영암군으로, 赤良·章本·艅艎의 3개면은 함평군으로, 鳥山面은 광주군으로, 大化面은 장성군으로, 三鄉面은 무안군으로 이속하여 28개면 699洞里가 되었다. 한마디로 1896년은 나주를 사면초가의 궁지로 몰아버린 잊지 못할 해였다. 나주는 이때를 기점으로 전라남도의 수위도시에서 목포, 광주에 이은 3위의 도시로 떨어진다.

그 후 1914년 행정구역 개편으로 남평군이 나주부에 합병되었다. 또 1896년에 떨어져 나갔던 함평군의 적량·장본·여황의 3개면이 1914년에 다시 들어왔고, 광주군 所旨面의 內松綠里, 松下里의 2개 동리 역시 나주군으로 편입되었다. 이리하여 모두 42개면이 되었다가 1914년 4월 1일 각 면 폐합에 따라 19개면, 222개 町洞里로 개편되었다.

한편 나주읍은 1914년에 나신면에서 제외된 구 동부면과 구 서부면을 합쳐 나주면이 된다. 그리고 1929년 4월 나신면을 합병하였고,[13] 1931년 11월 나주읍으로 승격되었다. 영산포는 1917년 良知面

---

12) 『全南事情誌』下(1930, 경인문화사 영인본), 354쪽.
13) 나신면 폐합시 불만도 나온다. 1929년 3월 5일자 『중외일보』를 보면 지난 2월 26일 羅新面民 一部는 同面事務所內에서 面民大會를 開催하고 面廢合問題에 대한 陳情書를 提出하기로 하였는데, 그 내용을 보면, 羅新面은 羅州郡 19面 中 하나로 1,500여戶의 戶數와 7,500의 人口가 居住하는 大面이오, 따라서 1만여 원 面基本財産이 있음에도 불구하고 同面을 三分하여 一部는 榮山面으로 또 일부는 羅州面으로 附屬하게 한다는 것은 부당

이 榮山面으로 개칭되었다가 1927년에 영산포읍으로 승격되었다. 그 결과 나주군은 모두 2읍 16면이 된다.

해방 이후 나주는 1949년 8월에 평동 삼도 본량면이 광산군에 편입되어 2읍 13면으로 줄었다. 그리고 1981년 7월 1일에는 나주와 영산포읍이 통합되어 금성시로 승격하게 되었다. 그리고 1986년 1월 1일 금성시를 나주시로 개칭하게 되었다. 그리고 1995년 1월 1일에는 정부의 도농통합형 행정구역 개편작업의 일환으로 나주시와 나주군이 통합되어 나주시로 새로운 출발을 하게 되었다.

돌이켜보건대 민족의 전통을 지키고 일제의 침략에 대한 저항의 열정을 보였던 한말의 의병봉기는 1896년 나주에게서 관찰도의 지위를 앗아가는 뼈아픈 상처로 남게 되었다. 영광은커녕 질곡이 되고 말았던 셈이다. 그렇게 해서 한번 뒤진 도시발달은 그 후에도 바로잡을 기회를 찾기 어려웠다. 오늘 이 자리는 그런 보상을 당당히 요구하는 자리가 되어도 마땅하리라 생각한다.

2. 전통도시의 경관

나주읍성은 자연적 지형뿐만 아니라 읍성 형태와 내부경관이 한성부와 유사하므로 소경이라 불리기도 하였다.[14] 풍수상으로는 行舟形의 형국을 이룬다.[15]

읍성과 주요 건물, 도로망, 거주지 분포 등의 순으로 전통 경관의 면모를 살펴보자. 이는 일제강점기의 강요된 변화와 비교해 보기 위한 전제로 살펴보고자 한다.

하다고 하여 급히 面民大會를 열고 面廢合反對運動을 일으키는 동시에 道와 總督府當局에 陳情書를 提出하게 되었다는 것이다.

14) 吳錦錫, 「近代的 都市景觀의 形成過程 - 朝鮮時代 '牧'을 중심으로 - 」(1991, 한국교원대학교 대학원 사회교육학과 지리교육전공 석사학위논문), 58쪽.

15) 孫禎睦, 『朝鮮時代 都市社會硏究』(1977, 일지사), 357쪽.

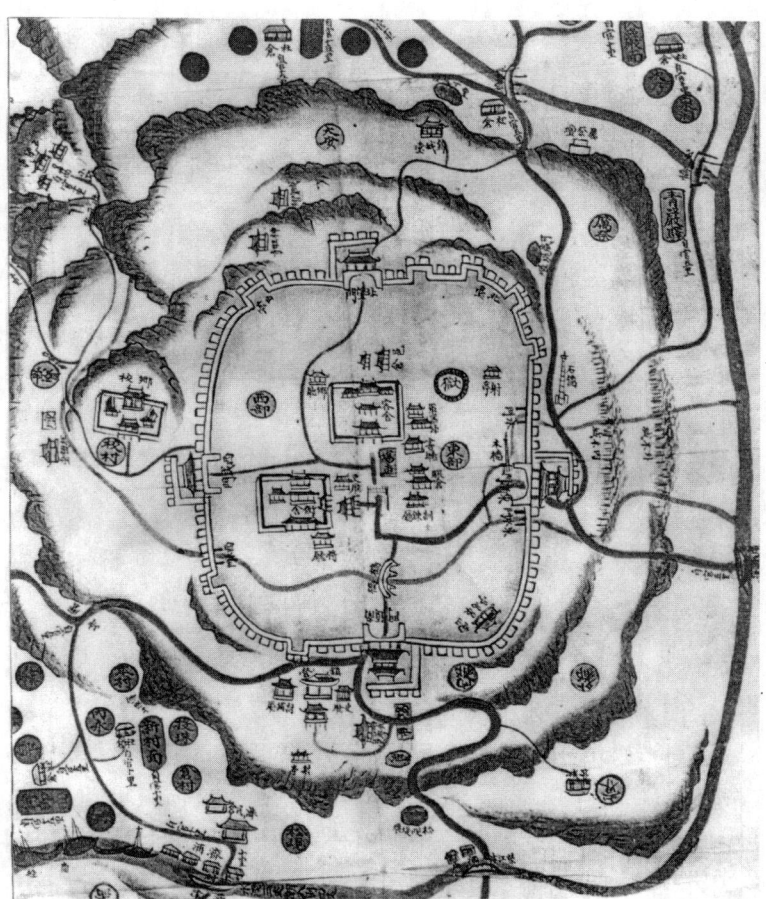

【지도 1】 1872년 나주지도 중 읍성부분(『朝鮮後期 地方地圖』(전라도편), 서울대 규
장각)

1) 읍성과 주요 건물

읍성은 전통도시 공간을 구분해 주는 지표다. 나주읍성은 3,520미
터(『文獻備考』 9,966척)로 전국의 牧 단위 규모의 성 가운데 가장 크
다. 남북방향이 긴 형태의 타원형을 이루고 있으며, 평지와 구릉을
이용하여 축성한 평산성이다. 北望門, 東漸門, 南顧門, 西城門 등 4개
의 성문이 있다. 이중 동점문, 남고문은 2층 누각과 철문이 있었고

서성문과 북망문은 층루는 없고 철문만 있었다. 이는 결국 같은 성
문이라도 동점문과 남고문이 중요했다는 뜻이다. 이 두 문을 잇는
도로가 나주읍성 내의 중심 가로였다.

〔그림 1〕 망화루와 객사
그 화려하고 당당한 모습이 천년 목사골 나주의 내력을 고스란히 간직하고 있다.

이 성 내에서 무엇보다 중요한 건물은 왕권을 상징하는 객사16)와
목사가 집무하던 동헌이었다. 객사는 그 위치도 진산을 배경으로, 남
북과 동서 도로망이 교차하는 읍성의 중심에 두었다. 그리고 문관이
사용하는 동헌과 이청 등이 서편에, 무관이 사용하는 훈련청, 군관
청, 군기고 같은 것이 동편에 있었다.17)

---

16) 객사는 중앙정부의 고급관리와 외국사신이 지나갈 때 머무는 장소로 사
용되었다. 군주의 상징인 전패를 봉안하고 매월 초하루, 보름, 그리고 국
상 등 나라에 큰 일이 있을 때 목사가 중심이 되어 예를 올렸다. 좌우 양
편에 동익헌과 서익헌을 두어서 숙소로 이용하였다. 나주객사는 정청인
금성관과 부속건물인 동익헌과 좌익헌 그리고 내삼문, 외삼문 등으로 구
성되었다(허선도, 「나주읍성과 객사 및 동헌의 기능」 『나주목의 재조
명』, 1990).

스카이라인은 낮았다. 공포를 이용해서 지붕을 높이는 경우는 있으나 기본적으로 모든 건물은 단층이었다. 가장 높은 건물은 객사였고 밖에서 보기에 가장 높은 곳은 2층루가 있던 남문과 동문이었다.

부유한 향리는 그들의 신분 및 경제적 지위에 알맞는 목조의 기와집에 살았다. 그 외 부농 및 일반 평민 집들은 모두 흙과 그 밖의 보조재료로 지어진 초가집에 살았다. 따라서 초가집이 읍성 내 주거공간의 이미지를 주도했다.

2) 중앙을 가리는 도로망

읍성 내 간선도로는 4대문에서 객사까지 이르는 길로 우회하도록 곡선의 꼴을 취하고 객사가 직접 바라보이지 않게 구성된 폐쇄형을 취하고 있었다.

이는 서유구의 『林園十六志』에 "명당으로 향하여 들어오는 도로는 之玄 형태의 곡선이어야 하며, 그것이 소로든 산맥이든 直射하여 들어오는 것은 좋지 않다. 또한 대로 앞에 交叉路나 井字形 길이 있거나 집의 사면이 길로 둘러싸여 있는 곳은 흉하다."[18]는 말과 관련시켜 보면 나주의 길은 전통도시의 간선도로는 오히려 이상적인 꼴이었다.

나주의 성내 도로는 나름대로 전통적인 공간활용의 원칙을 지니고 있었다. 그것은 중앙을 가림으로써 중앙을 중시하는 그런 방식이었다. 九重宮闕이란 말이 있듯이 첩첩이 둘러싸여 외부에서 쉽게 접근하지 못하게 하는 것이야말로 중앙을 중시하는 뜻이었다. 그러나 이런 원칙은 근대의 합리주의란 관점에서 보면 여간 불편한 게 아니

---

17) 全根完, 「日帝下 羅州面의 都市景觀變化」(한국교원대 대학원 사회과교육학과 지리교육전공 석사학위논문), 23쪽. 일제강점기 나주의 도시발달에 대한 기본 줄거리를 이해하는 데 이 글이 크게 도움되었다. 또 시기별로 토지대장을 분석해 그려놓은 지도는 공간을 조망하는 데 매우 유용했고 이 글을 작성하는 데 크게 의존하였다.

18) 전근완, 같은 논문, 25쪽 재인용.

었다. 따라서 폐쇄성으로 보인다. 결국 합리주의를 앞세운 일제의 식민지배는 그 위에 제국주의적 가치까지 적용시켜 이런 틀을 깬다. 그리고 이를 폐쇄성의 해소로 정당화한다.

3) 거주지 분포

읍성 내에는 원칙적으로 관리와 향리들만이 거주할 수 있었다. 그외 상인이나 工匠들, 농경에 종사하는 평민들은 모두 성밖에 거주하는 것이 원칙이었다. 이는 "四民을 잡거시켜서는 안 된다. 관원은 관아 가까운 곳에, 工人은 官府에, 상인은 시장에, 관원이 아닌 자와 농민은 농토 가까운 곳에 살게 하라"는 주거입지의 원칙을 상기해 보면 이해할 수 있다. 이는 이른바 분업에 의한 도시 내부의 신분과 기능에 따른 住居制의 원리가 적용된 것이었다.[19]

양반사족은 읍성과는 일정한 거리를 두고 살았다. 현재 나주시 전체 문화유적의 분포상태를 보면 면에 따라 매우 다른 특징을 보여주고 있다. 예를 들면 다시면이나 문평·노안면 등에는 서원·사우와 같이 상층 양반사족들이 남긴 유적이 많다. 이는 곧 이곳이 나주의 중심 양반 사족들이 살았던 곳임을 말해 준다. 한편 다도면이나 봉황면에는 민속자료가 많다. 이는 역시 이곳이 평민들의 공간이었음을 말해 준다. 그대로 공간의 신분성을 보여준다.

한편 읍성 내를 보면, 주로 향리층이 거주하였다. 읍성 내의 가장 좋은 거주지는 객사의 서쪽과 북쪽이다. 이곳에는 나주 나씨와 나주 정씨 등 일찍이 자리잡은 향리층이 거주하고 있다.[20] 그 후 19세기 중엽에 이르러 몇 성씨들이 새로이 읍성 내로 들어와 살게 된다. 그 중 향리직을 경험한 김해 김씨와 밀양 박씨가 두드러졌다. 이들은

---

19) 金儀遠, 『韓國國土開發史硏究』(大學圖書, 1982), 109쪽.
   張明洙, 『城郭發達과 都市計劃 硏究 - 全州府城을 中心으로 -』(學硏文化社, 1994), 138쪽.
20) 거주지 분포에 대하여는 全根完, 앞 논문, 31쪽 참조.

새로이 나주천의 남쪽과 남문 안에 거주지를 형성하여 살게 된다. 이미 터를 잡은 나주 나씨와 나주 정씨의 거주지와 떨어져 터를 잡는다. 밀양 최씨와 의령 남씨도 조선말기에 역시 향리직을 경험하면서, 객사의 북쪽, 그리고 남문 안에 살게 된다. 나주 나씨와 광산 김씨 등 소수의 양반들도 읍내에 살고 있었다.

〔그림 2〕 나주향교와 조선인 주거지
남도 문화의 중심답게 웅장한 규모를 갖추고 있는 나주 향교와 그 앞에 펼쳐진 나주 시가지의 모습. 단아하고 차분하면서도 전통의 품위를 연출한다.

한편 전라우영 소속의 군관과 아전들은 남문 밖의 전라우영 근처에 살았다. 부유한 농민들은 객사의 동쪽과 남문의 안에 주로 거주하였고, 가난한 농민들은 서문 밖과 남문 밖에 살았다. 이런 거주공간의 분포는 그 후에도 크게 바뀌지 않았다.

Ⅲ. 근대 전환기(1896~1913) 강요되는 변화의 시작

1896년 나주의 행정구역은 크게 줄었고, 관찰도의 지위도 잃었다. 잃은 것은 그것만이 아니었다. 의병을 진압한다는 구실로 수많은 집들이 불에 타 사라졌다. 예를 들면 居平面 등지에서 의병과 日兵의 충돌이 있자 일병들은 근처 마을 40여 호를 불태우는 행패를 부렸다.[21] 마을 경관을 바꾼 이런 불길은 앞으로의 변화가 더 심상치 않으리라는 것을 예고하는 불길이었다.

1. 일등 도로의 건설

1906년부터 1910년까지에 걸쳐 도로 개선사업을 추진하였다. 이때 광주-목포간 일등도로도 진남포-평양간, 경주-대구간, 전주-군산간 등과 함께 준공되었다.[22] 이를 위해 1908년 4월에 內部土木局技師 金倫求가 木浦-羅州-南平에 걸쳐 通行하는 道路用地를 買收하기 위하야 出張을 나왔고[23] 또 이 도로를 修築하는 데 쓰기 위하여 內部에서 7,500圜 가치가 되는 火藥 2만 5천근을 日本에 注文하여 사오기도 하였다.[24] 1910년까지는 완공된 이 일등 도로는 나주의 도시경관을 바꾼 가장 두드러진 변화였다.

이 일등 도로는 동문에서 본정과 군청을 거쳐서 영산포 방향으로 이어진다. 광주와 영산포, 목포를 잇는 중심도로였으며 나주면에서는 가장 먼저 신설된 근대식 도로였다. 이 도로가 들어서면서 이 도로를 중심으로 신시가지가 만들어졌다. 한편 이 도로는 조선인 공간

---

21) 『대한매일신보』 1908. 12. 23. 「良民何罪」
22) 『朝鮮商品と地理』(1930, 경인문화사 영인본), 171쪽.
23) 『황성신문』 1908. 4. 16. 「土木局師出張」
24) 『황성신문』 1908. 4. 19. 「火藥注文」

과 일본인 공간으로 나주읍을 가르는 구분선이 되기도 하였다.

또 1912년에는 湖南線 停車場과 全南道의 各樞要地를 連絡하는 道路, 즉 광주－송정리간, 나주－나주역간, 榮山浦와 영산포역간의 세 도로의 신설이 허가되었다.25)

〔그림 3〕 일등도로
나주 시가지에 근대 도시경관을 가져다 준 첫 번째 변화는 일등도로가 만들었다. 돌아 들어가야 했던 망화구·객사로 가는 길이 이제 성밖으로부터 금성교를 거쳐 직선으로 다가갈 수 있게 곧게 뚫렸다.

거기에 덧붙여 군청 앞에서 동문에 이르는 길과 군청 앞에서 남쪽 방향으로 새로이 도로가 건설되었으며 기존의 남문으로 향하던 도로가 확장, 정비되었다. 이 도로들은 목사골 시절의 도로가 폭도 좁고 곡선의 길이었음에 비하여 폭도 확장되고 직선화된 꼴을 보였다. 또 기왕의 도로가 남문에 들어서면 객사가 보이지 않게 만들어졌는데, 이 도로가 직선화함으로써 일등 도로를 지나면서 바로 군청이 보이게 되었다.

---

25) 『매일신보』 1912. 10. 13. 「湖南의 新設道路」

〔그림 4〕 금성교
성밖과 객사를 잇는 일등도로의 상징 다리로, 작지만 화려하고 아기자기
한 모습이 이채롭다.

나주읍내에는 나주천이 흐르고 있었고, 따라서 그 위에 놓이는 다
리가 읍내의 남북을 연결하는 핵심 고리 역할을 하였다. 이런 다리
가 조선시대에는 鶴橋 하나뿐이었는데 군청에서 일등 도로로 이어
지는 새 도로가 건설되면서 금성교가 새로이 건설되었고, 그 결과
읍내에서 남북방향으로의 연결성이 한층 높아졌다. 이런 변화의 모
습은 【지도 2】 1913년 나주 시가지 지적도에 분명히 드러나고 있다.
이런 여러 가지 변화 중에 무엇보다 중요한 것은 역시 일등 도로의
신설이었다.

2. 일본인 공간의 확대

사람들이 살고 있던 공간은 대지분포상황을 통해 살필 수 있다.[26]
읍성 안으로 보면, 오래된 대지들은 주로 군청의 서쪽과 북쪽에 있

---

26) 전근완, 앞 논문, 36쪽 참조.

고, 그 밖에는 군청에서 뻗어나가는 간선도로를 따라 분포한다. 읍성 밖의 대지는 남문 밖의 전라우영 자리, 서문 밖의 향교 자리가 크다. 그런데 이때 들어 무엇보다 큰 변화는 일본인의 이주로 인한 대지의 확장이었다. 그리고 그 결과 본정과 같은 일본인 거주 공간을 형성 하였다는 점이다. 이는 전에는 전혀 볼 수 없었던 새로운 읍내의 경 관을 만들었다.

1912년 당시의 대지소유분포를 보면,[27] 조선인의 토지는 주로 북 서쪽에 많았다. 구체적으로는 과원정과 서문정, 그리고 북문정, 박정 리, 향교리였다. 이곳들은 원래부터 조선인들이 살았던 곳이기도 하 였다. 특히 과원정과 서문정은 나주 정씨, 경주 최씨, 밀양 손씨 등 향리출신 가문 사람들이 살아오던 곳이었다. 경제적으로 보면 비교 적 여유 있는 사람들의 공간이기도 하였다. 단 김해 김씨, 밀양 박씨 등 일부가 금정과 남문정에 거주하기도 하였다. 북문정과 박정리, 향 교리에는 몇몇 부자를 제외하면 평민출신 사람들이 살았다.

한편, 일본인 소유 토지는 남동쪽에 분포하고 있었다. 본정을 비 롯하여 금성정, 남문정, 금정에 많았고, 성밖으로는 대정정과 월견정 이 많았다. 특히 본정의 경우, 일본인은 전체 대지의 70.6%를 차지하 고 있었다.[28] 본정은 전적으로 일본인 거주지였던 셈이다. 교사나 관 리들은 금성정과 남문정에 많이 살았고, 상업활동과 관련 있는 사람 들은 주로 본정, 금성정, 금정 등의 가로변에 살았다. 이는 이곳이 상업의 중심지였음을 알게 해 준다.

이렇게 볼 때 조선인 거주지와 일본인 거주지는 크게 나뉜다. 그 런데 흥미로운 것은 그 나뉨의 경계가 일등 도로라는 점이다. 일등 도로를 기준으로 북서쪽이 조선인 거주지, 동남쪽이 일본인 거주지 로 나뉜다. 단 도로의 양쪽 주변은 모두 일본인 차지였다. 그리고 일 본인 거주지의 확대방향은 새로운 교통의 요지 나주역을 향하고 있

---

27) 같은 논문, 37쪽.
28) 전근완, 앞 논문, 40쪽.

었다. 일본인들이 주거조건이 좋은 성내의 북쪽과 서쪽이 아닌 본정과 나주천 남쪽에 자리잡았던 까닭은 그곳에 아무래도 조선인 거주가 적었기 때문에 일본인들이 자리잡는 데 상대적으로 용이했고, 또 일등 도로, 나주역 등 새 길, 새 역사 등의 혜택을 예상했기 때문이기도 하다. 이렇게 해서 특히 본정을 중심으로 일본식 가옥들이 나타나면서 새로운 경관을 만들었다.

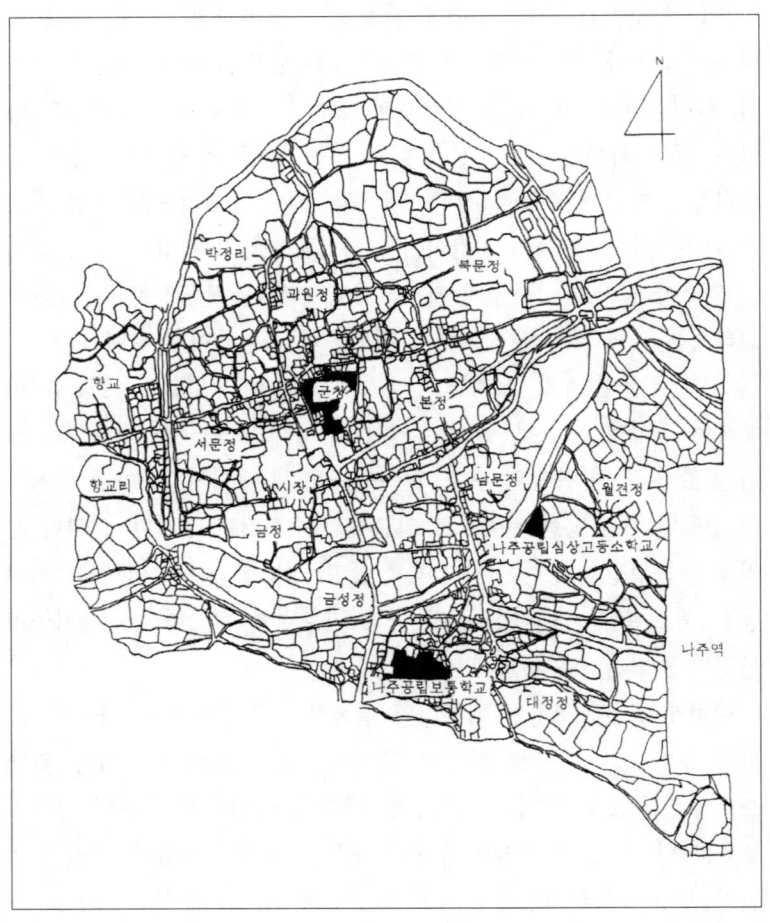

【지도 2】 1913년 나주 시가지 지적도

3. 기타

이때까지만 해도 아직 관공서들은 새로 건물을 짓기보다는 기존의 관아건물들을 그대로 활용하였다. 객사가 군청으로, 내아가 군수의 관사로 사용되었고, 동헌과 그 동쪽 바깥에 있던 이청들 중 상당수가 지방법원출장소와 면사무소, 헌병주둔지 등으로 이용되었다.

한편, 학교는 1895년에 폐지된 남문 밖 전라우영 자리에 1907년 5월 나주공립보통학교가 들어섰다.[29] 이 학교는 조선인이 다녔다. 1908년 5월에는 나주공립심상고등소학교도 설립되었다. 이 학교는 일본인 학생들이 다녔다. 보통학교는 평지에 세워진 반면에 심상고등소학교는 남산의 중턱에 세워져 서로 다른 경관을 연출하였다.

〔그림 5〕
나주공립보통학교
전라우영 자리에 1907년 설립된 조선인학교로 나주 민족운동의 산실이 되었다.

〔그림 6〕
나주공립심상고등소학교
1908년 설립된 일본인학교로 남산의 중턱에 세워져 일본인 주거지의 상징적인 자리를 차지하고 있다.

---

29) 『황성신문』 1908. 8. 29.

Ⅳ. 일제강점기 이중공간의 형성

1. 성벽의 철거, 도로·교량의 신설과 정비

1917년에는 이런 기사가 눈에 띈다. 즉 "木浦市街圖根基本調查 중인 土地調查局 出張員이 木浦로부터 羅州市街의 全調查를 마치고 다음 光州市街의 圖根調查에 着手하는데 境界에는 石材를 세워 完全한 實測을 한다더라."[30] 이 기사는 목포, 나주, 광주 등 주요도시에 대한 기본조사가 수행되었음을 알게 해주는데 이는 아마도 식민지 초기의 도시계획인 市區改正事業과 연계된 조사로 보인다. 이로 볼 때 나주에 대하여도 어느 정도의 도시계획안이 준비되었을 것으로 보이나 지금 확인할 수는 없다.

1) 읍성의 철거

나주읍의 경관을 가장 분명하게 바꾸어 놓은 것은 성문과 성벽의 철거였다. 왜냐하면 읍성은 그만큼 전통경관의 상징이었기 때문이다. 1913년 『매일신보』기사를 보자.

"나주는 옛날 全南의 首都였던 歷史가 있어 城門樓閣이 옛날의 盛況을 想起시켜주는 바가 적지 않은데 지금 不便한 城壁은 太半 撤去되고 光州街道로 가는 길목에 있는 東大門은 往年에 自然 朽廢되어 하루 밤 風雨에 全部 倒壞하고 至今은 그 자취만을 남길 뿐이오. 지금 또 市中에서 羅州停車場으로 通하는 大道의 城壁을 잃어 孤城落日의 모습을 보이나 아직 倒壞의 厄은 免하였다. 그러나 하루 아침 風雨를 만날 때에는 自然히 東門의 例를 면치 못하리라는 憂慮가 있다. 그러므로 그 保存法을 講究하여 古蹟 保存하기로 羅州의 一般 人民이 希望한다더라."[31]

---

30) 『매일신보』 1917. 1. 13. 「光州市街圖根調查」
31) 『매일신보』 1913. 7. 23. 「羅州南門保存希望」

1913년 현재 벌써 성벽의 절반 이상이 철거되었고 대문 중 동대문은 이미 무너져 자취만 남아 있고 남대문도 오늘내일 하고 있는 형편이었다. 다만 중요한 것은 이때 나주시민들이 보존을 희망하고 있었다는 점이다. 그건 전남의 수도였던 옛날의 기억을 위함이리라. 그러나 일제가 지배하고 있던 당시에 이런 희망은 이루어지기 어려웠다.

그로부터 3년 후 역시 『매일신보』의 기사를 보자. 이는 無不居士가 호남을 遊歷하면서 보고 느낀 점을 쓴 글인데 그 중에 읍성에 대한 부분이 있다.

"이른 아침부터 羅州市街를 一巡하니 羅州는 舊時代 全羅南道의 首都이던 곳이라 市街의 區劃이 크지 않은 곳이 없어 지금도 옛날 盛하였던 이름이 남아 있더라. 道路工事 等의 所致인지 東・西・北의 三門은 자취도 없이 毁損되었고 지금은 南門을 볼 수 있을 뿐이더라."[32]

그때까지도 여전히 남문은 남아있었지만, 나머지는 도로공사를 이유로 모두 철거되어 버렸음을 알 수 있다. 그러나 결국 남고문도 1920년경 사라졌다. 그리하여 사실상 읍성이 보여주던 나주의 위용은 사라져버렸다.

철거의 이유는 물론 도시의 확대와 도로건설에 있었다. 그러나 그렇다고 반드시 성문까지 다 없애버려야 했던 것은 아니다. 서울의 남대문이나 동대문도 의연히 남아있지 않은가? 그렇다면 다른 이유를 찾아볼 만하다. 먼저 현실적인 이유로 성벽 보수능력이 없이 방치되고 있었기 때문에 철거될 수밖에 없었다는 점이 있다. 그러나 이는 정책기획자의 의지가 없었기 때문이지 정말 돈이 없어서 그랬다고 보여지지는 않는다. 그렇다면 왜 보수 내지 유지의 의지가 없었는가? 그건 일본인의 관점에서 보면 쉽게 이해가 간다. 성안과 성

---

32) 『매일신보』 1916. 10. 1. 「湖南遊歷 無不居士談 羅州에셔 全州에」

밖에는 신분상의 차별이 있었다. 그런데 초기 일본인 이주자들은 대체로 성 외곽에 거주하게 됨으로써 저절로 공간상의 차별을 받게 되었다. 이는 일본인의 입장에서 용인하기 어려운 문제였다. 따라서 적극적으로 그 차별을 제거하고자 하였고 더 나아가 역차별까지 시도하게 되었던 것이다. 그 방법은 바로 성벽의 철거였다.

또 앞에서도 보았듯이 일본인이 주로 살았던 곳은 성안의 본정과 성밖의 대정정과 월견정이었다. 같은 일본인 거주지임에도 불구하고 이를 성벽이 나누어 놓고 있었다. 사실 조선인의 입장에서만 본다면 성벽은 거주지 통합에 그다지 방해가 되지 않았지만 일본인에게는 그렇지 않았다. 따라서 나주시민의 희망에도 불구하고 일제강점기에 남고문은 사라지는 운명을 피할 수 없었다. 그 결과 일본인 주거공간은 통합되었고 나주 전역이 일등 도로를 기준으로 민족간 구분되는 경향까지 나타났다. 물론 성밖은 주거지가 서로 섞이면서 경계가 불분명한 점도 있었다.

나주시가지는 성문과 성벽의 철거로 나주역까지 자연스럽게 확대되었고 영산포 방면으로의 확대도 가능해졌다. 그리고 이에 따라 도시경관이 크게 달라졌다. 안을 중시하고 은근한 포용력을 장점으로 삼았던 전통도시공간의 모습은 폐쇄적이란 이름으로 철저하게 부숴졌다. 이제 도시는 밖으로 향하는 이른바 개방성을 띄게 됐다. 무엇을 위한 개방성인가는 의문으로 남는다.

2) 도로·교량의 신설과 정비

가장 중요한 도로의 신설은 북문에서 본정에 이르는 도로와 본정과 나주공립보통학교를 연결하는 도로의 신설이었다. 이 도로의 신설로 북문에서 본정을 거쳐 대정정의 나주공립보통학교까지 하나의 길로 연결되었다. 기존에 남북방향을 연결하는 두 개의 길이 있었다. 하나는 일등 도로의 부분으로 영산포로 향하는 길이었고[33] 다른 하나는 남고문을 거쳐 나주역으로 통하는 길이었다. 그 길들은 모두

일본인의 식민지배를 용이하게 하는데 기여할 목적을 갖고 있는 일
본인의 길이었다. 그런데 북문에서 나주공립보통학교를 잇는 이 길
은 전혀 새로운 길이었다. 그런 점에서 이 길은 이름하여 민족의 길
이라 할 수 있겠다. 역시 이런 변화는【지도 3】1930년도의 나주 시
가지 지적도상에 뚜렷이 나타난다.

또 성벽이 부서진 자리에 새 길이 났다. 바로 남문에서 경찰서 방
향으로 뻗은 동서도로가 그것이다. 이에 따라 읍성이란 경계가 사라
진 나주의 중심부에는 井자형에 가까운 도로꼴을 이루었다. 그 정자
형 도로 가운데서도 무엇보다 이채를 띠는 것이 부서진 성벽자리의
동서도로와 마주치는 남북도로였다. 이 남북도로는 바로 북문과 나
주공립보통학교를 남북으로 거침없이 이어주는 신설도로였다. 기왕
의 남북도로 가운데에 있었다. 그래서 그런지 나주천을 지나는 다리
이름도 중앙교이다.

〔그림 7〕중앙교
나주 시가지의 남북을 잇는 새 길이 나주천을 건너는 다리이다. 이 다
리가 이어주는 길이 이른바 민족의 길이었다.

---

33) 나주-영산포로 통하는 도로는 대개 1922년 19월경에는 완료되었다. 『매
  일신보』 1922. 10. 30. 「全南實業大會」 참조.

이와 같은 도로 정비 이후에 주로 조선인들이 살고 있던 지역의 기존 도로인 북문에서 서문정을 지나 군청에 이르는 도로가 확장, 정비되었다. 도로 신설이 뒤늦게나마 조선인 거주지역에까지도 미치기 시작하였다.

한편, 나주읍은 영산강에 인접해 있던 관계로 도로와 이어지는 다리의 가설이 시급한 과제였다. 신설된 도로의 활용도를 높이고 교통의 요지로서 확실한 자리매김을 하기 위해서 더욱 필요했다. 그 다리는 물론 나주교였다. 나주교는 1917년경에 假橋로 架設된 것이라 해마다 홍수 때면 교통이 불가능한 형편이었다.[34] 따라서 계속 개축을 요망하여 왔다.

영산포교는 1922년 10월 중에 가설 준공하였는데, "羅州橋는 破壞된 곳을 修繕하였으나 아직 完全치 못한 것이 있으므로 榮山浦橋 舊材料를 利用하여 다리를 改修하기로 目下講究中"[35]이라는 도청의 답변이 보도될 정도로 지지부진한 면이 있었다. 또 여기에 항상 따라 다니는 과제로 '榮山江 改修의 件'이 있었다. 물론 홍수 때문이었다. 그러나 역시 "部分的으로는 隨時 改修에 努力하는 터이다."라는 답변을 들을 정도였다. 그 이듬해 "1923년부터 工事費 約十萬圓을 들여 橋梁의 附近 河川을 整理할 뿐아니라 該橋梁도 開設할 計劃이라는데 該工事의 終了期間은 지금부터 3년간 1925년에 완료되리라더라"[36]라는 기사를 접하게 된다.

그런데 1923년 8월에는 가교로 세워진 나주교가 점차 頹敗하여 개수 정도의 고식책으로는 도저히 어려워 하루라도 빨리 개축하기를 갈망하기에 이르렀다.[37]

---

34) 『동아일보』 1923. 8. 4. 「羅州橋改築急務」

35) 『매일신보』 1922. 10. 30. 「全南實業大會」

36) 『매일신보』 1923. 2. 13. 「羅州河川整理」

37) 『동아일보』 1923. 8. 4. 「羅州橋改築急務」

【지도 3】 1930년 나주 시가지 지적도

2. 호남선 全通과 나주역

나주를 경과하는 경성 - 목포간 철도부설에 대한 최초의 논의는[38]
1896년 9월 30일 프랑스 후브리여(Fives-Lille) 회사의 그리여(M. Grile)
가 그 부설권의 허가를 요구하면서 시작되었다. 대한제국에 들어오

---

38) 이하 호남철도 부설운동에 대한 부분은 李炳天, 「舊韓末 湖南鐵道敷設運
動에 대하여」(1981, 『經濟史學』 5)란 글의 도움을 많이 받았다.

면 철도의 이권을 옹호하고 그 부설의 필요성을 인정하여 적극적으로 추진해 나갔다. 그 최초의 시험선이 京木線이었다.

1898년 7월 6일부터 鐵道司를 두는 등 적극적인 추진의사를 내보였으나 자금사정으로 오랫동안 착수하지 못한 채 있었다. 그러던 중 1904년 6월에 徐午淳에게 부설권을 허가하였는데 이때 경목철도에서 이름을 호남철도로 바꾸어 부설운동이 시작된다.

이 호남철도는 대한제국기 정부 및 민간인에 의한 철도부설운동으로 남은 유일한 것이었다. 호남철도는 한국인들이 마지막으로 또 가장 활발하게 자력건설운동으로 벌여났다는 점에서 다른 철도에 비해 특히 중요한 의의를 지닌다. 민족운동의 보루라는 자리를 점하였던 호남선, 그래서 그 중 한 곳인 나주역에서 일어난 충돌사건은 각별한 민족적 의미를 지닌다.

철도가 민족운동과 관련되어 있다는 사실은 호남철도주식회사 창립위원의 청원서를 보면 알 수 있다. 여기서는 철도야말로 나라를 부강케 하는 最善策임을 주장하고 나아가 "今此鐵道는 全國之血脈이 所係요 獨立之原因이 在是"[39]라 하여 철도에 나라의 독립이 달려 있을 정도라고까지 말하였다.

두 차례의 측량사업을 추진하기도 하였고 토목작업도 진행하는 등 느리지만 진척이 있었다. 그렇지만 일제의 방해로 호남철도 부설운동은 마침내 파국을 맞이하고 말았다. 부설권의 인허도 취소되었다. 그리하여 부설운동은 사실상 실패로 끝났다. 결국 호남철도 부설운동의 실패는 나라의 독립을 잃는 일과 동전의 양면처럼 전개되었다.

호남선의 본격 가설은 일제가 조선 지배를 위해 1909년 6월 평남, 경원 그리고 호남의 세 철도를 "허술하더라도 빨리 완성"한다는 拙速主義의 방침을 담은 曾禰 통감의 담화가 계기가 되었다. 이 소식

---

39) 위와 같음

이 전해지자 목포를 중심으로 호남철도기성회를 조직하여 대대적인 湖南鐵道 急設運動을 전개하였다. 이 운동에 나주와 영산포, 그리고 광주 등 전남의 연선 주요지에서도 응원하며 나섰다. 그 기대는 어긋나지 않았고, 11년간에 걸친 계획으로 호남선과 경원선을 동시에 부설하기로 최종 확정되었다. 그러나 아직도 문제는 남아 있었다. 즉 목포를 최종점으로 하여 대전방면에서만 공사를 진행해 올 것인지 아니면 대전과 동시에 목포에서도 공사를 시작할 것인지 하는 문제였다. 만일 전자의 경우라면 목포부근의 공사개시는 11년 후라는 까마득한 훗날의 일이 되는 것이었다. 이와 같은 일은 기성회가 얻어낸 호남선·경원선 동시착공이란 성과를 사실상 무의미하게 하는 것이었다.

이제 기성회의 활동목표는 대전·목포 양쪽의 동시시공과 아울러 또 11년이란 기간의 단축문제로 바뀌었다. 이 문제는 비교적 원만히 해결되어 11년 계획은 5년간으로 단축되었고 1911년 3월 15일 「조선총독부철도국 목포건설사무소」가 개소함으로써 철도문제가 우여곡절 끝에 마침내 기공을 보게 되었다.

한편 11년에서 5년으로 단축된 계획은 총독부 재정이 중앙정부에서 분리되어 특별회계로 바뀜에 따라 다시 단축되어 3개년의 속성으로 되었다. 호남철도는 1911년 7월 대전, 연산간의 개통을 시점으로 하여 목포-학교간(1911년 10월 착공, 1913년 5월 15일 개통), 학교-나주간 1912년 4월 착공 1913년 7월 1일 개통, 나주-송정리간은 1912년 10월 착공 1913년 10월 1일 개통을 했다. 그리고 정읍-송정리간이 1914년 1월 11일 개통됨으로써 호남선 全開通이 이루어졌다. 그리고 이어서 1월 22일 목포역전에서 호남철도 全通式을 거행함으로써 대단원의 막을 내렸다.

나주에는 나주, 영산포, 고막원의 3역이 있어 수송업무에 긴요한 역할을 맡았다. 그 밖에 간이역으로 노안, 다시, 남평역 등이 있다.

〔그림 8〕나주역

1913년 7월 1일 학교-나주간 개통을 기점으로 영업을 개시하였다.
1929년 10월 30일 조선인 학생들과 일본인 학생들간에 우발적인 충돌이
일어나 광주학생독립운동의 진원이 된 역사의 현장이다.

나주역(나주읍 죽림동 60번지)은 대전기점 203.8㎞ 목포 종점 57.1
㎞에 위치하며, 1913년 7월 1일 영업을 개시하였다. 영산포역(영산
포읍 삼영리)은 교통의 요지에 위치하여 나주군 일대는 물론 영암,
강진, 해남, 진도, 완도, 장흥 등 넓은 驛勢圈을 형성하였다. 1914년
2월 1일 영업을 개시하였고 1936년 현역사를 신축 이전하였다 .대
전기점 207.3㎞ 목포종점 53.7㎞였다. 나주역과의 거리는 불과 3.4㎞
떨어져 있다. 이는 호남선 역 중에서 가장 가까운 거리였다. 고막원
역은 대전기점 217㎞ 목포종점 43㎞였고, 1913년 5월 13일 영업을
개시하였다.

철도 개통으로 수운은 직접적인 타격을 받았다. 목포-학교간 철
도 개통을 앞두고 그 영향을 분석한 글에서 "오는 8월 羅州에 이르
는 線路가 開通되면 榮山江 水運과 鐵道便과 時間의 多少와 旅程의
安全한 點에 對하여 光州로부터 全南一帶의 旅客으로 木浦로 나가
는 자 또는 木浦로부터 들어오는 자는 모두 水運에 依할 자 없고 車

便을 取할 터이로되, 貨物에 이르러서는 僅少한 物이나 速達을 要하는 物 이외에는 鐵道측에서 運賃의 格外 低減을 實施하지 않는 한 依然히 榮山江의 船便에 依할 것이다."40)라고 예측하였다. 이런 예측은 금방 사실로 나타났다.

1913년 7월 1일 나주역이 영업을 시작한 직후인 11월에 이르면 벌써 "朝鮮郵船會社에서 종래 榮江丸·運勢丸으로 木浦-榮山間을 定期 運航케 하였으나 湖南線 開通 후에는 營業이 不振함으로 榮江丸 一艘가 該航船에 就航하였으나 내년 봄 1월부터는 榮山浦線을 全廢한다더라"41)는 기사가 전해질만큼 즉각적인 피해를 받았다.

이는 거꾸로 나주역이 그만큼 교통상의 요지가 되었다는 뜻이기도 하다. 그 결과 나주역을 매개로 나주의 상권은 크게 확대된다.

그 한 예를 들면 다음과 같다. 즉 "光州·羅州·南平 等은 菜蔬의 適地로 그 栽培가 甚盛한 까닭에……농민 중에는 湖南線 開通 後 販路를 汽車便에 依하여 京仁方面에 求하는데 相當한 利益이 있음으로 京仁商人 중에도 湖南方面에 對하여 注意하는 자가 많음에 이르렀더라."42)라는 말처럼 채소의 판매처가 철도를 통해 경인 방면까지 확대되는 그런 변화를 본다.

〔그림 9〕羅州神社
1917년 봉안식을 거행했던 나주신사 앞에서 광주학생 독립운동이 일어나던 1929년에 찍은 나주공립보통학교 학생들의 모습

---

40) 『매일신보』 1913. 5. 17. 「木鶴開通과 將來」
41) 『매일신보』 1913. 11. 26. 「榮山浦線全廢期」
42) 『매일신보』 1914. 12. 20. 「湖南線과 菜蔬」

그런데 묘하게도 1913년 7월 1일 湖南線羅州開通紀念祝賀會 자리에서 羅州神社 건설의 논의가 제기되었다. 1915년에 寺內 총독의 휘호를 받고 1917년 4월 奉安式을 거행함으로써 그 기능을 발휘하게 된다. 호남선 선로 위를 달리는 기차만큼이나 위세 좋게 일본의 종교가 남산공원에 자리잡아 나주 시가지를 위압하게 하였다.

3. 경찰서의 신축과 본룡사

〔그림 10〕
나주 경찰서(현 소방서)
나주 시가지로 들어오는 일
등도로의 길목에 서서 조선
의 기를 억눌렀다.

강점 초기에는 식민통치시설들이 조선시대의 관아건물들을 거의 그대로 사용하였는데 1920년대로 접어들면서 차츰 기존 건물을 부수고 새 건물을 짓는 경향을 보였다. 헌병주둔소, 면사무소, 지방법원출장소가 관아건물을 허물고 새로이 일본식 목조건물로 지어졌다.

그런데 그 중에서 가장 눈에 띄는 것은 억압적 식민통치의 상징건물인 경찰서의 신축이었다. 경찰서 건물은 당시로서는 이채롭게 붉은 벽돌로 된 2층 건물이었다. 대부분의 건물이 단층인 당시에 붉은 벽돌의 2층 건물로 지어졌다는 것은 그 앞을 지나는 사람들에게 위압감을 주기에 충분하였다.

그런데 더 큰 문제는 위치였다. 이 경찰서는 목포·영산포 방면에서 군청으로 들어오는 일등 도로 선상에 성벽이 있던 그 자리에 세워졌다. 그 곳은 가장 통행량이 많은 곳이었다. 즉 붉은 벽돌 2층의

경찰서는 나주로 들어오는 관문 역할을 하면서 수많은 조선인들의
기를 누르고 있었던 것이다. 이는 일제의 계산된 장난이었다.

당시에도 이 경찰서의 위치 문제로 논란이 있었다. 『동아일보』
1920년 5월 9일자 「羅州市民大會」라는 제목의 기사를 보면,

> "지난 1일 오후 1시부터 羅州의 일본인과 조선인은 警察署 新築에 따
> 른 基地問題에 對하여 金郡守 大賀管理者 主催 하에 本願寺에서 日鮮人
> 市民大會를 열고 愼重하게 審議한 結果 日本人 5명, 朝鮮人 5명 계 10명
> 의 委員을 選出하여 一切의 解決方法을 一任하고 基地豫定地는 두세 명
> 의 私有地인바 이를 交換條件으로 하여 家屋의 移轉等을 行하리라더라"

라 하여 경찰서 신축 기지 문제로 인본인과 조선인 사이에 갈등관계
가 있었음을 보여준다. 아마도 그 상징적인 위치가 갈등의 핵심이
되었을 것으로 추정된다. 다른 기록이 별로 없어 그 이상 상세한 사
정을 알기는 어렵다.

한편 흥미로운 점은 이 경찰서(금성정 40번지)와 일등 도로를 사
이에 두고 일본인을 위한 本龍寺(금성정 33번지)가 마주하고 있었다
는 점이다. 본룡사는 眞宗계열 本願寺派 本龍寺로 1919년 11월에 본
당을 금성정 자리에 신축 이전하였다.[43] 정교일치니 제정일치니 해
서 통치의 주요 부문이 정치와 종교라고 할 때 전자의 상징물이 경
찰서가 되고, 후자의 상징물이 본룡사가 된다. 그런데 이런 상징성을
갖는 두 건물이 일등 도로 하나를 사이에 두고 연달아 자리 잡아 마
주하게 되었던 것이다. 기막힌 광경이 아닐 수 없다. 목포나 영산포
에서 나주에 진입할 때 경찰서와 본룡사가 제일 먼저 시각에 들어오
는 경관이 되었다. 따라서 이 일등 도로를 지나는 모든 조선인들은
두 건물의 위세에 저절로 식민지임을 절감하게 되고 반면에 일본인

---

43) 『全南事情誌』 하(1930, 경인문화사 영인본), 370쪽. 설립허가는 그 이듬해
   인 1920년 5월 3일이었다(『全羅南道要覽』(1924, 경인문화사 영인본), 411
   쪽).

들은 지배민족으로서 목에 힘을 주었을 것이다.

단, 여전히 나주군청은 옛 객사 건물을 수리해서 그대로 이용했다.

4. 확대되는 공간의 이중성

1922년에 조선인 924호 4,571명, 일본인 149호 604명이 살았던[44] 나주면 시가지에 1930년경에는 조선인이 1,269호 6,060명, 일본인이 184호 795명 살고 있었다.[45] 일본인은 35호 191명이 늘어난 데 비해 조선인은 345호 1489명이 늘어났다. 절대 인구수나 증가율에서는 조선인이 압도적으로 많았다. 그러나 그 숫자에 비해 차지하고 있던 땅이나 돈, 권력은 그렇지 않았다.

특히 땅의 문제는 시가지를 크게 양분하면서 늘어가는 경향을 달리했다. 일본인 소유의 토지는 본정, 금성정, 금정, 향교리, 월견정 등을 대상으로 그 전에 비교하여 계속 늘어나고 있었다. 특히 금성정은 18.3%나 늘고 있는데 이 늘어난 곳들은 주로 본정과 인접해 있었다. 따라서 본정을 중심으로 일본인의 토지소유가 늘어나고 있음을 보여준다. 반면에 박정리는 12.6%나 감소하고 단 2개의 필지만 일본인 소유로 남게 된다.[46] 반면에 조선인 토지는 과원정, 서문정, 박정리에서 늘고 있으며 일본인 토지가 느는 금정, 금성정과 월견정, 본정, 향교리에서는 감소하고 있다. 조선인과 일본인의 토지 소유의 증감은 양도 차이가 있지만, 공간별로 서로 크게 반비례를 이룬다. 이는 무엇을 말하는가? 조선인과 일본인이 마치 물과 기름처럼 섞이기보다는 갈라지는 쪽으로 확대되었다는 뜻이다. 그만큼 나주읍 주변에 민족적 공간의 구분은 더욱 뚜렷해진다. 그야말로 이중 공간이 형성되어 갔다.

---

44) 『全羅南道要覽』(1924, 경인문화사 영인본), 385쪽.
45) 『全南事情誌』下(1930, 경인문화사 영인본), 356쪽.
46) 전근완, 앞 논문, 59쪽.

상업지대도 크게 구분되었다. 십팔은행, 금남금융조합 등 새로운 금융기관들이 나타나면서 상업적 경관을 이루어 나갔는데 특히 본정과 금성정을 중심으로 일용잡화, 竹工業, 요리점, 식료품, 약방, 綿布, 金物商, 農具, 蠶具, 미곡 등을 취급하는 상점들이 다수 생겨났다.47) 물론 이 거리의 상권은 일본인의 손에 있었다.

반면에 조선인들이 상점을 포함한 여관, 술집 등 기타 상업활동이 이루어졌던 곳은 군청과 서문정 사이의 도로변인 사매기였다. 이 거리는 조선시대 주요 간선도로였으나 이 시기에 조선인들의 상업 중심지로 자리잡기 시작했다. 정기시인 나주 읍내장도 옛 동헌이 있던 자리로 옮겨 왔다. 그런데 그곳이 다름 아닌 사매기의 끝이었다.

이렇게 됨으로써 일본인 상업중심지인 본정, 조선인 상업중심지인 사매기, 이렇게 상업지대도 크게 구분되었다.

이런 공간의 구분은 도시시설의 차별로도 나타났다. 1925년 4월경에 나주의 밤거리 경관을 크게 바꾸어 놓을 전등이 등장하였다. 48) 그러나 그 등불은 일본인에게는 후했고 조선인에게는 박했다. 그런 차별이 문제가 되었다.

1926년 12월에 나주 청년회관에서 羅州協會創立을 準備하기 위한 父老靑年懇談을 가졌다. 여기에는 羅州頤老會, 羅州靑年會, 羅州勞動組合聯盟, 羅州農民組合聯盟 등 4단체 회원 80여 명이 모였다. 거기서 10대 조항을 결의하였는데 그 중 하나에 이런 것이 있었다. 즉 "全南電氣會社는 町, 洞을 차별하였으므로 이런 行動을 防止하게 하되 만일 市民 要求에 應하지 아니할 時에 消燈同盟을 斷行할 것."이란 조항이다.49) 정과 동의 차별이란 다름 아닌 일본인 공간과 조선인 공간의 차별이란 뜻이다. 그러니 일본인 주거지는 환하게 불이 밝혀졌고 조선인 주거지는 여전히 어두컴컴했으리라 여겨진다. 그런

---

47) 전근완, 앞 논문, 53쪽.
48) 『매일신보』 1925. 3. 7. 「榮山浦에 電燈 사월경에부터」
49) 『조선일보』 1926. 12. 24. 「羅州老,靑聯合懇談會 十大條項決議」

차별을 해소하기 위한 노력으로 이런 움직임을 갖게 되었다. 조선인
들이 적극 나서 공간의 차별을 바로잡아 보려는 노력으로 주목된다.

그러나 그렇다고 민족간의 공간구분이 칼로 자르듯이 분명하게
나뉘어졌던 것은 아니다. 그렇기 때문에 언뜻 외견상 보면 조선식
전통경관과 일본식 경관이 섞여 있는 무질서한 모습으로 보인다. 이
는 관찰부가 설치되어 도 행정기능을 수행하던 다른 도시들도 마찬
가지로 겪는 변화였다.[50]

한편 조선인 공간 안에는 또 다른 구분이 있었다. 바로 경제적 차
이에 따른 공간 구분이었다. 잘 사는 사람들은 이미 말했듯이 나주
천의 북서쪽 지대에 살았다. 반면에 가난한 농민출신들은 대개 북문
정과 박정리, 서문정의 일부, 그리고 성밖인 대정정에 자리잡았다.
또 성문과 성벽이 철거되면서 생긴 그 터는 많은 부분이 대지화하였
고 바로 그곳에 이들 빈민층이 주로 자리잡았다. 성벽이 헐린 금성
정 일대가 특히 그러했다. 그리하여 철거된 성벽 터를 도로로 이용
하고 철거되지 않은 성벽은 도시로 이주한 성밖 지역의 사람들이 지
은 민가의 담벽으로 이용되었다.[51] 성벽은 나주의 도시경관을 장악
했던 일차 상징물이었다. 그런데 그 자리를 빈민의 초가집이 차지하
면서 이제 나주의 외관상 이미지는 이런 초가집들이 규정해 버리는
그런 인상도 풍겼다.

---

50) 오금석, 앞 논문, 32쪽. 이글에서는 牧의 발전형태를 세 가지 유형으로 구
   분하고 거기에 해당되는 지명을 밝혀 놓았다. 그에 따르면 즉 ①전통적
   경관과 일본식 경관이 혼재되어 행정적으로, 경제적으로, 그리고 교통의
   요지로 성장한 지역(청주, 광주, 진주, 제주 등), ②전통적인 경관이 도시
   경관의 주를 이루면서 일부 신시가지에 일본식 경관이 혼재하고 소규모
   의 행정적 기능과 경제기능이 중심이 되는 지역(원주, 충주, 공주, 나주,
   상주), ③경관상 전체적으로 큰 변화 없이 前시대의 경관을 고수하면서
   기능상 뚜렷한 발전 없이 정체 및 쇠퇴한 지역(파주, 양주, 여주, 홍주, 능
   주, 성주)으로 나누었다. 나주는 ②의 유형으로 구분되었다.
51) 오금석, 같은 논문, 64쪽.

V. 민족운동의 공간

조선인의 활동구역임을 상징하는 건물은 청년회관, 이로회관 그리고 나주공립보통학교였다. 이 세 곳을 연결하는 T자형 도로 주변이 민족운동의 공간이기도 하였다.

〔그림 11〕 **나주 청년회관**
나주 민족운동의 상징 공간인 청년회관 앞에서 찍은 新幹會羅州支會發會式 기념촬영. '靑年會館'이란 건물의 이름이 뚜렷하다.

〔그림 12〕 **이로회관**
1925년 舊州司廳 건물에 자리를 잡아 나주 청년회관과 함께 민족운동이 일어나는 공간의 범위를 구획하였다.

1. 나주청년회관

나주청년회관은 1922년 6월 10일 낙성식을 가졌다. 全南羅州靑年會에서 그해 3월경부터 시작하여 이때 공사가 완료되었다. 이 낙성식에는 木浦靑年會, 木浦基督靑年會, 光州靑年會, 光州基督靑年會, 咸平靑年會, 務安靑年會, 昌平靑年會 등에서 참여하여 분위기를 돋았다.[52] 이 청년회관은 이후 나주 민족운동의 본거지가 되며 민족공간을 이끌어 갔다.

이곳을 중심으로 일어난 민족운동의 한 예를 들어보자. 1923년 물산장려운동이 그것이다. 당시 신문기사를 정리해보면, 청년회 주체로 음력 2월 20일 장날을 이용하여 안식교 장로교 남녀학생과 청년회 간부 일동과 회원일동을 합하여 약 사백 명이 모였다. 이들은 행렬을 삼대로 나누고 그 앞에는 악대를 세우고, 그 뒤 수백 명의 학생은 선전가를 높이 부르며 행렬은 점점 성황으로 치달았다. 처음에 시장으로 행진하며 선전서를 배포한 후에 선전의 취지를 간단히 설명한 후 다시 시가로 들어가 방방곡곡에 전한 후 오후 4시 반에 회관으로 돌아왔다. 간단한 강연이 있은 후에 조선물산장려 만세삼창과 금주 금연 만세삼창과 나주청년회 만세삼창으로 무사히 헤어졌다.[53] 그날의 행진을 지도상에 그리면 다음 【지도 4】와 같다.

장날에 일어났기 때문에 그들의 목적지는 당연히 사매기 끝의 장터였다. 그들은 청년회관을 출발, 장터를 중심으로 시가지를 돈 후 다시 청년회관으로 돌아왔다. 조선인 공간이 그들 시위대의 행진 범위였고 그 핵심거점은 청년회관과 장터임을 알 수 있다.

---

52) 『동아일보』 1922. 6. 27. 「羅州靑年會館落成」
53) 『동아일보』 1923. 4. 1. 「羅州의 宣傳行列 장날을 리용하야」

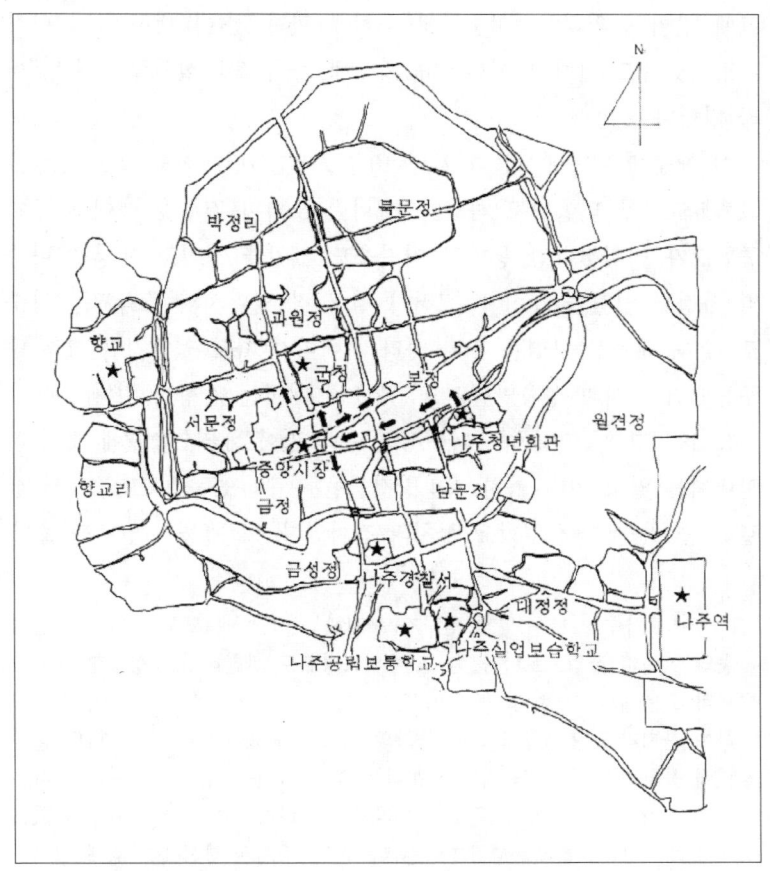

【지도 4】 1923년 물산장려운동 행진도

2. 나주공립보통학교, 나주실업보습학교

또 하나 민족운동의 중심은 나주공립보통학교와 나주실업보습학교였다.

1921년 목포에서 개최되었던 全南實業大會에서 '나주 공업학교 설치의 건'을 건의하기로 결의하였으나 도청의 답변은 "재계 기타의 관계상 급속히 실현키 불능한 사정이 있으나 목하 청구 중"이었다.

그때 같이 논의되었던 '중학교 설치에 관한 건'에 대하여도 "아직 확정되었다고 말하기 어려우나 광주에 중학교를 설치할 계획임"이라 답했다.[54]

이 때문에 나주에서는 1922년 10월 20일 시민대회를 열고 中學校設置期成會를 만들기도 하였다.[55] 이런 노력이 결실을 맺어 나주에 중학교가 세워졌다면 통학의 어려움도 없었을 것이고 애당초 나주역 사건도 없었을 것이다. 그러나 결국 잘 알다시피 중학교는 광주로 갔다. 교육상 차별은 우리 나라의 어디가 따로 없었지만 그후 나주는 3위 도시의 설움만큼 특히 광주에 매이는 경향이 컸다.

또 1926년 2월 7일에는 나주시민 수백 명이 羅州公會堂에 모여 시민대회를 열고 여러 가지 지방발전책을 강구하였는데 그 중에서 선결된 중요문제는 실업학교 설치의 건이었다. 그 내용의 일부를 보자.

"과연 나주는 13~4만의 인구가 주거하는 전남 세 도시 중의 하나일 뿐만 아니라 산업으로나 富力 또는 역사상으로 관찰하여도 상당한 지방이라고 아니할 수 없다. 農工으로는 전남은 물론 전조선을 통하여 비교하여 볼지라도 屈指할 만하나 문화의 시설과 교육기관이라고는 다만 普校에 불과하고 중등교육기관이 하나도 없는 사실을 유감으로 여기는 나주민은 이제야 스스로 교육열을 분기하였다 하며 전남도 학무과장의 設에 依한 전남에 實業補習科를 二制로 一萬五千圓 예산하에 二處에 설립한다는 것을 알게 된 나주민은 더욱 운동열이 馳重하야 만장일치로 當席에서 羅州實業學校期成會를 조직하였다는 바 대략 편성한 예산은 二個年 사업으로 총액 五萬圓을 세웠다 하며 內譯은 대강 아래와 같다 하며 諸般事를 期成會에 일임하야 완성을 期한다고"[56]

이런 노력은 學校設立金配當 徵收등의 곡절을 겪으면서도 다행히 결실을 맺었다. 그리하여 1926년 7월 14일 기성회를 열어 부지는 나

---

54) 「매일신보」 1922. 10. 30. 「全南實業大會」
55) 『매일신보』 1922. 10. 30. 「羅州市民大會 中學校, 品評會 生活改善諸問題」
56) 『동아일보』 1926. 2. 20. 「實業學校期成會」

주면 남문정 본원사 뒤 田地로, 개학 일자는 9월 1일로 정하였다.[57)
마침내 나주에는 1926년 10월에 나주실업보습학교란 이름으로 공업
학교가 세워졌다.

이렇게 우여곡절 끝에 세워진 학교는 민족적 저항의 공간이었다.

먼저 1926년 6·10 만세사건이 일어날 즈음에 나주공립보통학교에
서는 시위가 일어났다.

"창덕궁 전하께서 승하하심에 대하여 학교당국에서는 하등의 말
이 없이 여전히 공부를 계속한다는 불평으로 인하여 육년생 전부가
지난 4일 오전까지는 여전히 공부를 하였으나 오후부터는 일제히 책
보를 싸 가지고 집으로 돌아갔음으로 학교당국에서는 긴급히 學務
委員會를 열고 선후책을 강구하고 군정과 도정 당국에 교섭한 결과
할 수 없이 삼일간 휴교를 허하였다더라."[58)는 보도가 전하듯이 5월
4일 오후부터 이른바 동맹휴학에 들어갔고 끝내 이를 관철시켰다.

〔그림 13〕 나주 학생운동의 주역들
나주공립보통학교 1928년 제18회 졸업생사진. 이 사진 속의
인물들이 나주역 충돌사건, 그리고 이어지는 시위사건의 주
역이 되었다.

57) 『중외일보』 1926. 7. 21. 「羅州實業校 九月一日開學」
58) 『동아일보』 1926. 5. 9. 「羅州普校」

또 나주역 충돌사건의 여파로 일어난 시위사건에는 나주실업보습
학교가 앞장섰고 나주보통학교 학생 오륙학년 학생들이 참여했다.[59]

3. 새롭게 열린 민족의 거리와 나주역 충돌사건

그런데 여기서 주목해 볼 것은 그들의 시위행로와 시위행태이다.
1929년 11월 27일 본격적인 시위가 일어났다. 이를 보도한 기사의
일부를 보자.

  "실업보습학교 생도와 보통학교 생도 약 오백여명이 학교에서 마침
점심시간을 이용하여 돌발적으로 대 시위 행렬을 시작하여 두 학교 생
도 전부가 남문통으로 출발하여 본정통에 이르러서는 두 대로 나누어
일대는 南本町으로, 일대는 본정통을 지나 도로 시장으로 두 대가 합하
여 수천여명 장꾼 속에서 섞이어 조선학생 대중 만세를 부르짖으면
서"[60]

또 다른 글에도 비슷하다. 학생들은 주동학생들이 교문 앞에서 건
네준 삐라를 받아들고 홍민후·이창신 등이 선두에 서서 농업보습
학교 학생이 앞에 서고 보통학교 학생들이 뒤에 서서 이열종대의 대
오를 짓고 후미는 이채후가 맡아 달려서 남문정으로 나왔다. 여기에
서 학생들은 조별로 나누어 각각 본정, 舊本町으로 행진하였고, 다시
본정 나주협동상회 앞에서 다시 집결하여 나주군청 앞을 통과하여
나주시장에 당도하였다.……이들은 다시 과원정 방면으로 우회하여
그곳에서 경찰의 제지를 받고 해산한 것으로 되어 있다.
  羅州示威事件에 대한 豫審終結書의 全文에는 다음과 같이 기록되
어 있다.

---

59) 『조선일보』 1929. 12. 28. 「羅州實業示威 中 警官 五名 負傷」
60) 『동아일보』 1929. 12. 28. 「나주에선 普校生까지 시위운동 참가」

"羅州邑內 잘 보이는 道路에서 示威運動케 하기를 協議하였으나……
被告人 洪敏厚의 先導에 依하여 二列이 되어 가지고 驅足으로써 南門
町·本町을 經由하야 羅州市場에 이르는 그 사이의 여러 곳에 前記 비
라를 撒布하고 또 朝鮮民族萬歲朝鮮學生萬歲를 高唱하며 다시 果院町方
面을 迂回하여 約十七町을 行進함으로써 治安을 妨害한 者들이다."[61]

이런 기록들에 의거하여 이들의 행로를 그리면 【지도 5】와 같다.

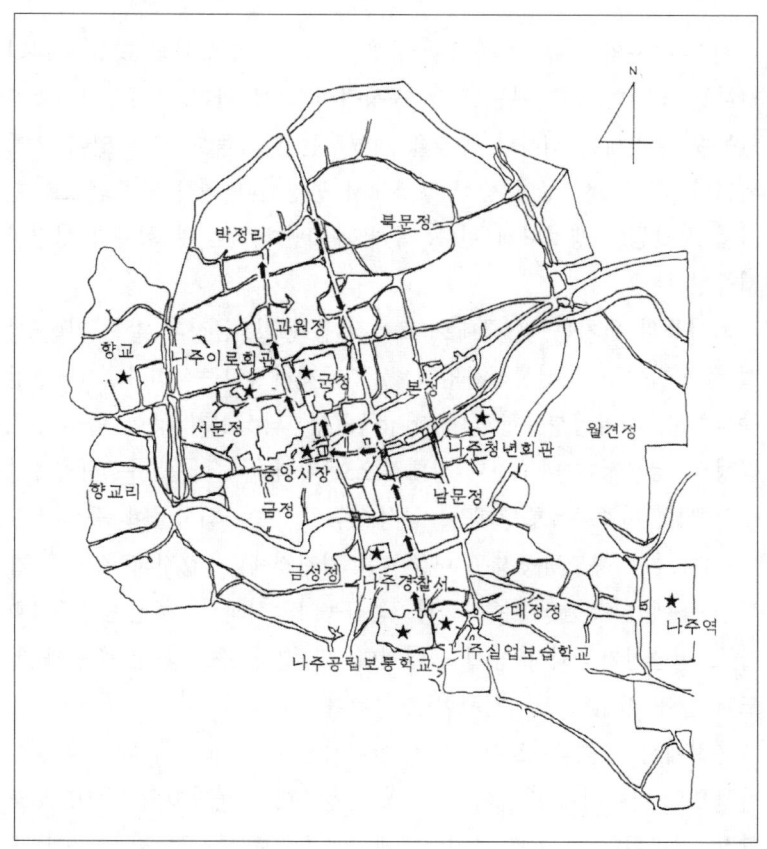

【지도 5】 1929년 나주 시위대 행진도

---

61)『조선일보』1930. 2. 16.「羅州示威事件 豫審終結書」

그 행로가 민족의 거리를 만들었고 민족공간의 범위를 그려놓고 있다.

VI. 나주역 충돌사건, 그 이후

이후 나주의 모습 중 특기할 변화는 초보적 산업화의 경관이 나타난다는 점이다. 초기에는 상층 구성원이 대개 관리, 지주, 상인층이었는데 후기에는 회사나 공장을 경영하는 사람들도 그 대열에 끼게 되었다. 그러면서 상업 중심 경관에서 공장이나 회사를 중심으로 한 산업 경관들이 생겨나게 된다. 특히 1930년대 후반에 회사의 설립이 집중된다.

회사들의 위치는 몇 군데로 모아진다. 본정, 금정과 같은 기존 상업 중심지에는 조선통신사업협회, 전남제사창고주식회사, 전남광업주식회사, 전남임산유한회사, 전남죽공업, 남선전기 등이 들어서고, 금성정, 남문정의 나주천과 상대적으로 가까운 곳에는 나주산업유한주식회사, 나주주조합명회사, 금성소주 등 주조회사들이 들어선다. 또 나께나까 통조림공장은 나주천변 월견정에, 대정정의 철도와 가까운 곳에는 조선창고주식회사, 동산농사주식회사, 조선면화주식회사, 조선농산가공회사 등이 들어선다. 그 결과 주로 본정 주변과 철도역 앞에 산업적 도시경관이 형성된다.

본정에서 나주공립보통학교로 이어지는 신설 도로의 다리 부분이 직선으로 이어지게 만들어진다. 또 군청에서 서문방향의 기존도로도 확장, 정비된다. 이로써 조선시대에 4대문으로 통하는 길 모두가 새로이 건설되거나 확장, 정비되었다. 그러나 서문방향으로는 도로의 정비는 있었지만 도로 신설은 결국 이루어지지 않았다. 조선인이 옛

부터 많이 살았던 전통구역인 서문방향의 옛 간선도로가 가장 늦게
정비된 셈이었다.

　나주천의 정비가 있었다. 제방을 쌓고 유로를 직선화하는 작업이
었다.

【지도 6】 1945년 나주 시가지 지적도

　이 시기에 일본인은 많은 지역에서 토지의 감소를 보이고 있으나
조선인은 본정을 비롯한 많은 지역에서 증가현상을 보인다. 점차 조

선인이 도시형성에 영향력을 회복해 가는 조짐으로 보인다.

그러나 전체적인 상황은 여전히 압도적인 일본인 우위였다. 1930
년의 사정을 보면,

> "12월달 현재의 전남 나주군 31,948호, 일본인 호수 838호로 조선인
> 인구 161,822인, 일본인 인구 3,788인이다. 조선인 소유토지는 51,275,950
> 평이고 일본인 소유토지는 3,732,905평으로 조선인 소유는 1인당 310여
> 평, 일본인 소유는 1인당 10,010여 평에 달한다."[62]

라 하여 조선인은 평균 3백 평, 일본인은 1만여 평으로 셈할 수 없
을 만큼 큰 차이를 보였다. 게다가 조선인 소유지는 동척이나 금융
조합 등에 저당잡힌 것이 많아 그것들을 덜어내면 1인당 몇 평이나
남을지 알 수 없는 지경이었다.

생활도 형편없었다. 전남 나주군이 조사한 바에 의하면 1933년 3
월말 현재 나주군 총인구가 159,133인인데 零細한 窮民이 65,178인이
고 결식자가 1,415인에 이르렀다.[63]

나주교는 여전히 가설될 줄 모르고 있었다. 1957년이나 되어야 겨
우 건설된다.

VII. 맺음말 - 나주와 영산포

일본인들은 1902년부터 영산포에 상주하기 시작하였다. 구래의 대
읍으로서 전통적인 질서가 잡힌 나주에 진출하는 것보다 나주와 인
접해 있고 수운의 요지에 있으면서도 개발되지 않았던 영산포에 진

---

62) 『동아일보』 1931. 5. 16. 「조선인 평균 3백 평에 일본인은 1만여 평」
63) 『동아일보』 1933. 5. 28.

출하는 것이 보다 유리했기 때문이다.[64]

나주와 영산포는 가까우면서도 때로는 먼 곳처럼 느껴졌다. 사실 나주와 영산포의 거리는 3.4km밖에 안 된다. 호남선 역 중 가장 가까운 거리에 있다. 그러나 세무서·등기소의 위치 문제를 놓고 서로 싸우기도 했다.[65] 그런데 그때 다음과 같은 기사 내용이 나주와 영산포의 차이를 숫자로 집약해서 잘 보여준다. 그 내용을 옮기면 다음과 같다.

"羅州와 榮山浦의 成績一般을 參考로 添附하였는데 大路를 紹介하면 羅州의 近距里되는 六面의 人口는 29,886인인데 該地稅는 53,605圓이오, 面經費는 7,575圓이며 榮山浦 近距里되는 十三面의 人口는 93,763인인데 該地稅는 140,905圓이오, 面經費는 73,557圓이니 羅州는 100분의 28이오 榮山浦는 100분의 72이며 10년 전 즉 대정 2년(1913)에 羅州郡의 移出高는 8,515圓, 榮山浦驛의 移出高는 7,337圓, 10년 후 즉 대정 12년(1923)에는 羅州 87,222圓, 榮山浦 122,532圓에 比하면 羅州는 10배가 증가하였고 榮山浦는 약 20배가 증가하였을 뿐 아니라"

그러니까 30년만에 나주가 28/100이라면 영산포는 72/100의 비율로 월등 커졌다. 이출고는 10배와 20배의 격차를 보인다. 이는 어찌 보면 나주읍은 전체가 조선인 중심지로 영산포는 일본인 중심지로 보이게 하는 측면도 있었다. 지금은 나주읍과 영산포읍 사이에 시청이 있어 서로 다른 양쪽의 근대적 경관을 끌어 안으려 한다.

남해안 관광벨트 사업 중 우리 전라남도는 역사문화관광벨트로 지정되었다. 영산강이 흐르는 나주는 이 역사문화관광벨트의 출발점이 된다. 따라서 보다 풍부한 역사자원을 발굴 소개할 필요가 절실해 진다. 이때 광주학생운동의 진원으로서 나주역 충돌사건과 이어

---

64) 張錫興, 「日帝下 榮山浦 植民基地의 形成」(『韓國學報』 58, 1990년 봄호, 일지사), 49쪽.

65) 『매일신보』 1924. 6. 10. 「榮山浦의 稅務位置問題 羅州에 對抗運動開始」
   『동아일보』 1924. 8. 10. 「羅州市民大會 稅務署와 登記所 設置 問題로」

지는 시위사건은 자랑할만한 나주의 민족운동이다. 나주역을 찾는 사람들의 발길을 이제 나주읍내로 끌어 들여야 한다. 그 유인의 길은 바로 당시 시위학생들의 행로 그대로를 활용할 수 있다. 이를 위해 시위대의 행렬이 이어졌던 이른바 '민족의 거리'에 합당한 이름을 붙이고 민족공간을 형성했던 나주공립보통학교나 나주실업보습학교, 청년회관, 이로회관 등의 건물과 일제의 위압적 통치의 상징물인 경찰서(현 소방서), 또 금남금융조합, 나주협동상회 등에 기념표석을 세워 역사교육의 현장으로 삼고 아울러 문화자원화하는 일을 시급하게 고려할 때이다.

■ 부록: 나주학생독립운동 관계 자료

편집: 박찬승

1. 新聞記事

　동아일보, 조선일보, 중외일보, 조선중앙일보, 매일신보 등

2. 『光州抗日學生事件資料』(風媒社刊, 1979)

3. 裁判記錄 (판결문)

　1) 나주학생독립운동 사건

　　: 박공근, 유찬옥, 박동희, 양영택, 홍민후 등

　2) 세지면 야학사건

　　: 나석현, 나순조 등

　3) 다시 회진 개혁청년회 사건

　　: 임우택, 임경택, 임윤택 등

1. 新聞記事

(비고)

1. 다음과 같이 신문 이름을 약칭함.
   조선: 조선일보, 중외: 중외일보, 동아: 동아일보, 중앙: 조선중앙일보, 매신: 매일신보
2. 기사는 날짜 순으로 배열하였음.

1929. 11. 4. (조선)

광주고보생과 중학생 충돌서 단도와 기타 흉기로 난투

지난 삼십일 오후에 나주역전에서 광주중학생 福田외 두명이 광주여보고 여학생에게 '히야까시'한 것이 원인으로 광주고보고 학생 박준채와 결투가 되어 일장 활극을 이룬 바 경관의 저지로 싸움은 그치었으나 밤사이에 그들은 다시 충돌되어 중학생이 조금 맞은 것을 분풀이하려고 오후 네시경에 중학생 오십명이 배트를 휘두르며 유도선생과 더불어 광주역에 모여서 고보생들이 돌아가는 길을 엿보고 있었던 바 고보생도 이에 응하여 대격전이 일어날 것을 양편의 선생과 경관의 제지로 일시는 진정되었으나 중학생들은 배트를 들고 방황하며 고보생들도 지지 않을 용기로 대치하고 있으므로 그들의 뒷일이 매우 근심된다더라.

1929. 11. 5. (조선)

문제의 발단

문제의 발단은 이러하다. 나주에 주소를 두고 광주여자고등보통학교에 통학하는 박기옥(朴奇玉 18)이라는 여학생이 다른 날과 마찬가

지로 지난 삼십일 오후 여섯시경에 기차를 타고 광주로부터 나주역에 도착하여 '프레트홈'을 나가려 할 제 광주중학교에 학적을 둔 田中 福田 末吉 등 세명의 일본인 학생이 앞을 가로막음으로 처음에는 아무 소리없이 다른 쪽으로 피해갔으나 정거장 구내로 나갈 때까지 이편으로 피하면 이편을 막고 저편으로 피하면 또 저편을 막아 중학생으로서는 도저히 하지 못할 농락의 행동을 하므로 이것을 보다 못한 전기 박기옥의 동새이 되는 광주고보교 생도 박준채(朴準埰 16)가 몇 마디 말로써 그 무리한 행동을 질책하였던 바 전기 중학생들은 적반하장의 격으로 도리어 소리를 지르며 덤벼들어 싸움이 벌어지려 할 즈음에 이것을 보고 있던 그 부근의 모 순사가 달려가서 제지를 한 까닭에 그날은 아무 일이 없게 되었으나 그때 전기 박준채는 하도 분함을 참지 못하여 일본 학생에 대하여 「어디 두고 보자!」하고 벼르고 말을 하였다는 이유로 무리하게도 전기 순사로부터 뺨까지 한 번 얻어맞았다 한다.

ㅇ 차실 내에서 수차 언쟁, 차장의 제지로 간신히 무사해

그와 같이 중학생들의 무리한 행동을 질책하다가 도리어 억울하게도 순사에게 뺨까지 얻어맞은 광주고보생 박준채는 너무나 분함을 참지 못하여 그 이튿날 되는 삼십일일 오후 네시 경에 또 광주에서 나주로 가는 기차중에서 그들 일본 중학생을 발견하고 「다시 어제의 잘못을 잘못인줄 모르냐?」고 질책하게 되어 이것을 실마리로 두 편에서는 다시 싸움의 막이 벌어지게 되었는데 그때에 마침 열차 차장이 지나다가 이 광경을 보고 박준채와 일본인 학생을 이등실로 데려가 기차 통학권까지 빼앗고 훈계하여 두 번째 무사하게 되었으나 그 때에 이등차실에 있던 모 신문기자를 위시한 일본인 승객들은 모조리 불문곡직하고 일본인 학생을 두둔하고 전기 박준채는 너무나 분하였지만 묵묵히 눈물만 흘리고 있었다 한다.

1929. 11. 5. (중외)

激憤한 學生 驛前에 對峙

雙方形勢一時는 危險

-**負傷學生數十名多數-**

경찰 소방대 등이 출동하야 겨우진무

光州學生衝突事件眞相

　지난 삼십일 호남선 나주역(羅州驛) 구내에서 일본인광주중학교
(光州中學校)생 삼명이 가티 통학하는 광주녀자고등보통학교(光州女
子高等普通學校)생도를 희롱한 것을 녀학생의 아우이며 광주고등보
통학교(光州高等普通學校)생도인 박준채(朴準埰)가 **한 것이 말성이
되어 이래 광주고등보통학교 생도와 광주중학교 생도간에 반감이
고됴되어 지난 일일 오후에 광주역에서 뎨일차로 이 감정이 충돌되
여 일시 이삼백명의 양편학생이 대진하야 형세가 위급하얏스나 경
찰과 교사들의 중재로 표면상 진압이 되엿다가 작지에 보도한 바와
가티 삼일 오전 열한시경 광주역으로 향하는 조선고등보통학교생
사오명을 일본중학생 팔구명이 준비하여 가지고 다니든 단도를 빼
여들고 불의에 습격하야 피를 보게된 사단이 돌발되자 이 급보를 접
하고 격분한 고등보통학교 학생은 전부 손에 곤봉과 돌을 들고 현장
에 급행하야 이와 가티 사건이 확대되엇다는 급보를 접한 광주중학
생 전부도 함성을 치고 현장으로 달려와 마찰내 광주역전수긔옥정
(須奇屋町)거리는 격분한 량편의 학생과 당일 전남산견(全南産繭) 육
만석돌파 축하회 구경을 나왓다가 이 사단을 듯고 모여든 일본인과
조선인 할것업시 무려 만명이 뒤석기여 대혼잡을 이루엇는데 광주
경찰에서는 사태가 경찰의 힘으로는 진압할 수가 업어 경종을 처 소
방대를 출동케 하고 청년단(靑年團)의 힘을 비러 진압에 로력하야
전톄의 충돌은 면하얏스나 소부대의 충돌은 수회에 열리여 일본학
생측에도 근 이십명의 부상자를 내이엿스며 조선학생측에서도 崔双
鉉(二年) 鄭相烈(二年) 金毅源(三年) 具龍祐(二年) 李仁揆(二年) 高光信

(二年) 任漢吉(二年) 張錫鎭(三年) 崔祥鳩(三年)등 아홉명이 부상을 당하야 목하 수긔옥뎡 태양의원(太陽醫院)에 입원치료중이라더라.

1929. 11. 5. (중외)

光州學生事件으로

知事以下가 **會議**

아즉 **對策**은 아니서

광주(光州)의 고보학생과 중학교 학생의 충돌사건은 루보한 바와 갓거니와 사일 오후 세시부터 광주 시내에 잇는 전남도청(全南道廳)에서는 도지사 이하 참여관 내무부장, 경찰부장, 학무과장 등 광주(光州) 나주(羅州) 영산포(榮山浦) 등디의 일본인 학부형들이 지사실에 회합하야 이 사건에 대한 선후책을 장시간 토의 하얏는데 토의 사항에 대하야서는 절대 비밀로 말하지 아니하며 경찰부장은 검속한 학생에게 취할 방침도 아직 명언치 안터라.

1929. 11. 6. (동아)

중학교측 학부형과 지사 이하 구수 밀의

광주보등보통학교 생도와 중학교 생도들의 충돌사건에 대하여 광주와 나주와 영산포 등지에 있는 일본인 학부형들은 사실 전남도청에서 지사와 참여관, 경찰부장, 학무과장 등과 모여 무엇인가 구수회의를 하였는데 회의의 내용은 비밀에 붙이고 절대로 말하지 않으나 싸움의 한편인 일본인 학부형들과 당국자들이 모였던 것인 만큼 일반은 매우 주목한다더라.

1929. 11. 6. (조선)

羅州署 森田巡査 툭하면 학생 구타

지난 삼십일 오후 오시 오십 분에 전남 나주정거장에서 일본인 중학생 福田 외 두 학생이 조선여학생의 가는 길을 가로막으며 희롱하는 것을 본 광주고보 학생 나주 박준채(16) 등 李淳泰(14) 두 학생이 전기 福田외 두 학생을 보고 너희들은 중학생으로 그런 못된 짓을 하느냐고 책망하여 싸움이 난 현장에서 나주경찰서에 근무하는 森田이라는 순사가 입장하여 제지시켜 각각 돌아가는 길에 일본인 학생과 조선학생이 네가 잘했으니 내가 잘했느니 하며 가는 것을 삼전순사가 달려들어 일본인 학생은 그저 두고 전기 박준채의 뺨을 무수히 때렸다는데 삼전순사는 본래 성질이 좋지 못하여 지난 칠 월경에도 광주고보생 나주 나종남을 때려 중상케 한 일도 있었다는데 삼전순사는 뺨치는 상습자니 그저 둘 수 없다고 피해자는 폭행죄로 고소 준비중이라는데 일반은 당국의 처치를 주목중이라더라.

1929. 12. 28. (동아일보 호외)
사건발단의 직접원인은 日人中學生이 조선여학생 희롱서
광주사건의 발단을 대략 뽑아 쓰면 지난 시월 삼십 일에 나주에서 광주여자고등보통학교에 통학하는 박기옥(朴奇玉 18)이라는 여학생이 다른 날과 마찬가지로 동일 오후 여섯시경에 기차를 타고 광주로부터 나주에 돌아올 때에 나주역 홈을 나오려 할 즈음 광주중학교 생도로서 역시 나주에서 통학하는 일본인 학생 田中, 福田, 末吉 등 세명이 앞을 막고 조롱을 하므로 박기옥은 아무 말 없이 피하려 하였으나 전기 일본인 학생들은 피하는 쪽을 쫓아다니며 희롱을 일층 심하게 하는 것을 박기옥의 아우되는 광주고보생 박준채(朴準埰 16)라는 조선인 학생이 몇 마디 말로써 그 무리함을 질책하였던 바, 전기 일본인 중학생들은 도리어 고함을 치며 덤벼들어 싸움이 되려 할 때에 역구내에 있던 순사가 제지한 까닭에 그날에는 무사하였으나 워낙 흥분된 박준채는 일본인 학생에게 「뒷날 다시 보자」하고 별렀던 바, 제지하던 순사는 박준채의 뺨을 때리면서 서로 돌아가게 하였으나 이것저것으로 압축된 기압과 같이 항상 불끈불끈하던 것이 필경 폭발될 기세를 가지고 있던 것이 중요한 원인이 되었던 것이다.

1929. 12. 28. (조선일보 호외)

광주사건의 개요, 본보 지국에서 조사한 바

◇ 사건의 발단

광주고등보통학교의 조선인 학생과 광주중학교의 일본인 학생과
는 평소부터 다소 알력이 있어 내려오던중 전남 나주에서 광주여고
보 기차 통학생인 박기옥(朴奇玉 17)이라는 여학생을 지난 시월 삼
십일 오후에 전남 나주역전에서 광주중학생인 福田某가 희롱을 한
데 발단이 되어 마침내 前無한 대사건을 야기케 이른 것인데 이에
본보 지국에서 조사한 동 사건의 개요를 축차적으로 대략 보도하면
다음과 같다.

◇ 사건의 개요

▲ 10월 30일 오후 나주역전에서 광주보고 통학생 박준채(광주고
보 2년생, 16)외 1명과 광주중학생 福田某 외 2명의 충돌이 있었는
데, 원인은 전기 福田某가 박준채의 從妹인 고아주여고보생 朴奇玉
(여고 3년생, 17)을 희롱한 것인 발단이 되었던 것인데 이를 목도한
나주서 순사 森田某는 불문곡직하고 박준채만을 질책 구타하여 쌍
방을 돌려보냈다 한다.

▲ 10월 31일 오전 등교시에 열차중에서 전기 두 학생이 대면함에
박준채가 다시 福田某에게 陳謝를 요구하여 재차로 충돌이 되려 하
매 이를 본 차장의 제지로 겨우 무사는 하였으나 차장 역시 박준채
에게만 한층 더 혹독한 질책을 하였다.

▲ 11월1일 오후 학교가 파하여 귀가하는 광주고보생 등이 광주
역에서 발차를 기다리던 중 다 각기 손에 배트를 든 50여명의 광주
중학생이 突現하여 박준채를 내어 놓라고 도전을 하여 쌍방의 학생
이 점점 증가되어 일시는 공기가 극도로 긴장되었으나 차장, 경관
등의 제지로 겨우 무사함을 得하여 중학생들은 '大和魂'을 고창하

면서 본교로 돌아갔던 바 당시 중학생의 일단에는 유도선생도 참가
해 있었다 한다.

(중략)

▲ 11월 12일 이날은 오래간만에 고보생이 전부 등교는 하였으나
송국된 학생에 대한 동정으로 그들을 석방치 아니하면 학생 전부를
처벌하라고 책임자 吳快日의 서명한 삐라를 살포하면서 일제히 형
무소로 향하던 중 경관대의 제지로 해산되었는데 고보생과 농교생 2
백여명이 총검거를 당하였으며 사범교와 여고보의 양교는 출동전
경관의 제지로 미수에 그쳤으며 선동의 혐의로 청년측에서 장재성
외 2명이 검속된 후 학생은 대부분 방면되고 20여명은 송국되었다.

1929. 12. 28. (조선)
광주학생사건과 경찰당국의 발표

전라남도 광주공립중학교 및 동지 공립고등보통학교 생도는 1,2
기차 통학생의 口論에 端을 發하여 遂히 11월 3일 정거장 부근에서
쟁투사건을 야기하기에 이르렀는데 사건의 진상과 그 후 각지의 영
향의 개요는 左와 如함.

광주중학교 및 동지 고등보통학교의 기차 통학생도는 쌍방 다 80
명으로 종래 통학 도중에 언어의 상위 등에 의하여 이따금 말다툼을
한 일이 있었는데 10월 30일 나주역 하차의 양교생 간에 개찰구의
혼잡에 因한 사소한 사고로 말다툼을 한 데서 端을 發하여 양교 기
차통학생도 등의 반감이 激成되어 쟁투를 야기코자 한 일이 있었으
나 차장 또는 경찰관 등의 제지에 의하여 무사하였던 바 (하략)

1930. 1. 3. (중외)
羅州檄文에 署名한
柳贊玉等 豫審에
광주사건관계로 라주학생계에 돌린

격문에 서명한 여섯 사람을 예심회부

羅州檢査局에서 取調後

광주(光州)학생사건의 여파로 인쇄물을 만들어 쑤리고 학생시위운
동을 한 라주(羅州)학생사건의 주모자로 경찰에 지목을 밧든 박공근
(朴恭根)과 격문의 서명책임자 류찬옥(柳贊玉) 외 네명은 그간 경찰
에 붓들니여 광주 검사국에 넘기엇는 바 그간 취조를 마치고 박공
근, 류찬옥 외 네명은 모다 동디방법원 예심에 회부 되엿다더라. 사
진 (상) 류찬옥 (하) 박공근.

1930. 1. 4. (조선)

羅州檄文事件 五名을 豫審에

그 남어지는 전부 석방 光州法院檢事局에서

광주학생사건의 여파로 라주(羅州)실업학교와 보교생입 오백여명
이 지난 십일월 이십칠일 라주장날을 긔히로하야 수천 매의 격문을
전시가에 쑤리며 만세를 고창하고 시위운동을 하야 일시 공긔가 매
우 험악하엿는데 무장경관이 다수 출동은 하엿스나 경관도 엇지할
줄을 모르고 수수방관하다가 마츰내 신간 라주지회장(新幹羅州支會
長 金昌容) 동 서기장 박공근(書記長 朴恭根) 동 선전부장 윤영진(宣
傳部長 尹榮振)등 삼씨를 검속하고 이어서 주모 학생 오십여명을 검
속하야 취조를 거듭하더니 청년동맹 라주집행위원장 박동희(朴東熙)
신간지회 상무집행위원 송상긔(宋相基) 량영택(梁永澤) 서유채(徐有
采) 등 제씨를 쪼 검속하야 취조한 결과 격문에 서명한 류찬옥(柳贊
玉), 박공근, 량영택, 박동희, 학생 홍민후(洪敏厚)가 주모자로 인정되
어 그 외는 전부 석방되고 십이월 십이일에 일건 서류와 함께 광주
지방법원 검사국으로 넘기엇는데 박공근 외 다섯사람은 동지방법원
예심에 회부되엇다더라

1930. 1. 11. (동아)

나주청년 검거, 광주서로 호송

전남 나주군 반남면 신촌리 사는 정우채(鄭瑀采 19)를 지난 6일 당지 주재소에서 검거하여 전남 광주경찰서로 호송한 일이 있다는 데 탐문한 바에 의하면 광주경찰서의 수배로 전기 반남면 주재소에서 검거하여 광주로 넘기었다는 바, 사건내용은 광주학생사건에 관계가 있다하여 그와 같이 검거한 것이라더라.

1930. 1. 15. (조선)

여고보 3학년도 전부 白紙, 李光春양 눈물 흘리며 연설

고보사건은 별항과 같거니와 동일 광주여자보고에서도 3년생 전부가 백지를 제출하여 일장 소동이 있었다는데 교수시간(시험시간) 중에 이광춘(여고 3년, 李光春 17)양이 기립하여 눈물을 흘리면서 열변을 토하였으며 여러 선생의 앞에 가가 전 책임은 자기 한 사람에게 있으니 아무렇게나 처벌하라 하였고, 동창 일동에게 대하여는 최후까지 분투하여 목적을 관철하라는 최후 열변에 일동도 감격하여 전부가 백지로 제출하였는데 이광춘양은 방금 취조중이라더라.

1930. 1. 15. (조선)

광주형무소에 2백여명 수용

◇ 광주남녀고보 백지동맹 이유

광주학생사건 돌발 이래 광주 각 학교는 장구히 휴학을 하였으므로 이 학기 시험을 치르지 못하였다가 지난 8일에 개학하고 이어서 시험을 치르게 되었던 바, 광주고보생 전부와 여자고보생 일부 다수는 백지를 그대로 바쳤다는데 그 내용을 탐문하여 본 즉 전기 사건 돌발 이래 옥중에 들어간 학생이 광주형무소에만 2백여명인데 그 학생들과 같이 시험을 치르기 전에는 언제까지든지 백지동맹을 한다는 듯이 의연히 등교하면서도 수업도 잘 받지 아니하고 시험도 치르

지 아니하므로 주요 인물로 인정하는 柳基亮, 朴南喆, 孫東出, 鄭世勉, 吳世出, 金富得 등의 5, 6명에게 9일 오후 퇴학 처분을 하였는데, 형세는 금후로 또 다시 다수한 희생자가 있을 것으로 보이므로 고등보통학교는 물론 각 학교 내외를 매일 정사복경관이 엄중 경계하는 중인데 일반은 장래를 매우 주목한다더라.

1930. 1. 17. (동아)
나주서 활동 학생을 검거
[나주] 지난 11일 밤 나주청년회관에서 음악대회를 개최하였는데 광주고등보통학교 3학년생인 나주군 나주면 서문정(西門町)에 사는 최희련(崔熙連)이가 그때 마침 음악회장에 들어가자 나주경찰서 고등계 형사 정용술(鄭用述)이가 그를 검거하여 유치해두고 이래 엄중한 취조를 한다는데 무슨 단서나 얻을 듯이 지난 13일에는 형사 수십명이 출동하여 전기 최희련의 집을 샅샅이 수색하였으나 별 소득은 없고 잡기장만 두어 권 압수하였다.

1930. 1. 17. (동아)
나주서 활동, 여학생 검거
지난 13일 오전 열시경 광주여자고등보통학교 시험을 볼 때 돌연히 3년생 이광춘(李光春 17)이가 교단에 뛰어올라 최후까지 백지답안을 계속하자고 연설을 하였다 함은 이미 아는 바어니와 지난 15일 오전 여섯시 반경에 나주군 나주면 대정정 63번지 이광춘의 집에 나주경찰서 정복경관 7, 8인이 와서 이광춘의 자매 광주여고보 3학년에 통학하는 이금자(李錦子)와 그 아우를 검거하는 동시에 엄중한 가택수색까지 하여 모종 격문도 압수하여 갔다는데 내용을 탐문한즉 이광춘은 학교에서 백지답안을 최후까지 계속하자고 연설한 사건인 듯하다는 바 지금 유치하여 두고 취조중이라 하며 이금자는 백지답안동맹에 가입한 혐의로 그와 같이 검거하여 동일 오전 11시 52

분 나주역발 기차로 광주경찰서로 호송하였다.

1930. 1. 17. (조선)

광주여고보생 12명을 검거, 가택수색하여 격문 압수

광주고보와 여자고보생들이 백지동맹으로 일괄한 것은 기보한 것과 같거니와 15일 미명에 광주경찰서에서는 아연 대활동을 개시하여 여고보생 12명을 검거하는 동시에 가택수색을 하여 다수한 격문을 압수하였다는 바, 검거된 학생의 씨명은 다음과 같다더라.

3학년 張慶禮(16) 南俠俠(17) 朴玉蓮(17) 高順禮(18) 朴繼男(19) 李光春(16) 岩城錦子(17) 외 2명

2학년 朴泰旬(16) 朴采熙(17) 외 1명

1930. 1. 17. (중외)

光高生引致

音樂會場서

지난 일월 십일일에 전남 라주군 라주면 서문뎡(全南 羅州郡 羅州面 西門町)에 잇는 광주고등보통학교 삼학년생(光州高等普通學校 三學年生) 최희련(崔熙連)군은 본보 라주지국주최 전남나주여자청년회후원(全南羅州女子青年會後援)으로 개최된 독자위안음악대회 (讀者慰安音樂大會) 석상에서 정모(鄭某)라는 형사가 대동하여서 소관 라주경찰서(羅州警察署)로 갓다는데 대강 내용을 듯건데 일전 광주고보교 백지답안동맹사건(光州高普校白紙答案同盟事件)에 대하야 주모자의 혐의로 그와 가티 되엿다더라.(라주)

1930. 1. 17. (중외)

전남신간회장

경찰에 검속

전남 나주 신간지회장 金昌容씨는 지난 14일 소관 라주경찰서에

검속되얏는데 자세한 내용은 아즉 알 수 없다더라.

1930. 1. 17. (중외)
李光春자매 인질
가택을 수색하야 서류 압수
금자는 광주에 호송
광주 녀자고 본교 백지답안 사건에 대하야 李光春 양이 홀연 등장한 후 열변을 토하얏다 함은 이미 보도된 바어니와 그 후로 계속하야 선지 李光春 양은 됴사를 바다오다가 지난 15일 오전 류시경 전긔 李光春 양의 집까지 수색한 후 李光春과 그의 형 李錦子 양을 소관 라주경찰서에 다리고 가서 李光春 양은 검속을 하고 李錦子 양은 15일 오전 11시 52분자로 광주경찰서에 호송 되엿다는데 목격한 바에 의하면 그의 형 리금자는 소관 나주경찰서 고등계에서 검속의 선언을 밧고 류치장에 들어가려는 아우 광춘에게 목메이는 소리로 잘 잇거라 한마디 한 후 흑흑 늣겨 우는 모양은 目不忍見이엇더라. (나주)

1930. 1. 19. (동아)
나주통학생 21명 總黜學
광주고등보통학교와 광주여자고등보통학교에 통학하는 나주 학생 21명은 이번 학생사건으로 말미암아 필경 그 학교로부터 전부 퇴학해버렸기 때문에 현재 나주학생은 한 사람도 광주로 통학하는 사람이 없었다.

1930. 1. 19. (조선)
광주여고보 생도 11명 검사국 송치
기보한 바와 같이 광주여자고보생 12명을 검거하여 엄중 취조중 학교당국에서는 다수한 학생에게 퇴학 처분을 하였던 바 17일에는 전기 12명 중 11명은 광주지방법원 검사국으로 넘겼다는데 씨명은 다음과 같더라.

2년생 朴泰旬(16) 朴顯淑(16) 朴采熙(18)

3년생 張慶禮(16) 南俠俠(17) 朴玉蓮(17) 高順禮(18) 李光春(16) 岩城錦子(17) 金貴善(17) 朴繼男(20)

1930. 1. 25. (중외)

金昌容씨 석방

지난 14일 오후 7시경 신간회 라주 지회장 金昌容씨는 경성경찰서 본사가 검거하야 라주 경찰서 류치장에 구금하야 두고 이래 엄중한 취조를 하든 바 아모 단서도 잡지 못하얏는지 지난 23일경 오후 3시경 무사히 석방하얏다 한다.

1930. 1. 30. (중외)

羅州新支 金氏

경성에 호송

임시 석방되여든 것을 종로 서원이 재검거

전남 라주경찰서 신간회지회장 金昌容씨는 경성 격문사건에 대하야 소관 라주경찰서에 검거되여 이래 취조를 바다 오다가 지난 1월 23일 석방되얏다는 것을 기보한 바어니와 그후 3, 4일이 못 되여서 지난 1월 26일 오후에 金昌容씨의 자책와 산포면 산제리(山浦面 山齋里)에 경성 종로경찰서 달려원 이와 검속하야 同日 하오 7시 56분 차로 경성에 압송되얏다더라.

1930. 2. 1. (동아)

김창용 또 검거

종로서로 압송

서울 종로경찰서 형사대가 지난 14일 오후 7시경 전남 라주군 산

포면 산제역에 출장하야 신간회 라주 지회장인 金昌容을 검거하야
라주경찰서에 인도한 후 전긔 종로 경찰서 형사대는 또다시 모 방면
으로 활동중이며 라주서에서 전긔 金昌容은 엄중한 취조를 밧다가
지난 23일 오후 3시경에 무사히 석방되엿는데 지난 26일 오후 2시경
또다시 서울 종로경찰서 형사가 전긔 산포면 산제리에 나타나 석방
된지 불과 3일만에 金昌容을 또 검거하야 자동차에 신고 라주경찰서
로 호송하야 잠간 쉬어가자고 同日 오후 7시 56분 라주역발 경성행
긔차로 종로경찰서에 압송하얏다는데 그 내용을 탐문한 바에 의하
면 서울 격문사건에 관련된 듯하다 한다.

1930. 2. 3. (동아)
羅州新幹支會 金昌容 送局

시내 종로경찰서에 얼마 전 전남 나주로부터 검속해 온 신간회 나
주지회 위원장 金昌容씨는 저간 동 경찰서에서 취조를 밧다가 지난
삼십일 일건서류와 함께 경성 지방법원 검사국으로 넘겻다는데 사
건의 내용은 전기 김씨가 작년 12月 격문사건의 피의자인 이항발에
게 금전을 돌려주엇다는 사건인 듯하다.

1930. 2. 12. (조선)
羅州農校公普生 光州學生同情萬歲

십일오전 열두시에 이러나 **警官隊에게 續續 被檢**

십일(장날) 오전 십이시경에 라주농업학교와 라주공립 보통학교
생도 이백여명이 광주 학생동정만세 조선학생만세 등을 련호하며
시위운동을 하다가 경관대에게 포위되어 속속 피검중이더라[나주전
보].

1930. 2. 12. (중외)
羅州實業과 普校生

제2차로 시위

경관의 제지로 행렬해산 5명검거 계속引致

라주실업학교와 라주 보교학생 삼백여명이 광주 학생사건에 동정하야 지난 10일 정오에 제2차로 조선학생만세를 高唱하여 시위를 행렬하다가 결국은 수십명 경관의 제지로 해산을 당하고 현장에서 5명이 검거되엿는데 방금 속속 검거중이라더라.

1930. 2. 14. (중외)

羅州 農普校

25명 續調

남어지 학생은 전부석방

전남 라주 공립보통학교 5, 6학년생 전부가 광주학생사건에 동정하야 지난 2월 18일 라주 장날을 긔회삼아 학생만세를 高唱하며 시위 운동사건으로 보통학교생 元福準외 41명과 농업보습학교 생도 李昌愼외 2명이 라주 경찰서에 검거되어 이래 엄중한 취조를 밧는 중 지난 12일에 보통학교생 42명중 23명만 석방되고 농업학생 3명과 보교생의 12명이 아즉까지 엄중한 취조를 밧는 중이라더라.

1930. 2. 16. (중외)

羅州萬歲學生

七名은 取調中

三十五名은 釋放

전남 광주(光州)학생사건에 동정하야 라주농업보습학교(羅州農業補習學校) 동보통학교(同普通學校) 합 이백여명은 지난 이월 십일 라주 장날을 긔하야 조선학생 만세를 고창하며 시위운동을 하엿다 함은 루차 보도 하엿거니와 동사건이 혹시 단톄의 조종이나 아닌가 의심을 품은 라주경찰은 어린 학생 사십오명을 검속하야 엄중 취됴하여 오든 중 지난 이월 십이일 오전에 이십명 오후에 십오명을 석

방하고 남어지 칠명 보교생(普校生) 원복준(元福準), 김형수(金亨洙)
최동균(崔東均)외 일명과 농보교생(農補校生) 리창신(李昌信) 박춘근
(朴春根) 최봉춘(崔鳳春) 합 7명은 아즉 까지 엄중한 취됴를 받는 중
이라더라. (라주)

1930. 2. 16. (매신)
羅州公普校生
五十名 騷擾
만세를 불느며 불온행동
首謀者 十名檢束
(光州) 지난 九日 한시경 全南 羅州公立普通學校 生徒 約五十名이
萬歲를 불르고 불온행동을 行하얏는대 이 급보를 接한 羅州署에서
는 곳 署員을 非常召集하야 四十餘名의 生徒를 검거하고 엄중 취조
한 결과 其中 三十名은 석방하고 나머지 十餘名은 拘束한대로 취조
중이다.

1930. 2. 16. (조선)
羅州示威事件
豫審終結書
其全文은 如左하다.
◇ 豫審終結決定
本籍 全羅南道 羅州郡 羅州面 南北町 朴恭根 中外日報記者 當三
十年
本籍 全羅南道 羅州郡 羅州面 北門町 梁永澤 當二十四年
本籍 全羅南道 羅州郡 羅州面 南門町 農 朴東熙 當二十五年
本籍 全羅南道 羅州郡 公山面 東村里 羅州實業補習學校 柳贊玉
當十八年
本籍 全羅南道 羅州郡 鳳凰面 竹石里 羅州實業補習學校 洪敏厚

當二十二年

本籍 全羅南道 羅州郡 羅州面 北門町 中外日報記者 金亨浩 當二
十七年

右者等에 대한 保安法違出版法違反被告에 對하야 豫審決定함이
如左함.

注文

左記事由에 依하야 被告人 朴恭根 梁永澤 朴東熙 柳贊玉 洪敏厚
를 光州地方法院合議部의 公判에 付함.

被告人 金亨浩를 免訴함.

理由

被告人 朴恭根 梁永澤 朴東熙는 各 新幹會羅州支會員으로서 羅州
實業補習學校 生徒인 被告人 柳贊玉 洪敏厚와 共히 民族意識이 濃
厚한者 이든바 左被告人等은 昭和四年十一月三日 光州에서 光州高
等普通學校對光州中學校生徒의 鬪爭 及 同高等普通學校 生徒의 示
威 運動事件에 對하야 朝鮮人學生多 數가 檢擧收監된 事에 關하야
朝鮮內 各地에서 諸種의 運動이 行함을 見하고 且該事件은 在羅州
汽車通學生의 葛藤에 端을 發한 事를 思惟하고 羅州在住의 被告人
等도 此를 참아 默視할수 업다하야 收監學生을 釋放식힐 手段으로
在羅州朝鮮人學校인 實業補習學校生徒를 煽動하야 示威運動을 敢行
케하기를 企圖하고 同月十三日及十四日의 兩夜에 右被告人五名은
被告人 朴東熙의 宿所인 羅州郡 北門町 朴準三 精米所에서 秘密會
合하고 同月十七日의 市日을 期하야 前記兩校 生徒를 煽動하야 十
一月 三日 事件에 對한 當局의 措置를 非議하고 收監生徒의 釋放을
强要하는 旨의 宣傳비라를 撒布하고 羅州邑內 잘 보이는 道路에서
示威運動케하기를 協議하얏스나 相支되는 일이 잇서 此를 延期하고
更히 同月二十五日夜 同右五名은 實業補習學校生徒 李昌信 李采厚

金成男 及 普通學校六年生徒인 李性煥 元福準等의 有志를 被告인 朴恭根方에 召集하고 同月 二十七日市日正午에 學校의 休息時間을 期하야 同校生徒를 煽動會合하야 宣傳비라를 撒布하고 朝鮮民族及 學生萬歲를 高唱하고 羅州邑 內를 示威運動하도록 敎唆하고 翌二十 六日夜頃 被告人五名은 李昌信 李采厚와 共히 朴恭根方에서 會合하 야 被告人 柳贊玉 朴恭根의 創案에 依하야 大衆아 學生諸君아 知하 느냐 我等이××××과 ××과를 受하고 잇는가라는 表題下에 보 라 光州學生衝突事件을 彼等의 (中略) 라는 不穩文句를 羅列한 宣傳 비라 原稿를 作成하야 李昌信이가 秘密히 農業補習學校事務室內로 부터 持來한 등사板과 朴恭根이가 新幹會 事務所로부터 持來한 등 판(證第三,六號)及 柳贊玉이가 購入한 原紙잉크用紙를 使用하야 官의 許可를 得지 안코 約二千部宣傳비라(證第一號)를 印刷하야 翌二十七 日朝 洪敏厚 李昌信 李采厚 金成男等은 實業補習學校生徒에게 誘하 야 李性煥 元福準等은 普通學校六年 生徒에게 對하야 示威運動을 하도록 勸誘敎唆하야 該 敎唆에 基因하야 農業補習學校 生徒四十七 名 及 普通學校 五六年生徒 百三十餘名이 同日正午 示威運動의 目 的으로 各自校門을 出하야 門外에서 集結하야 前記의 者等으로부터 前記二千部의 宣傳비라의 配布를 受한後 被告人 洪敏厚의 先導에 依하야 二列이 되여가지고 驅足으로써 南門町 本町을 經由하야 羅 州市場에 至하는 其間 隨所에 前記비라를 撒布하고 且 朝鮮民族萬 歲 朝鮮學生萬歲를 高唱하며 更히 果院町方面을 迂回하야 約十七町 을 行進하야써 治安을 妨害한 者들이다.

右被告人等의 所爲 中 政治에 關하야 不穩言論動作을 하고 又는 他人을 煽動敎唆한 點은 保安法 第七條에, 安寧秩序를 妨害하는 文 書를 出版한 點은 出版法 第十一條第一項第三項에 各 該當하야 公 判에 付하기에 足한 犯罪嫌疑가 잇슴으로써 刑事訴訟法 第三百二十 條에 依하야 公判에 付하는 것이며 被告人 金亨浩가 右被告人等의 前示犯行에 共謀加擔하얏다 하는點은 公判에서 付하기에 足한 犯罪

事實嫌疑가 업슴으로써 同法 第三十二條에 依하야 免訴의 言渡을
할 것임으로 因하야 注文과 如히 決定흠.
　　昭和 五年 二月八日
　　豫審掛朝鮮總督府判事藤本香藤.

1930. 2. 21. (조선)
중학생 재등이 먼저 부딪쳤다
피고 황남옥의 공술
이와 같이 재판은 자못 평화하지 못한 중에 진행되어 먼저 피고인
황남옥(黃南玉)부터 사실심리에 들어갔다.
　裁: 작년 십일월 삼일은 명치절일 뿐만 아니라 당일은 전라남도
　　　산견(産繭) 육만석 수확의 축하외가 있었는데 이 때에 광주시
　　　내는 관람객으로 자못 시중이 복잡한 것을 알았는가.
　황: 예, 알았습니다.
　재: 피고는 고등보통학교 생도의 이 축하회에 참렬하고 집으로 돌
　　　아가는 길에 鄭相烈 외 數人과 광주 수기옥정 우편소 앞으로
　　　통하였던가.
　황: 그 때 그앞을 지나갔습니다.
　재: 그 때에 광주중학생 齋藤외 수명의 학생이 피고들의 앞을 향
　　　하여 온 일이 있는가.
　황: 그들 일본인 중학생이 우리 앞길을 기를 들고 가로막고 왔습
　　　니다.
　재: 피고는 광주중학생인 재등과 몸이 부딪친 일이 있는가.
　황: 내가 먼저 부딪친 것이 아니라 일본인 중학생 수십 명이 손에
　　　기를 들고 우리 길을 가로막아 오다가 재등이라는 자가 먼저
　　　내 몸에 부딪쳤소.
　재: 그리하여 재등이라는 중학생이 너에게 무어라 하는 말이 있지
　　　않았는가.

황: 나의 생각으로는 그 재등이 말 못할 줄 생각하고 그 장소를 떠나고자 하였으나 재등이가 반항하며 무슨 불쾌한 말을 하였습니다.

재: 그리하여 재등이가 너에게 더 좀 주의하라는 말을 하였다니 하였다니 사실인가. 이 말을 듣고 피고가 먼저 주먹으로 재등이를 쳤는가.

황: 처음부터 때리고 싸운 것은 아니요. 그 잘잘못을 논란하였오.

(중략 -편집자)

재: 십일월 삼일의 일이 발생하기 사흘 전에 즉 시월 삼십일에 고등보통학교 생도 박준채와 중학생 복전 모가 나주정거장에서 충돌한 것은 아는가.

황: 십일월 일일에 알았소.

재: 또 이것이 원인이 되어 그 익일 삼십일일 박준채와 복전이가 또 차중에서 싸웠다지?

황: 그것은 알지 못하오.

재: 박준채와 복전이의 싸움 한 것을 알게 된 일반 고등보통학교 생도는 중학생에 대하여 어떤 행동을 취하고자 하는 사실이 있지 않은가?

황: 그런 사실은 없소.

재: 피고가 수기옥정 우편소 앞에서 재등이라는 일본인 중학생과 싸울 때에 이상 취하려던 행동에서 고위로 한 것 아닌가?

황: 그런 일이 없소. 재등과 복전이 싸움하려 달려들었오.

재: 그때가 몇 시나 되었던가?

황: 오전 11시쯤 되었오.

재: 고등보통학교 생도들은 그곳에서 일본사람에게 싸움하고 본교 控室로 돌아가서 선후책을 강구한 것이 아닌가?

황: 그 선후책을 토의하는 것보다 그 전후 사정 경과를 말하기 위하여 거기 모인 것이오.

재: 그 때 몇 명이냐?

황: 약 2백명이 되었소.

재: 학교 교실에 모여 오학년 급장 盧秉柱가 의장이 되어 싸움한
경로를 설명하자 일반생도는 분개하여 중학교로 가자고 토의
한 일이 있지 않은가?

황: 그 때에 중학교로 가자는 것이 아니오. 각각 집으로 무사히 돌
려보낼 것을 협의하였오.

재: 그 때에 吳快一이라는 학생이 격분하여 싸움할 방법을 토의하
자고 하지 않았는가?

황: 그렇소.

재: 그리하여 이러한 부상을 당하고는 그대로 참을 수 없다는 것
을 말하여 중학교로 추격하지 않았는가?

황: 그렇지 않소.

재: 이때에 李亨雨라는 학생이 곤봉 기타 등을 들고 시위운동을
하자고 발의하지 않았는가?

황: 그런 것이 아니라 당시 모임은 한사람씩 돌아가면 형세가 매
우 위험하므로 단체를 지어 돌아가자고 한 것이오.

재: 단체를 지어 돌아가자는 것은 누가 한 말인가?

황: 그것은 알 수 없소.

재: 그리하여 장작, 곤봉, 배트 등을 가지고 理化學교실에서 집합
하였지?

황: 그것은 도중에서 일본사람 중학생에게 습격당할 염려가 있어
防身用으로 가져간 것이요.

재: 장재성이가 이러한 것을 말하자 渡邊선생이 주의하였지?

황: 그런 것은 알지 못하오.

재: 그리하여 이화학교실에서 일년급 생도부터 오학년까지 순서로
행진하여 교문을 나섰지?

재: 예심결성서에 의하면 金普燮같은 큰 사람이 먼저 나갔다지?

황: 이름은 알 수 없으나 키 큰 사람이 앞섰오. (하략 - 편집자)

1930. 2. 22. (중외)

羅州學生들

全部를 釋放

여러차례로 난우어

전남광주(全南光州)학생사건에 동정하야 라주보교(羅州普校) 오륙 학년생 전부가 데이차로 만세를 고창하면서 시위운동한 사실로 보 교생 원복준(元福俊)외 사십일명과 농업보습학교생 리창신(李昌信)외 이명이 라주 경찰의 손에 검거되어 엄중한 취됴를 밧고 잇다함은 루 차 보도하엿거니와 그간 여러차례로 난우어 보교생 사십명을 석방 하고 농보생 삼명과 보교생 이명은 이래 계속하야 엄중한 취됴를 밧고잇든 중 지난 이월십칠일 오후 다섯시경 남어잇든 오명전부가 무사히 석방되엿다더라.(羅州)

1930. 2. 27. (조선)

羅州事件도 審理

광주학생사건 인도 후에

이십육일에 별항 광주학생사건의 판결언도가 끗난후 이 사건을 동정하야 라주(羅州)에서 시위만세를 한 농업학교(農業學校)생도와 보통학교생도에 대한 보안법위반의 사건 역시 광주 지방법원에서 목촌(木村) 재판장 주심으로 개정되엇더라.

1930. 2. 27. (동아)

우리의 조사결과는 유도선생의 선동 등 모두 **虛說**

◇ **全南道議**서 당국 답변

[광주] 광주학생사건이 지난 24일 전라남고 제11회 도평의회 석상 에서 논의되었다 함은 작보하엿거니와 **孫英**씨가 질문하엿던 각항

조건에 대한 당국의 답변은 여좌와 같다.

◇ 佐佐木 경찰부장

1. 나는 손영씨의 질문한 여러 가지 중에서 경찰관 운운의 말에 대하여 답변하겠습니다. 나주역에서 일본 순사가 고보교 학생의 뺨을 때렸다는 것은 헛소리입니다. 그러나 그와 같이 민간에서 좋지 못한 말을 듣게 된 사람이므로 적당히 처분하여 전근시켜 버렸으니 그렇게 알아주시오(기자 주 = 어제밤 어느 연회석에서 경찰부장은 도평의원 모씨를 향하여 말하기를 "나주의 그 순사를 전근시켰다고 발표하였으나 실상은 면직시켜 버렸었는데 면직시켰다고 발표하기가 어려워 그렇게 말하였다"고 하였다고).

◇ 森학무과장 辯

1. 중학교의 모 유도선생이 학생을 선동하였으며, 또는 福田이라는 학생을 데리고 다니면서 "너를 때린 자가 누구냐"고 하며 고보생도들이 모여있는 곳으로 들어왔다는 풍설이 있기로 사실 진상을 조사하여 보았으나 절대로 그러한 사실이 없었다. 그러나 교육자로서 그런 말을 듣게 되는 것은 재미가 없으므로 상당히 주의를 시켰다.

1930. 3. 4. (조선)

羅州實業校生 十五名에 謹愼命令

무긔정학을 풀기전에 처분 學父兄은 大憤慨

이월 십구일 라주실업보습학교 나주교장(羅州實業補習學校 那須校長)이 동교 이학년생 최봉춘(崔奉春) 리창신(李昌信) 박춘근(朴春根) 세 명에게 무긔뎡학(無期停學)처분을 한후 아즉해제하기도 전에 이십칠일에는 또 이학년생 십일명 일학년생 사명 합 십오명에게 이월 이십팔일부터 삼월 이일까지 삼일간 근신명령(謹愼命令)을 하엿다는데 그 리유는 아마 만일을 념려함인 듯 하다하며 학부형측에서는 대분개한다더라.

1930. 3. 6. (조선)

羅州示威事件에 一年, 十月, 八月에

미결구류일수 오십일 통산

光州地方法院서 言渡

광주학생사건(光州學生)을 동정하야 시위운동을 이르키엇든 라주(羅州)사건의 박공근(朴恭根) 등의 공판은 예정과 가티 오일 오전 열한시에 광주지방법원에서 목촌(木村) 재판장과 주정검사(酒井檢事)의 립회로 개정되어 검사의 구형과 가티

　　朴恭根 役一年 柳東熙 梁永澤 役 各 十個月 洪敏厚 役 八個月

로 언도되고 미결구류일수 오십일을 통산하야 오전 열한시 십분에 언도가 마치엇더라

1930. 3. 6. (중외)

羅州萬歲學生

求刑대로 判決言渡

最高一年 最低八個月

被告들은 卽席에서 控訴

지난이십육일 광주(光州) 디방법원에서 목촌(木村)재판장과 주정(酒井)검사 담임으로 결심하엿든 라주학생사건(羅州學生事件)의 박공근(朴恭根)외 사명에 관한 보안법출판법위반(保安法出版法違反) 피고사건의 판결언도가 동법원에서 주정검사의 관여하에 목촌재판장으로부터 아래와 가치 잇섯다. 재판장은 판결언도하기 전에 본사건은 광주학생사건에 동조하야 격려한 것으로 일층 엄벌할 것이다고 전제하고 검사구형대로 朴恭根 懲役 一年, 朴東熙 懲役十個月, 梁永澤 懲役 十個月, 柳贊玉 懲役 十個月, 洪敏厚 懲役八個月(未決拘留十五日通算)의 판결이 잇섯는데 피고들은 즉석에서 공소하기로 하엿다. (광주지국뎐보)

1930. 3. 6. (동아)
森浦 사상전문 검사
나주에 출장 활동
경성지방법원에서 출동
목포 방면으로 向發
경성 지방 법원 검사국 사상 전문계 森浦검사는 *목*역을 대동하고 지난 9일 오전 9시에 라주에 출장하야 梁張柱, 宋相基, 金亨浩 삼씨를 호출하야 장시간을 취조한 후 金亨浩씨는 즉시 내어보내고 梁長柱, 宋相基, 양씨는 사법계에 두고 량씨의 가태과 라주 협동상회 제 1인쇄소를 열어 수색하얏스나 아모 단서를 엇지못하고 전긔 량씨도 석방한 후 오후 1시 반에 목포 방면으로 향하얏다.

1930. 3. 6. (조선)
羅州事件의 求刑은 一年 八月 六個月로
광주학생석방키 위하야
시위운동을 한 전후 사실
羅州新幹과 靑盟員들
작년 십이월 이십칠일 전남 라주에서 일어난 광주학생석방(光州學生釋放)위한 라주농업보습학교생과 라주공립보통학교생의 시위운동에 관한 긔소 사실에 관하야는 긔보하엿거니와 이십륙일 오후 한시에 광주지방 법원 제일호법정에서 목촌판사(木村判事)의 담임과 주정검사(酒井劍事)의 립회로 공판이 개정되엇는데 그 심문 문답의 대요는 다음과 갓탓스며 방청석에는 라주에서 온 그들의 친족들과 친우들로 만원이 되엇더라.
審理된 被告
朴恭根 柳贊玉 朴東熙 梁永澤 洪敏厚 等五人

오후 한시 개정

재판장: 피고들은 모다 일본말을 아는가.

피고들: 네—대강은 압니다.

재판장: 박공근 류찬옥 박동희 량영택 홍민후(朴恭根 柳贊玉 朴東熙 梁永澤 洪敏厚)의 순서로 심문을 하겟스며 박공근과 사실이 동일하니 박공근의 진술을 잘듯고 다른소리를 하지말도록 하라고 주의한 후 박공근부터 심문을 시작하엿다.

재판장은 피고의 년령 직업 주소 본적 등을 일일이 심문하고 피고가 일일이 답변한 후에

재판장: 피고는 전에 중외일보 긔자(中外日報 記者)를 한 일이 잇섯는가

피 고: 그럿소

재판장: 언제부터 어느 째까지 하엿는가

피 고: 소화 삼년 구월부터 작년 구월까지 약 일개년간 하엿소

재판장: 피고인은 경성에 본부를 둔 신간회(新幹會) 라주지회의 회원인가

피 고: 그럿소

재판장: 어느 째 입회하엿는가

피 고: 재작년 이월경에 입회하얏소

재판장: 현에 서긔장의 임무를 하고 잇다니 사실인가

피 고: 그럿소

재판장: 라주청년동맹(羅州靑年同盟)에 가입한 일이 잇는가

피 고: 그럿소

재판장: 어느 째 가입하엿는가

피 고: 자세히 몰으겟소

재판장: 검찰위원장이라니 사실인가

피 고: 그렇소

재판장: 신간회는 무엇을 목적을 한 단체인가

피　고: 간단히 말하자면 민족의식(民族意識)을 환긔각성하자는 회
이오

재판장: 민족의식이라면 엇더한 것인가 ××인가 자치인가

피　고: 그 강령에 쓰여잇는 것과 가티 정치적 경제적 각성을 목
적으로 한 회이오.

재판장: 라주청년동맹은 엇더한 목적의 회인가

피　고: 지방청년의 수양향상을 목적으로 한 회이오

재판장: 전남청년동맹과는 아모 관계가 업는가

피　고: 관계가 잇소

재판장: 그 세포단체인가

피　고: 그렷소

재판장: 피고 박동희 량영택은 모두 신간회원인가

피　고: 그렷소

재판장: 전긔 두명의 피고인은 신간회원인 관계로 알고 피고 류찬
옥은 피고인 거주하는 남문정 박준삼방에서 하숙하며 라주농업보
습학교를 다니는 관계로 알게 되엿는가

피　고: 신간회원이 아니라도 친척의 관계도 잇고하야 전부터 알
게되엇소

재판장: 피고 홍민후는 언제부터 알엇는가

피　고: 이 사건으로 인하야 처음 알엇소

재판장: 작년 십월 삼십일 오후 오시경 라주역 출발구에서 박준삼
(朴準三)의 아우 박준채(朴準采)가 사소한 일로 광주중학생과 싸홈
을 하게되어 그것이 원인이 되어 작년 십일월 삼일 광주보통학교
생도와 광주중학생이 광주역 부근에서 싸홈을 일으키고 그 결과
련하여 고보생의 단체적 행렬이 잇서 그것을 원인으로 하야 각 중
등학교의 학생이 다수히 검속되엇다는 말을 들엇는가

피　고: 들엇소

재판장: 누구에게 들엇는가

피　고: 신문지를 통해야 알앗소

재판장: 전긔한 사실에 관하야 당국이 불공평한 처분을 하엿슴으로 그 일이 전조선에 알니게 되어 직접간접으로 석방운동을 한다는 말을 들엇는가.

피　고: 그것도 신문으로 알앗소

재판장: 피고는 그러한 말을 하고 사건의 발단인 라주에 잇서서 그대로 잇슬 수 업스니 농업보습학교와 보통학교 생도들을 모아 불온비라를 살포하고 시위운동을 하는 것이 엇더하냐는 말을 하엿는가

피　고: 그 말은 류찬옥이가 하엿소

재판장: 십일월 십일일 신간회에서 류찬옥과 맛낫슬 때 류찬옥이가 우리가 시위운동을 하랴는데 우리는 년소(年少)한 즉 연장자의 지도를 바란다고 하고 찬성을 청하여서 찬성하엿는가

피　고: 그럿소

재판장: 그런일을 하기는 류찬옥 한사람 쑨인가

피　고: 그렇소

재판장: 바른말을 하라

피　고: 참말이오

재판장: 류찬옥이 그러한 말을 한 후에 피고는 다른 피고들과 만나 시위운동에 찬성을 구하야 모다 찬성하엿는가

피　고: 그리하엿소

재판장: 십일월 삼일 신간회에서 의론하엿는가

피　고: 그럿소

재판장: 그래 시위운동의 상의를 하랴고 박준삼의 집에서 모혓슬 때는 누구누구모혓는가

피　고: 류찬옥, 박동희 홍민후 외에 이삼인이 잇섯소

재판장: 상의의 결과 십칠일에 농보교생, 보교생들로 하여금 시위운동하기로 대강 결정하고 다음날에 쏘 모히기로 하엿는가

피 고: 예— 그리하엿소

中略
재판장 처음에 십칠일날하기로 결정하엿다가 엇지하야 연긔를 하엿든가
피 고: 농업보습학교의 농번기 휴업으로 생도를 모으기가 곤난하여서 연긔한 것이오

中略
재판장 이십칠일에 시위운동을 행하기로 결정하고 이십오일날 밤에는 누구누구 모혓는가
피 고: 피고인등외에 농업학교생 삼명과 보통학교생 수명이 잇섯소.
재판장: 이십칠일 시위운동을 함에는 광주목포에서도 비라를 쑤렷스니 라주에서도 비라를 쑤림이 조흘터인데 원고는 류찬옥이 광주 목포에서 가저온 비라를 참고하야 만들기로하고 갈렷든가
피 고: 예 그리 하엿소

中略
재판장: 그째 류찬옥이 동 금성정 **로부터 목포비라와 문구가 쓰인 원고를 가져 왓는가
피 고:원고 가저온 것은 아나 그 출처는 잘 몰랏소.
재판장: 류찬옥이 원지(原紙)와 잉크를 사오고 리창신이 농보학교 사무실에 잇는 등사판을 빌려왓스며 피고는 신간회에서 아스**를 가져다가 류가 가져온 원고를 가치 정정한후 이천매가량 등사하엿다고함은 사실인가
피 고: 그럿소
재판장: 비라를 보이고 이것이냐

피 고: 그것이오
재판장: 피고가 원고를 정정하고 류찬옥이 원고를 쓴 후 모다 손을 난우와 등사하엿는가
피 고: 자긔는 자고 잇섯소

中略
재판장: 박힌 등사물은 그날 밤에 농업학교에 가장 갓가운 홍민후의 하숙에 갓다 맛겟든가
피 고: 그렇소
재판장: 이십칠일 일시의 운동에 대하야 그 순번 등을 말하고 틀림이 업느냐고 물엇슴
피 고: 틀림업다고 답변
재판장: 피고는 운동에 참가하엿는가
피 고: 참가치 아니하엿소
재판장: 웨 참가하지 아니하엿든가
피 고: 학생들의 할 일이기로 자긔는 참가치 아니하엿소.
재판장: 시위운동째 홍민후가 만흔 선전비라를 산포하엿다니 사실인가
피 고: 그리 하엿단 말은 들엇소
재판장: 낫쌘일임을 몰랏든가
피 고: 광주의 다수학생석방을 위하는 의미로 하엿소
재판장: 그러면 변호사 등으로 하여금 합법적으로 운동할일이지 엇지하야 그러한짓을 하엿는가
피 고: 그째생각으로 그러케 하는 외에 도리가 업는것가티 생각되어 그리하엿소
(下略)

酒井檢査求刑
피고들은 모다 청년운동 그외 운동에 가맹한 자들이니 단순한 학

생운동과도 성질이 다르다 하야 특별히 중죄처벌을 요한다고 하고
다음 가티 구형하엿다

主犯

全南 羅州郡 羅州面 南門町 中外日報記者 朴恭根(三○) 懲役一年

全南 羅州郡 羅州面 公山面 東村里 羅州農補生 柳贊玉(一八)

全南 羅州郡 羅州面 南門町 農 朴東熙(二五)

全南 羅州郡 羅州面 南門町 農 梁永澤 以上 懲役十個月

全南 羅州郡 鳳凰面 竹石里 羅州農補生 洪敏厚(二二) 懲役 八個月

言渡는 三月五日

류복영 변호사 열변

니어서 광주 류복영씨와 송화식 량씨의 열렬한 변론이 잇슨 후 삼
월 오일에 판결 언도할 것을 선언하고 폐정이 되엇섯는데 류복영씨
의 변론에는 일반인은 몰론이오 일본인까지라도 일부에서는 과격한
듯하나 합리한 변론이라고 감복의 칭송을 마지아니하엿다더라

辯護士慰勞會

羅州有志主催

貫洞旅館에서

이십륙일 라주사건을 담임변호한 류복영(柳福永) 송화식(宋和植)
량씨를 위로코저 라주 유지의 발긔로 시내 관동려관에서 위로회를
개최하엿다더라.

1930. 4. 16. (매신)

羅州學生事件

公訴取下

(光州) 羅州學生騷擾事件 被告人 朴恭根(懲役 一年未決 拘留五十
日通算) 同 朴東熙(懲役十月 未決拘留五十日 通算) 同 梁永澤(懲役十
月 未決拘留 五十日 通算)의 三名은 控訴取下가 되야 刑이 確定되고

被告 劉贊玉(懲役十月 未決拘留五十日 通算) 同 洪厚厚(懲役八月 未
決拘留五十日通算)의 二名은 十二日 大邱覆審法院에서 控訴의 理由
가 업다하야 原審대로 判決言渡가 되엿다 한다.

1930. 8. 7. (중외)

羅州留學生

定期大會禁止

리유극히모호

전남라주학생친목회(全南羅州留學生親睦會)제이회 정긔대회(第二
回定期大會)를 내 팔월십二일에 라주청년회관(羅州青年會館)에서 개
최코저 그간 모든 준비에 분망하다함은 이미 보도하엿거니와 지난
팔월사일에 돌연 경찰당국으로부터 그 준비위원인 서형윤(徐炯允),
남일우(南一祐) 두 학생을 호출하여 친목회 정긔대회를 금지(禁止)한
다함으로 량 학생은 그 금지리유를 질문한즉, 작년 학생(學生)사건이
후로 경찰당국의 방침이 학생집회는 물론이요. 일반사회단체의 집회
를 절대 금지한다 함으로 할수업시 그대로 도라왓다는데 금번 정긔
대회를 소집코져 이미 경찰당국에 교섭하여 일부의 승락을 엇고 당
국의 요구대로 토의한 수항을 삭제하고 짜라서 개회사원고까지 미
리 써오라함으로 전례(前例)에 업는 일이라 할수업시 요구하는대로
다시 하엿슴에도 돌연 금지명령을 함으로 부득이 중지하엿다는데
일반은 나주경찰당국의 무리한 고압적 행동을 비난한다더라.(라주)

1930. 10. 3. (조선)

소녀회사건 6인 보석

소녀회사건 피고 중 장매성은 보석도 불허되고 박계남 박옥련 암
성금자 박현숙 네사람은 출옥되고 김금연 김귀선 두 소녀는 보석은
허락되었으나 보석금이 없어서 출옥되지 못하였다고 한다.

1931. 8. 9. (조선)

光州檄文嫌疑로 羅州서 一名 檢擧

榮山浦方面에 發向

전남 광주경찰서 심석 고등계 주임(全南 光州警察署 心石 高等係 主任)은 형사 두명을 다리고 자동차로 지난 륙일에 라주경찰서에 도착하야 라주서 서장과 구수밀의를 하고 동서 형사 정용술(鄭用述)을 다리고 영산포(榮山浦)방면으로 향하엿다는데 출장의 요지는 절대 비밀에 부침으로 자세한 내용은 알수 업스나 들은 바에 의하면 광주 격문사건의 피의자를 검거하기 위하야 출장한 것이 아닌가 한다.

1931. 8. 13. (조선)

羅州潘南面에서 三靑年을 檢擧

(光州檄文事件嫌疑로)

국제반전긔념일(國際反戰記念日)이라는 팔월 일일 새벽 네시경에 광주(光州)시내의 여러 공장에 산포한 격문범인을 차즈려고 광주경찰서에서는 광주시내의 사회운동자자와 하긔 휴가로 도라온 류학생 등 삼십여명을 용의자로 류치하고 엄중 취조중이나 아즉 진범을 찾지 못하고 헤매이든 중 지난 칠일 새벽 네시경에 라주군 반남면 신촌리(羅州郡 潘南面 新村里)에 라주서와 그곳 경찰관 주재소원의 응원으로 돌연히 나타난 전남경찰부의 형사대는 그곳 면사무소 숙직실에서 자든 홍수평(洪水平)과 쏘한 한방에서 숙직하든 그면 서긔인 정복일(鄭福日)과 라태균(羅太均)등 세 청년을 검거하야 필적을 조사하는 일방에 그 면사무소 그곳 공립보통학교 금융조합사무용의 등 사판 흔적을 낫낫치 조사한 후에 이어서 전긔 세 청년과 얼마전에 광주학생사건의 관계로 대구에서 복역하고 도라온 정우채(鄭瑀彩) 네 사람의 가택을 수색하야 홍수평의 집에서 다수한 사상서적을 압수하여 가지고 전남 경찰부의 자동차로 실어다가 목하 엄중 취조하든 중에 쏘다시 작년 가을까지 전긔 반남금융조합 리사로 잇든 리명

용(李明用)씨의 장남인 리태삼(李泰三)을 팔일 오정에 검거하여 오는
등으로 광주서의 공긔는 가일층 긴장하여진다 한다.

1931. 8. 17. (동아)

광주 격문관계

三청년 검거

일전에는 광주서 心石 고등계주임이 라주 다시면에 출장하야 수
색을 하는 동시에 다시면 사무소 동사판 등을 조사하얏스나 신통한
단서를 엇지못하고 도라갓섯는데 또 지난 14일에는 광주서의 의뢰
로 라주서 형사가 출장하야 라주 공산면 李愍浩 張癸戌, 동강면 朴
櫓津 등의 청년을 검거하는 동시에 가택을 수색하얏다는데 서적 약
간을 압수하는 외에 별단서를 엇지 못하얏고 검거된 청년은 15일 아
츰 8시차로 광주서로 호송되엇다. 사실은 극비일에 붓치므로 그 자
세한 내용은 알수 업스나 듯는 바에 의하면 광주 격문사건 혐의인듯
하다.

1931. 8. 17. (조선)

光州檄文嫌疑 羅州靑年押送

광주경찰서(光州警察署)의 의뢰로 라주경찰서 고등계형사 정용술
(鄭用述)은 지난 십삼일에 라주 공산면(公山面)에 출장하야 리민호(李
珉浩)(二八) 장계술(張癸戌)(一九) 박로률(朴魯律)(一八)등 세사람의 가
택을 수색하는 동시에 전긔 삼인을 검속하야 십오일에 광주경찰서
로 보내엇다는데 비밀에 붓침으로 내용은 알수 업스나 광주격문사
건의 혐의인 듯하다다한다.

1931. 8. 23. (동아)

光州學生事件 柳贊玉君 出獄

전남 나주 유찬옥군은 나주실업학교 재학중이던 바 광주학생사건

이 일어나자 그의 동지들을 규합하여 나주학생사건을 일으키는 동
시에 자기가 비라에 대한 책임자가 되었던 일로 광주지방법원에서
유죄판결을 불복하고 대구복심법원으로 고소하였다가 장진홍 옥사
사건에 대하여 옥중 소동을 일으킨 사건으로 가형을 받게 되어 전후
2년간의 형기를 마치고 지난 20일 여러 친지의 환영리에 건전한 몸
으로 출감하였다.

1931. 11. 25. (조선)

十餘年의 歷史가진 勞働夜學院閉鎖命令

학교로도 인가한함은 무슨 리유

四百名 學生街路彷徨

　전남 라주군 로동 야학원(全南 羅州郡 勞働夜學院)은 십유여년의
력사를 가지고 이래 배우려야 배울 수 업는 무산아동을 교육하야 그
간　천여명의 졸업생까지 내엿스며 요새 와서는 사백명의 재학생을
수용하야 문맹퇴치에 로력하야 오든바 지난 륙월경에 라주군수(羅州
郡守)로부터 관계자 송상긔(宋相基)씨를 초청하야 현재의 야학원은
각종 학교령에 위반됨으로 군당국으로서는 묵인할 수 업스니 사립
학교로 명의를 변경하는 동시에 긔금을 적립하고 경상비를 확립하
야 완전히 경영하라함으로 이런 연유를 야학 당무자에게 전달하고
사립학교설립에 대하야 우려하고 잇는 바 이를 들은 라주 정봉호(鄭
鳳鎬)씨로부터 긔금전부와 경상비 전부를 자담하고 박봉일(朴奉一)씨
는 교실 긔타 비품 급 긔지 쏘는 운동장까지 자담케되어 박봉일씨는
불일 완성할 목적으로써 재목을 구입함과 동시에 인부와 목수로써
치목을 완료하고 쏘 긔지와 운동장을 매입하야 입수 상량하려든 차
에 군당국에서는 사립학교도 허가할 수 업슨즉 건축을 중지하라 함
으로 부득이 공사를 중지하고 이에 대한 선후책을 강구하든 바 지난
이십일 오후 두시에 군당국으로서 야학 폐쇄명령장(夜學閉鎖命令狀)
을 야학책임자에게 교부되어 라주의 공긔는 자못 비등하다한다.

1931. 12. 21. (동아)

노동조합원 전부를 석방

전남 라주 로동야학원은 도당국으로부터 폐쇄명령을 바든 동시에 라주 경찰서에서는 서원을 비상소집하야 련일 경계한다 함은 루보한바와 갓거니와 그동안 야학관계자 及 주의인물의 가택을 일일이 수색하는 한편 로동조합원 朴太郎(26) 朴成來(21) 李二깝 외 7,8인을 검거 취조한다는데 그 내용을 듯건데 이상 조합원들은 로동야학원 폐쇄에 대하야 울분한 생각을 가지고 라주 각 관공서를 방화파괴하려는 계획을 세우고 모의하는 도중에 사태가 미리 발각되여 체포되엇든 바 사실의 증거가 박약함으로 지난 15일 오후 전부 석방하얏다한다.

1932. 4. 20. (동아)

光州學生事件 在監者 10여명 同盟斷食

[광주] 광주학생사건으로 광주형무소에서 복역중인 오쾌일(吳快一)은 5,6일 동안이나 단식하고 있다 함은 기보하였거니와 지난 17일에는 동사건의 범인 10여명이 동맹단식을 단행하였다고 한다. 이에 대하여 모 방면의 전하는 말을 듣건대 오쾌일이가 단식하였다는 소식을 알게 된 그들은 오군에게 동정하는 동시에 형무소당국자에게는 「수인들의 대우를 개선하라」라는 외에 수항의 요구조건을 제출하였다고 한다.

◇ 별일은 없오. 藤村형무소장 談

별항 보도한 바의 동맹단식 사건으로 등촌 광주형무소장은 왕방한 기자에 대하여 동정하는 의미로 몇 사람이 단식하였으나 오모가 재작일부터 다시 밥을 먹었으므로 별 일은 없을 줄로 생각합니다 운운.

1932. 11. 15. (동아)

某種 秘社 또 綻露

각지에 검거선풍

全南道內는 물론 대구, 경성에까지

[광주] 광주경찰서에서는 지난 3일 새벽에 비상소집을 하여가지고
시내 각처에서 좌경 청년 남녀 10여명을 검거하여 취조한다 함은 본
지에 기보하였는 바 이 사건을 전후하여 4년 전의 광주학생사건에
관계되었던 인물들을 각지에서 검거하였다는데 경성에서 장석천(張
錫天) 대구에서 임종근(林鍾根) 유치오(兪致五) 장매성(張梅性) 양 등
을 검거하였다고 하며 전남도내에서도 나주에서 오쾌일 외 수명, 장
성에서 나승규 외 수명, 장흥에서 왕재일 외 수명을 검거한 것을 보
건대 광주학생사건에 관계되었던 인물들이 다시 어떠한 비밀결사를
하여가지고 운동하여 나오던 것이 발각된 듯하다고 한다.

1932. 11. 21. (매신)

羅州署員이 入城하야

青年一名을 檢擧

동대문서의 응원어더 대활동

避身中의 思想犯?

전남라주서 고등계(羅州署 高等係) 형사 二명이 지난 十八일에 돌
연 입성하야 부네 동대문서(東大門署)의 응원을 어더 동 관내에서
김모(金某)(二三)라는 청년을 검거한후 十九일 아츰에 라주로 돌아갓
는데 사건은 비밀에 부치나 탐지한 바에 의하면 모 비밀결사사건의
중심인물로 라남서에서 동지들이 다수이 검거되자 경계망을 버서나
경성방면으로 잠입한 것을 탐지한 것인듯하다고 한다.

1932. 11. 22. (동아)

京城에서 檢擧

羅州로 護送

(라주) 전남 라주서(羅州署)에서 다수 청년을 검거하야 극비밀중에 엄중한 취조를 한다함은 루보와 갓거니와 수일전에는 라주서형사대가 상경하더니 지난 十九일 아츰 八시 四十분 라주역으로 김보섭(金普燮)군을 체포 호송하야 라주서에 방금 류치중이라 하며 그동안 라주서에 인치중이든 오쾌일(吳快一)은 남평주재소(南平駐在所)로 지난 十九일 아츰에 호송되엇다는바 원인은 아즉 발표치 아니함으로 알 수 업스나 모도가 전번 광주 학생사건 관계자라 한다.

1932. 11. 30. (동아)

李榮範逮捕

事件漸擴大 ?

(라주) 전남 라주서(羅州署)가 동경찰부의 명령이라고 다수 청년을 검거하엿다함은 이미 보도한바어니와 근일은 점점 확대되여 공산면 리영범(公山面李榮範)군을 지난 二十五일 새벽에 十여 경관이 그 주택을 포위 체포하는 동시에 가택을 엄중수색하엿스나 별소득은 업섯다 하며 리군은 라주서에 인치되엿다한다.

1932. 11. 30. (동아)

羅州青年檢擧

(라주) 전남 라주서(羅州署)가 다수청년을 검거하얏다함은 이미 보도한바어니와 김형호(金亨浩) 김보섭(金普燮) 량씨를 석방하고 박공근(朴恭根) 최희선(崔熙善)은 라주서에 아즉 두고 오쾌일(吳快一)은 남평 주재소에 두고 류찬옥(柳贊玉) 박세공(朴世共)은 전남 경찰부로 이송되엿다는데 사건은 절대비밀에 부침으로 아즉 알수가 업다고 한다.

1932. 11. 30. (동아)

李榮範 被逮 나주 사건 漸확대?

전남 라주서가 동 경찰부의 명령이라하고 다수 청년을 검거하엿다함은 이미 모도한 바어니와 근일은 점점 확대되여 공산면 李榮範군을 지난 25일 새벽에 10여경관이 그 주택을 포위체포하는 동시에 가택을 엄중 수색하엿스나 별소득은 업섯다하며 李군은 라주서에 인치되엿다한다.

1932. 12. 2. (동아)

羅州崔君釋放

(라주) 전남 라주서(羅州署)에서 다수 청년을 계속 검거한다함은 이미 보도한바어니와 지난 二十九일 최희선(崔熙善)군 만은 무사석방되엿다고한다.

1932. 12. 20. (동아)

쓰 八名檢擧

羅州事件擴大

內容은 農民會關係

(라주) 전남 라주(羅州)에서 다수 청년을 검거하야 광주 라주등 각서가 엄밀한 취조를 월여동안이나 한다함은 이미 보도한바어니와 지난 十七일 광주형사대(光州刑事隊)가 라주에 출장하야 라주서와 협력하야 지난 十八일 새벽부터 활동을 개시하더니 송상긔(宋相基) 서형윤(徐炯允) 손동출(孫東出)외 로동자 五六인을 검거하는 동시에 가택을 일일히 수색하얏다는데 별로 소득은 업섯다하며 검거된 인원은 라주 각 주재소에 분치하얏다 내용은 절대비밀에 부침으로 자세히 알 수 업스나 그전 로동회간부들이 만히 석기어 잇슴으로 보아 혹 로동회에 관한 사건이나 아닌가하고 추측된다고 한다.

1932. 12. 21. (동아)

山浦서도 檢擧

(라주) 전남 라주군 산포면 덕례리(羅州郡山浦面德禮里)에서 지난
十九일 한홍택(韓洪澤)외 五명이 검거되엇다는데 내용을 비밀에 부
침으로 자세히 알수 업스나 듯는 바에 의하면 농민회(農民會)사건이
라고 한다.

1932. 12. 24. (조선)

羅州事件擴大

全南勞農協會關係?

전남 라주(羅州)에서 다수의 청년을 검거하여 엄밀한 취조를 한다
함은 이미 긔보한 바어니와 작십구일에는 동아일보 라주지국장 량
장주(梁長柱)씨를 검거하는 동시 금이십일 새벽에는 고동자 다수를
검거하며 가택까지 수색하엿스나 아모런 소득은 업섯다는데 역시
절대 비밀에 부침으로 알수업스나 금춘 이래 전남적으로 확대되는
로농협회(勞農協會) 事件에 관련되지나 아니하엿는가 관측된다한다.

1932. 12. 24. (조선)

李恒發 押來

전남 라주 검거사건(羅州檢擧事件)이 점차 확대되는데 따라 작 십
구일에는 경성(京城)서 리항발(李恒發)씨도 검거하여 라주서로 압래
(押來)하엿다.

1932. 12. 25. (동아)

李恒發羅州署로

(영산포) 지난 십구일 경성에서 체포된 리항발(李恒發)은 지난 十
九일 오전 八시 四十분 라주(羅州)역착 렬차로 라주서에 압송해왓다
고 한다.

1932. 12. 25. (동아)

逐日擴大되는

羅州檢擧風

又復三名檢擧

(영산포) 전남 라주서(羅州署)와 광주서(光州署)에서는 월여전부터
합력 활동하야 다수 청년을 검거취조중이라 함은 루보한바와 갓거
니와 지난 十九일에는 량장주(梁長柱)를 검거하는 동시에 가택을 엄
밀히 수색하얏스며 동 二十일에는 협동상회(協同商會) 점원 량상하
(梁相夏)외 읍촌을 통하야 다수 청년을 검거하고 엄밀한 취조를 하
는 중이라는바 사건은 비밀에 부침으로 자세한 내용은 알 수 업스나
월여동안이나 급전 직하로 계속되는 검거풍은 어대까지 미칠는지
측일 확대되는 세에 일반은 경악함을 마지 안는다고 한다.

1933. 2. 15. (동아)

羅州事件은 不日內送局

청년남녀 三十여명을 검거

留置取調五個月餘

(광주) 전라남도 경찰부 고등과의 지휘를 바더 가지고 작년 十월
부터 다수 청년을 검거하엿다가 엄중히 취조중이던 라주경찰서(羅州
警察署)에서는 모종의 비밀결사가 잇섯다는 것을 발견하야가지고 三
十여명 청년남녀를 검거하야다가 해가 박귀이도록 우금 五개월동안
엄중히 취조중이던바 사건은 一단락을 지여 불일간 송국(送局)하리
라는데 그동안 광주경찰서에 맛기여두엇든 리영범(李羚範)군은 지난
十三일에 무사히 석방되엇다고 한다.

1933. 2. 22. (동아)

取調三個月

羅州事件送局

치안유지법 출판법위반으로

赤血雇傭者組合創立

(광주) 작년 十二월 十九일에 라주(羅州) 경찰서에서는 산포면(山浦面) 주재소원의 후원으로 한홍택(韓洪澤) 장순(張淳) 공재원(孔在瑗) 등을 체포하는 동시에 그 가택을 수색하야 만흔 서류를 압수한 이래 三개월 동안을 엄중히 취조하든중 지난 二十일에는 치안유지법위반 출판법위반이라는 죄명으로 한홍택은 긔소, 장순 공재원은 불긔소 의견을 부처서 광주지방법원 검사국으로 一건의 서류와 가티 송치하얏다. 그들은 라주군 산포면에서 농민운동을 하는 동시에 적혈고용자조합(赤血雇傭者組合)이라는 비밀결사를 조직하야 가지고 맹렬히 투쟁하다가 경찰에 발견되어서 체포되엇다고 한다. 한홍택은 경도 립명관 대학예과(京都立命館大學豫科)를 중도 퇴학하고 돌아와서 동지 장순 공재원등과 가티 작년 九월중에 적색농민조합을 조직하야 표면에는 합법단체인 듯이 보엿스나 그 리면에는 五十여명 조합원에게 맑스주의를 주입하얏다고 한다.

1933. 2. 25. (동아)

羅州勞動組合事件

取調四個月만에 送局

四名은 起訴, 一名은 起訴中止

(광주) 전라남도 광주 경찰서에서는 작년 十一월 十一일에 도경찰부의 지휘를 바더가지고 전남로동협의회 재건운동사건으로 류찬옥(柳贊玉)이를 검거하여다가 취조하던중 의외에 라주로동조합의 푸락시온 운동이 잇섯슴을 발견하고 十二월 十八일에는 그 관계자 전부를 一제히 검거하야다가 해가 박구이도록 우금 四개월동안 엄중히 취조하던중 지난 二十三일에는 치안유지법위반으로 一명은 긔소중지 四명은 긔소 八명은 긔소유예의 의견을 부처서 광주지방법원 검사국으로 송치하엿다고 한다. 그네들은 광주 로동조합이라는 표현단

체를 조직하여가지고 그 리면에 잇서서는 로동쟁의 세금불납 동맹
등을 조종하엿슬뿐외라 적색로동조합 결성위원회를 준비중에 잇다
가 경찰에 발견되어 그와 가티 검거하게 되엿다는데 이사건의 관계
자의 주소와 씨명은 이러하다고 한다.

求禮郡 內山面 龍山里 金圭烈(四一)(方今露領滯在로 起訴中止)

羅州郡 羅州邑 本町 朴世共(二七)

　　同 榮山面 大基里 李恒發(四三)

　　同 羅州邑 本町 孫東出(二二)

　　同 公山面 東村里 柳贊玉(二一) (以上四名은 起訴　吳快一　外

　　七名은 起訴猶豫意見)

1933. 2. 25. (동아)

金圭烈 지휘로

로령서 입국

비밀결사를 조직하기까지

주범 朴世共의 활동

별항 보도한 바의 라주 로동 조합을 조직하게 되기까지의 경로를
조사하여 보건대 주범 朴世共이가 소화 4년 5월에 로령 포렴사택에
서 조선 공산당 재건위원회의 책임자 金圭烈이와 추종하는 동안에
그 주위에 공명하게 되엇다고 한다. 그리하야 소화 5년4월에는 金圭
烈의 지휘를 바더가지고 보행으로 1개월 동안을 걸어서 5월에야 비
밀히 입국하얏다고한다. 그리하야 경성에 두류하면서 각 방면의 정
세를 살펴보앗스나 실망 상태이엿슴으로 8월에는 고향인 라주로 돌
아왓다고 한다. 그리하야 조선사회 운동에 만흔 경험을 가지고 잇는
李恒發이와 가티 여러차례 합의를 거듭하다가 孫東出이와 3인이 악
수하야 가지고 소화 6년 4월에는 라주로동조합이라는 표현단체를
조직하여 가지고 리면에는 각 방면의 운동을 전개시겻다는데 그 부
문은 이러하다고 한다.

자유노동부, 농민부, 청년부, 정미부, 투쟁부, 운수부, 교양부, 재정부

1933. 2. 26. (중앙)

나주 共黨사건

12명 송국

4명 구속, 8명 불구속

(光州) 지난 21일 라주로부터 청년 11명을 서류와 함께 광주디방법원 검사국에 송치하얏는데 그 내용은 소화 4년 봄에 朴世共이가 해삼위 신안촌에서 로동을 하던 중 조선 공산당 재건 운동회의 金圭烈을 만나 1년동안 기거하던중 전긔 會의 간사가 되어 주의선전의 명령을 밧고 육로로 경성에 와 잇다가 고향인 라주로 돌아온 후 6년 3월경에 철저한 좌익운동을 할 작정으로 리항발(李恒發) 손동출(孫東出) 유찬옥(柳贊玉) 등과 악수한 후 라주 로동조합을 건설하고 부서를 8부로 난우어 자유노동부, 농민부, 청년부, 정미부, 투쟁부, 운수부, 교양부, 재정부 등으로 하고 각각 책임자를 맥기어 우수분자 양성에 노력하는 일방 프로손운동과 **을 입수한 후 라주읍 학교공사중 **** 공사의 임금인상운동에 실패하고 그후 농민 야학을 개설하얏으나 역시 큰 효과를 엇지 못한 후 작년 11월 3일의 전남로농협의회 재건 운동에 관련되어 同 12월 18일에 12명이 일시에 체포되어 엄중 취조를 밧고 드디여 金圭烈을 제한 12명중 다음의 4명은 구속 송국하고 외 8명은 불구속으로 송국하얏다 한다.

나주군 나주읍 본정 朴世共(二七), 나주군 영산면 대기리 李恒發(四一), 나주군 나주읍 본정 孫東出(二一), 나주군 공산면 동촌리 柳贊玉(二一) 외 8명.

1933. 3. 2. (동아)

羅州梁氏釋放

(영산포) 모사건의 혐의로 지난 十二월에 나주서(羅州署)에 피검된 량장주(梁長柱)씨는 이래 二개월여 나두고 엄밀한 취조를 바더오든 바 지난 二十五일에 무사 석방되엇다고 한다.

1933. 3. 8. (동아)

나주 노조 사건

3명만 공판에

1명은 기소유예

작년 11월부터 광주 경찰서에서는 광주 로동 조합간부들을 위시하야 30여 청년을 검거하여다가 엄중히 취조하던 중 朴世共, 李恒發, 孫東出, 柳贊玉 네명은 치안 유지법위반 及 출판법 위반이라는 죄명을 부처서 광주 지방법원 검사국에 송치하는 동시에 吳快一 외 7명은 귀소유예의 의견을 부처서 석방하엿다고 함은 본지에 긔보하엿거니와 송국된 4명은 동 검사 岩城 사상검사가 엄중히 취조하여 오던 중 지난 6일에는 朴世共, 李恒發, 孫東出 등 3명은 동 법원 공판에 부치엇다고하며 柳贊玉이는 긔소유예로 석방되엇다고 한다.

1933. 3. 9. (동아)

羅州勞組事件의

三名만 公判에

◇ 一名은 起訴猶豫

(광주) 작년 十一월부터 광주경찰서에서 광주 로동조합 간부들을 위시하야 三十여명 청년을 검거하여다가 엄중히 취조하던중 박세공(朴世共) 리항발(李恒發) 손동출(孫東出) 류찬옥(柳贊玉) 네명은 치안 유지법위반급 출판법위반이라는 죄명을 부처서 광주지방법원검사국에 송치하는 동시에 오쾌일(吳快一)외 七명은 긔소 유예의 의견을 부처서 석방하엿다고 함은 본지에 긔보 하엿거니와 송국된 四명은 동검사국 암성(岩城)사상검사가 엄중히 취조하여 오던중 지난 六일

에는 박세공 리항발 손동출 등 三명은 동법원 공판에 부치엿다고 하며 류찬옥이는 긔소유예로 석방되엇다고 한다.

1933. 3. 16. (동아)
韓洪澤公判
오는 十七일에
(광주) 라주군 산포면(羅州郡山浦面)에서 농민운동을 하다가 十여명 청년이 경찰에 검거되어 엄중한 취조를 밧다가 한홍택(韓洪澤) 한 명만이 치안유지법 위반이라는 죄명하에 광주지방법원 검사국으로 송치되엿다고 함은 본지에 긔보하엿거니와 그동안 암성(岩城)사상검사의 취조를 밧고 잇다가 공판에 넘기게 되어 오는 十七일에는 평곡(坪谷) 판사의 주심으로 제一회 공판을 개정한다고 한다.

1933. 3. 16. (조선)
韓洪澤 공판
오는 17일에
라주군 산포면에서 농민운동을 하다가 10여청년이 경찰에 검거되여 엄중한 취조를 밧다가 韓洪澤 한 명만이 치안유지법 위반이라는 죄명하에 광주 지방법원 검사국으로 송치되엿다고 함은 본지에 긔보하엿거니와 그동안 岩城 사상 검사의 취조를 밧고잇다가 공판에 넘어오게되여 오는 17일에는 坪谷판사의 주심으로 제 1회 공판을 개정한다고 한다.

1933. 3. 19. (동아)
羅州農組事件
一回公判開廷
(라주) 전남 라주군 산포농민조합(羅州郡山浦農民組合) 간부 한홍택(韓洪澤)에 대한 공판은 지난 十七일 광주지방법원(光州地方法院)

一호 법정에서 판곡(坂谷)재판장 주심과 암성(岩城)검사 입회하에 제
二회 공판이 열엿섯는데 피고 한홍택은 공산주의등 선전사실은 전
부가 경찰의 고문에 견대지 못하야 시인하게 된 것을 주장하매 재판
장은 직권으로 피고인의 부친 한백언(韓百彥)외 三인을 증인으로 부
르겠다는 것과 차회 공판 긔일을 오는 二十四일로 하기로 선언하고
폐정하얏다 한다.

1933. 3. 26. (동아)

韓洪澤에게

一年六月懲役

(라주) 라주군 산포면(羅州郡山浦面)에서 농민운동을 하다가 경찰
에게 체포되어 치안유지법위반이라는 죄명으로 법정에서게된 한홍
택(韓洪澤)은 그 사실의 대부분을 부인하엿슴으로 재판장은 증인을
심문하기로 하엿다고 함은 본지에 긔보하엿거니와 예정과 가티 지
난 二十四일에는 강등(江藤) 재판장의 심리로 속행공판을 개정하고
증인심문이 쯘난후 암성(岩城) 검사로부터 징역 一년 六개월의 구형
이 잇슨후 오는 三十一일에 언도하기로하고 폐정하엿다고 한다.

1932. 3. 26. (동아)

羅州農組事件

一年六個月의 求刑

(라주) 전남 라주군 산포 농민조합(羅州郡山浦農民組合)간부 한홍
택(韓洪澤)(二*)이 적화선전의 혐의로 광주(光州)지방법원에서 지난
十七일 제一회 공판이 개정되엇다함은 이미 보도한바어니와 지난
二十四일 제二회 공판이 동원 제一호 법정에서 열이엇는대 치안유
지법 위반으로 암성검사(岩城檢事)는 一년 六개월의 구형을 하엿다
는대 평곡판사(坪谷判事)는 래 二十七일 판결언도할 것을 선언하고
폐정하엿다 한다.

1933. 3. 26. (동아)

韓洪澤에게

1년 6개월 징역

라주군 산포면에서 농민운동을 하다가 경찰에게 체포되여 치안유지법위반이라는 죄명으로 법정에 서게된 韓洪澤은 그 사실의 대부분을 부인하얏슴으로 재판장은 증인을 심문하기로하엿다고함은 본지에 긔보하엿거니와 예정과 가티 진난 24일에는 江藤재판장의 심리로 속행 공판을 개정하고 증인 심문이 끗난 후 岩城검사로부터 징역 1년 6개월의 구형이 잇슨 후 오는 31일에 언도하기로하고 폐정하엿다고 한다.

1933. 3. 27. (동아)

나주 농조 사건

1년 6개월 구형

전남 라주군 산포농민조합 간부 韓洪澤이 적화선전의 혐의로 광주지방법원에서 지난 17일 제 1회 공판이 개정되엇다함은 이미 보도한 바어니와 지난 24일 제 2회 공판이 同원 제 1호 법정에서 열이엇는대 치안 유지법 위반으로 岩城검사는 1년 6개월을 구형하엿다는대 坪谷판사는 래 27일 판결언도할 것을 선언하고 폐정하엇다한다.

1933. 3. 30. (동아)

朴양을 체포

나주 사건 확대

전남 나주 청년이 다수 검거되엇다 함은 이미 보도한바어니와 지난 27일 새벽에는 朴榮敏양과 그 아우 박*愼이라는 소년까지 검거되엿다는데 내용은 절대 비밀에 부침으로 아직 알수 업다고한다.

1933. 3. 30. (동아)

青年一名檢擧

羅州署에서

(라주) 전남 라주군 공산면(羅州郡公山面) 리현수(李鉉洙)외 다수의 청년을 라주서(羅州署)에서 三개월전에 검거하얏다함은 본보에 보도한바이어니와 지난 二十四일에 쏘다시 라주군 본양 농민조합(本良農民組合)간부인 오정근(吳正根)을 검거하야 취조중이라는데 내용은 비밀에 부침으로 아즉 알수 업다고 한다.

1933. 3. 30. (동아)

羅州勞組事件

卅一日公判

(라주) 전남 라주로동조합(羅州勞動組合) 간부 박세공(朴世共) 리항발(李恒發) 손동출(孫東出)등이 적화선전을 하얏다는 혐의로 지난 二월중순경 광주검사국(檢事局)에 송국하얏다 함은 수차 보도한 바어니와 치안유지법위반으로 오는 三十一 광주지방법원에서 공판이 개연된다고 한다.

1933. 4. 1. (동아)

나주 농조 사건

韓洪澤 執猶

전남 라주 로동조합 간부 韓洪澤을 적화선전을 하얏다는 혐의로 치안 유지법 위반으로 광주 지방법원에서 1년 6개월 구형을 하얏다 함은 이미 보도한 바어니와 지난 24일 同 법원에서 6개월 징역언도에 4년간 집행유예로 출감되엇다고 한다.

1933. 4. 2. (동아)

나주 농조 사건

6일로 공판 연기

　로령 포염사덕(露領浦鹽斯德)에서 조선 공산당 재건협의회의 책임자 金圭烈의 지휘를 받아가지고 조선에 침입하야 가지고 라주로동조합을 창립한 후 그 이면에서 적화운동을 하얏다는 朴世共의 공범 李恒發, 孫東出 등에 대한 치안유지법 위반의 제 1회 공판을 3월 31일에 坪谷판사의 심리와 岩城검사의 간여로 개정하기로 하얏는데 재판소 형편에 의하야 오는 6일로 연기하얏다고 한다.

1933. 4. 2. (동아)

羅州農組事件

韓洪澤 執猶

　(라주) 전남 라주군 산포면 농민조합(羅州郡山浦面農民組合) 간부 한홍택(韓洪澤)은 적화선전을 하엿다는 혐의로 치안유지법 위반으로 광주지방법원(光州地方法院)에서 一년 六개월 구형을 하엿다함은 본보에 보도한바어니와 지난 二十四일 동법원에서 六개월 징역언도에 四년간 집행유예로 출감되엇다고 한다.

1933. 4. 2. (동아)

羅州勞組事件

六日로 公判延期

　(광주) 노령 포염사덕(露領浦鹽斯德)에서 조선공산당재건협의회의 책임자 김귀열(金貴烈)의 지휘를 받아가지고 조선에 잠입하야가지고 라주노동조합(羅州勞動組合)을 창립한후 그 이면에서 적화운동을 하얏다는 박세공(朴世共)과 공범 이항발(李恒發) 손동출(孫東出) 등에 대한 치안유지법위반의 제一회 공판을 三월 三十一일에 평곡(坪谷)검사의 심리와 암성(岩城)검사의 간여로 개정하기로 하얏는데 재판소 형편에 의하야 오는 六일로 연기하얏다고 한다.

1933. 4. 8. (동아)

羅州勞組事件

李恒發等公判

檢事는 最高二年求刑

(나주) 전남 나주로동조합(羅州勞動組合)간부 박세공, 이항발, 손동출(朴世共, 李恒發, 孫東出)등이 표면에는 합법 운동을 하는체 하고 그 내용에 잇서서 공산운동을 하엿다는 혐의로 광주형무소(光州刑務所)에 수감되어 잇든바 지난六일 오전十一시 광주지방법원 제一호 법정에서 평곡판사(坪谷判事) 주심하에 제一회 공판이 열리엇는데 피고등은 대개 사실을 시인하고 입회 하엿든 암성검사(岩城檢事)로부터 박세공, 이항발에게 징역 二년, 손동출에게 一년반 구형이잇슨 후 평곡판사가 오는八일 판결을 언도할 것을 선언하고 오후 二시경에 폐정하엿다고 한다.

1933. 4. 10. (동아)

李恒發等에

二年役 言渡

한명은 집행유예 五年에

羅州勞組事件 判決

(라주) 전남 라주 로동조합 간부 朴世共, 李恒發, 孫東出 등이 표면에는 합법운동을 하는 채하고 내용에 잇서서는 공산주의 선전을 하엿다는 혐의로 그동안 수감되엇다가 지난 6일 광주지방법원에서 朴世共, 李恒發에게 2년, 孫東出에게 1년 반의 징역을 구형하엿다 함은 이미 보도한 바어니와 지난 6일 오전 10시반 광주 지방법원 제 1호법정에서 山*검사 간여하에 坪谷판사로부터 구형대로 朴, 李 兩인에게 2년 징역을 언도하고 孫에게는 1년 반 징역에 5년간 집행유예를 언도한 후 오전 11시반경 폐정하엿다는데 피고 등은 공소권을 포기할 모양이라한다.(동아)

1933. 5. 1. (동아)

전남 나주군 공산면 李亨範, 본양면 吳正根 등이 나주서에 모 사건의 관련으로 검거되엇다함은 기보한 바어니와 지난 12일경에 검거된 이래 4,5개월의 세월을 유치장에서 지내다가 지난 4월 28일에야 무사히 석방되엇다는데 소위 사상 관계로 3,40명이 검거되엇든 나주 대 검거사건은 이것이 최종으로 일단락지엇다고 한다.

1933. 8. 10. (동아)

나주서 대 긴장

다수 야학생 被檢

전남 나주서 古田島 고등계 주임은 지난 7일 저녁부터 영산·세지 등 주재소원 다수를 인솔하고 세지면 죽동리 羅順祚씨 가택과 그 동리에 잇는 야학교 교사 등을 수색하는 동시에 13,4명의 야학생을 검거하야 8일 아침에 나주서로 호송하얏다는대 마침 羅順祚씨는 출타하엿슴으로 체포치 못하엿다하며 사건의 내용은 절대 비밀에 붙이므로 자세히 알 수 업스나 전기 羅씨가 야학을 허가없이 설립하야가지고 수 년동안 모 주의 선전을 하엿다는 혐의라고 한다.

1933. 8. 11. (조선)

羅州署 突然 緊張 師弟十四名 檢擧

高等係員 總動員으로 農民夜學을 掩襲하야

전남 나주서(全南 羅州署)에서는 최근 아연 긴장하여 수차 형사대를 파견하여 관내 세지면(細枝面)방면을 엄중 경계 중이든바 지난 팔일에는 고전도(古田島)고등계 주임이하 고등계원이 총출동하야 다수 청년을 검거하여 라주서에 류치하고 엄종 취조중이라는 바 이제 탐문한 바에 의하면 라주군 세지면 죽동리(羅州郡 細枝面 竹洞里)에는 삼년 전부터 동 리 사는 리순조(羅順祚)(二二)등이 농민야학을 힘써 지지해 나왓다는 바 금번에 동야학이 당국의 주목을 끌게

된 내용은 극비밀에 부침으로 알수 업스나 전긔교사 라순조가 동야
학생도들에게 소위 불온사상을 고취하엿다는 혐의인 듯하며 동일에
검거된 청년들은 전긔 나순조와 동야학생도 십삼명이라는 바 그들
은 목하 라주서에서 엄중취조 중인데 일반은 사건의 진정을 자못
주시한다.

1933. 8. 12. (동아)

羅順祚씨 被捉

전남 나주서에서 세지면에 잇는 야학생 10수인을 검거하엿다 함
은 이미 보도한 바어니와 세지면 송제리 羅碩鉉씨를 지난 7일 검거
하여 극 비밀리에 엄중한 취조를 하는 중이라는대 절대비밀에 붙이
므로 자세히는 알 수 없으나 同씨가 다년간 일본에 잇엇든 관계로
보아 모종의 사상관계사건이나 아닌가하고 주지된다고 한다.

1933. 9. 8. (조선)

思想關係로 머슴 等 檢擧

羅州에서 三名을

전남 라주군 세자면 죽동리(全南 羅州郡 細枝面 竹洞里)에 어린아
이들에게 불온한 선전을 하엿다는 혐의로 라준조(羅順祚)란 청년과
어린아이들 십여명을 검거하엿다는 것은 긔보한 바어니와 오일에는
라주서(羅州署)에서는 다시 활동을 개시하야 전긔주소에서 머슴 방
모(方某)외 이명을 또 검거하엿다는데 역시 머슴들에게도 불온한 선
전을 하엿다는 관계라 한다.

1933. 10. 20. (조선)

羅州에서도 靑年多數 檢擧

全南警察部指揮로

전남라주(全南羅州)에서 전남도경찰부(警察部) 중도경부(中島警部)

가 라주서원을 총동원식혀 지난 십팔일 새벽부터 본보나주지국장 오쾌일(吳快一) 손동출(孫東出) 리덕인(李德仁)등외 이삼청년을 검거 하는 동시에 가택 수색을 하얏다는대 사건내용을 절대 비밀에 부침 으로 아즉 알수업스나 도경찰부의 활동한 것으로 보아 자못 중대시 된다고 한다.

1933. 10. 24. (동아)
光州, 羅州, 靈岩에서
卄餘靑年을 檢擧
某種의 秘密結社가 綻露된 듯
全南警察猛活動中

(광주) 지난 十八일 새벽에 광주경찰서에서는 도 경찰부의 지휘를 받어가지고 광주 시내에서 강영석(姜永錫)외 七, 八명의 청년을 검거 하엿다고 함은 본지에 기보하엿거니와 역시 十八일에 영암(靈岩)군 에서도 문모(文某)외 五명을 검거하엿으며 나주(羅州)군에서도 오모 (吳某)외 六명을 검거하엿으므로 그 수효가외 二十명에 달한다고한 다. 그런데 경찰당국에서 사건내용을 절대비밀에 붙이고 활동중이므 로 그 자세한 내용은 알수없으나 작년봄에 전남노동협의회(全南勞動 協議會)사건이 발각되어 도내의 운동자 대부분이 방금 예심중에 잇 으므로 전남의 운동이 침체상태에 빠져잇음을 느끼고잇는 그들은 다시 모종의 비밀결사를 조직하야가지고 공산주의 운동을 진작시키 려고 책동중에 잇다가 발각되지 아니하엿는가 싶하다고 하며 경찰 당국의 서드는 모양을 보건대 검거의 손길이 다시 어느 방면까지 확 대될는지 알 수 없다고한다.

1933. 12. 7. (조선중앙)
일본 共黨 巨頭와 연결
서당에서 적화운동

라주세지면에서 잡히어

주모자 등은 송국

라주군 세지면에 무허가의 서당을 적화되엿다고 인하야 소관서는
곳 그 서당의 교사 급 관계자를 검거하고 엄중취조한다함은 당시 본
지에 긔보한 바와 갓거니와 그 후 취조는 대체 맛친 듯하나 사건 내
용은 극비밀에 부쳐 알길이 업스나 들린 바에 의하면 당시 검거된
인물은 교사인 同面 죽동리 羅順祚 외 10여명으로 그 후 대부분 석
방되엿스나 약 2,3명은 신체구속으로 검사국에 송치할 듯 하다하며
그들의 활동범위는 전긔 주모자 등은 일본 공산당원 모와 연락을 취
하고 학도들에게 좌익의식을 주입, 적화분자의 양성 기타 좌익 좌익
서적 **등이엿다고 한다.

1933. 12. 14. (매신)

羅州共產黨事件

十二日全部送局

치안유지법위반으로

(光州) 지난 九월 二十일경에 라주경찰서(羅州警察署)에서는 적색
분자(赤色分子)들의 암약(暗躍)함을 탐지한바 잇서 나주군 세지면 송
제리(羅州郡 細枝面 松提里)에는 일본공산당(日本 共產黨) 라석현(羅
碩鉉)(二三)과 동면 죽동리(同面 竹洞里)에 사는 라순조(羅順祚)(二三)
량명을 검거하고 이어서 관계자 七명을 검거하야 비밀리에 취조를
거듭타가 十二일 전긔 二명은 구속(拘束)되고 외 七명은 불구속(不拘
束)대로 치안유지법위반(治安維持法違反)으로 광주검사국(光州檢事
局)에 일건 조서와 함께 송국되엿다고 한다.

1933. 12. 14. (동아)

兩名을 송국

전남 나주서에서 지난 8월 7일 세지면 죽동리 야학에서 불온 교

수를 하엿다는 혐의로 교원과 야학생과 머슴 등 15,6인을 검거하야 5개월동안이나 엄중한 취조를 계속하든바 다른 사람은 다 석방하고 주요인물로 입증된 羅碩鉉, 羅順祚 두 청년만 지난 12일 치안유지법 위반의 의견으로 광주 검사국으로 1건 서류와 함께 송치하엿다고 한다.

1933. 12. 14. (조선중앙)
나주공산당 사건
13일 전부 송국
치안유지법 위반으로

지난 9월 20일경 나주 경찰서에서 적색분자를 15,6인을 검거한 바 잇서 나주군 세지면 송제리에 사는 일본 공산당 羅碩鉉과 同면 죽동리에 사는 羅順祚 兩씨를 검거하고 이어서 관계자 7명을 검거하야 비밀리에 취조를 거듭하다가 12일 전긔 두 명은 구속하고 긔 7명은 불구속으로 치안유지법으로 광주 검사국에 입건 조서와 함께 송국되엿다 한다.(조선중앙)

1933. 12. 14. (조선중앙)
羅州赤色夜學事件
主犯 二名만 送局
관계자 七명은 불구속
治安維持法違反으로

(光州) 본년 九월경 라준군세지면(羅州郡 細枝面)에 적색서당(赤色書堂)이 잇슴을 탐지한 소관 라주서의 활동으로 주범이하 九명을 검거하야 엄중취조중이라 함은 당시 긔보한바와 갓거니와 지난 十二일 드듸어 주범二명은 구속(拘束) 관계자 七명은 불구속으로 일건서류와 함께 치안유지법위반(治安維持法違反)의 죄목알애 광주검사국에 회부하얏다는데 주범인 라주군 세지면 송제리(羅州郡 細枝面 松

堤里)소생 일본공산당원(日本共産黨黨員) 라석현(羅碩鉉)(二三)과 동
면 죽동리(竹洞里) 라순조(羅順祚)(二三) 량명중 전긔 라석현(羅碩鉉)
은 소화 三년 광농(光農)에 재학중 동맹휴교사건에 관련하야 폭력행
위의 죄목으로 징역 六개월(집행유예 四년간)에 처한후 곳 상경하야
경성중동학교(京城中東學校)에 입학 소화五년 역시 동맹휴학때 퇴교
를 당한후 동지 라순조(羅順祚)와 도동(渡東)한후 전협일반사용인조
합(全協一般使用人組合) 일본공청동맹(日本共靑同盟)에 가입한후 제
대부속병원(帝大附屬病院) 간호부(看護婦) 파업 당시 전협의 삐라 산
포등 또 근 국제(國際)뿔데이 긔아(飢餓) 행진등 종종 투쟁에 가담하
고 소화 七년 五월 드디어 일본공산당(日本共産黨)에 입당하야 경시
청에 검거된 일도 잇섯스며 그후 농민운동의 사명을 밧고 고향에 돌
아와 먼저 돌아온 라순조(羅順祚)의 적색야학(夜學)의 동지 七명과
서로 련관을 취하야 독서회(讀書會) 등을 조직하고 주의 선전 전위
분자 양성획득등 맹활동을 하다가 그와 가티 검거된 것으로 전긔주
범의 七명은 대부분 사상전향으로 그와 가티 불구속으로 일건 서류
만 송국한듯하다고 한다.

1933. 12. 15. (조선)

羅州 竹洞里 夜學 農村赤化事件

檢擧 五個月만에 送局

지난 팔월팔일에 전남라주(全南羅州)경찰서에서는 나주군 세지면
죽동리(羅州郡 細枝面 竹洞里)에 잇는 농민야학교사로 동리 사는 라
석현(羅碩鉉)(二三)외 수명의 청년을 검거하여 엄중 취조중이라 함은
루보한 바어니와 그동안 십수명의 관계자를 인치하여 취조하엿다는
바 내용은 아즉도 비밀에 부침으로 자세한 내용은 알수 업스나 탐문
한 바에 의하면

전긔 주범 라순조(羅順祚)는 근방부락에서 농민야학을 만들어 농
촌의 문맹퇴치에 힘써오면서 암암리에 동지획득과 야학적화를 하엿

다는 혐의로 이래 주목중에 잇든 중 금년 여름에는 전긔 라석현(羅
碩鉉)이가 동경에서 도라오게 됨으로부터 더욱 주목이 집중되여 오
다가 팔월팔일에 돌연히 검거하야 취조중이든바 금월 십이일에야
일단 취조를 마치고 전긔 이명을 치안유지법 위반으로 광주검사국
에 일건서류와 가티 송국하엿다한다.

1934. 1. 9. (동아)

羅州 夜學事件

來甘六日 公判

전남 나주시(羅州市)에서 다수 농민과 머슴들을 검거하야 五, 六개
월을 두고 엄중한 취조를 하든 소위 세지야학사건(細枝夜學事件)은
공산주의를 선전하엿다는 혐의로 나석현 나순조(羅碩鉉 羅順祚) 양
청년만 송국되엿다함은 그 당시에 이미 보도한바어니와 그동안 암
성검사(岩城檢事)의 취조를 마치고 공판에 회부되어 오는 二十六日
광주지방법원에서 치유법위반으로 제一회 공판이 열리리라고 한다.

1934. 1. 25. (동아)

나주 야학사건

來甘六일 공판

전남 나주서에서 다수 농민을 검거하야 5, 6개월을 두고 엄중한
취조를 하는 소임 세지 야학 사건은 공산주의를 선언하엿다는 혐의
로 羅碩鉉, 羅順祚 兩 청년만 송국되엿다 함은 그 당시에 이미 보도
한 바어니와 그동안 岩城검사의 취조를 맛지고 공판에 회부되어 오
는 26일 광주 지방법원에서 치유법 위반으로 제1회 공판이 열리리라
고 한다.

1934. 3. 23. (동아)

林谷 金匡容氏 羅州署에 被逮 事件은 비밀에

(나주) 전남 광주군 임곡면(光州郡 林谷面) 본보 임곡 분국장 김광용(金匡容)씨는 지난 二十일 돌연 임곡 경찰관 주재소원에게 검속되어 즉일 밤차로 나주서에 호송되엇다는데 내용은 절대 비밀에 붙임으로 아직 알 수 없다고 한다.

1934. 3. 24. (동아)

(송정) 전남 나주경찰서(全南 羅州警察署)에서는 지난 十九일경부터 도경찰부 지휘를 받어가지고 삼도, 본량(三道, 本良)방면을 중심으로 하야 다수청년을 검거함과 동시 지난 二十일에는 광주군 임곡면(光州郡 林谷面) 방면까지 손길을 뻣치게 되어 김광용(金匡容)씨를 검거하야 즉시 나주서로 압송하엿다는데 사건 내용은 절대 비밀에 부치므로 자세히 알 수 없으나 방금 전남일대를 중심으로 하야 검거 중에 잇는 사건에 관련된 듯 싶다고 한다

1934. 3. 27. (조선중앙)
主義宣傳嫌疑
師弟八名을 檢擧
三道面松山里松山夜學에서
羅州署嚴重取調中
(羅州) 지난 二十일 새벽에 라주(羅州) 형사대가 삼도면 송산리(三道面 松山里)에 출장하야 그곳 송산야학(松山夜學) 선생과 생도를 검거하야 라주서로 압송하야 엄중취조중이라는데 그 내용은 자세히 알 수 업스나 탐문한바에 의하면 학생들에게 어떠한 주의를 선전한 혐의인듯하다는데 그 피검된 이의 씨명은 여좌하다.
교원 **五 吳甲洙 吳孝根 吳*善
생도 洪昌* 金仁國 **洙 吳点奉.

1934. 9. 30. (조선)

羅州署員大緊張 關係者 家宅搜索

靑年檢擧事件 後報

라주군 다시면 신풍리(羅州君 多侍面 新楓里)에서 청년 림종국(林鍾國)외 십이명을 전남 경찰부 지휘로 검거하고 다시 이십팔일에 한 명을 검거하야 합 십사명을 라주서에 류치하고 엄중 취조중이라함은 긔보한 바와 갓거니와 그후 라주서 고등계원이 총출동하야 관계자 가택을 일제 수색하고 일긔장, 서적, 서신(日記帳, 書籍, 書信) 등을 다수 압수해왓다는데 그중에는 약간의 적색서적이 끼어잇다는 바 내용에 대하야는 일체 비밀에 부침으로 알기 어려우나 배후책 등을 알고저 혈안활동(血眼活動)중이라 함으로 일반의 불안이 점차 커진다고 한다.

1934. 10. 11. (조선중앙)

羅州勞組事件

李恒發出獄

(羅州) 전남라주군 로동조합사건(全南羅州郡勞動組合事件)으로 二년의 형을 밧고 광주형무소(光州刑務所)에서 복역중이든 리항발(李恒發)씨는 지난 八일에 만긔 출옥하얏다는데 원긔가 왕성하다고 한다.

1934. 10. 12. (동아)

羅州勞組事件

李恒發氏出獄

(라주) 전남 나주노동조합(羅州勞動組合) 사건으로 그동안 복역중이던 이항발씨(李恒發)는 二년형을 마치고 지난 八일 다수 한 친지의 출영하에 무사히 출감하야 당일 자기 본적지인 나주군 영산면(榮山面 大基里)로 귀향하였다고 한다.

1934. 11. 7. (조선중앙)

全南警察俄然緊張

青年女性等檢擧

光州木浦等地서 數名을 引致

學生事件關係인가 ?

(光州) 광주학생사건이 잇슨 이래 만 五주년인 지난 三일 전남도 고등과에서는 도내 각서와 련락을 취하야 엄중한 경계를 하고 잇든 바 돌연히 전남도 고등과 중도(中島)경부는 사복을 입고 형사 一명을 대동하고 二일밤 목포에 급행하야 목포시와 련락을 취한후 수사망을 펴고 一방으로 다른 형사는 그날밤에 장성(長城)으로 가고 광주는 동과(同課)로 경부보를 지휘자로 하야 광주서와 협력하야 심야경계에 로력하고 잇는바 三일 아침 광주서원은 시내 대정정에서 김모(金某)라는 인테리풍의 二十四세의 녀성 一명과 三十세 전후의 청년 一명을 검거하야 다가 엄중 취조중이며 또 四일은 송정리방면에서 청년一명을 인치 취조중인데 내용을 탐문한바에 의하면 이번 사건은 학생사건당시 라주(羅州) 방면의 책임자로 상당히 활략하고 잇는 리모(李某)가 당시의 검거망를 탈출 도주한 이래 계속 수색하야 오든바 최근 평양올그의 一원으로 활약하고 잇다가 약 삼개월전부터 전남도내에 잠입하야 학생사건당시의 동지를 찾고 다시 부락 부인회(部落婦人會)창립에서 또는 서당 등에서 잠행운동을 하는 것이 대체로 판명되엿다 하며 다시 리는 지난 七월 二十一일 광주군내 비아(飛鵝)방면으로부터 송정리에 잠입하야 최모(崔某)방에서 옛날의 동지 수명과 중대한 계획을 한사실이엿다 하야 고등과에서는 각서와 련락하야 검거에 로력중이라는데 이사건은 더욱 확대될 모양으로 관측된다.

1934. 11. 19. (동아)

全南 警察部 또 活動

靑年 卅餘名 檢擧
木浦, 光州, 羅州, 長城等地에서
終熄不知의 檢擧 旋風

(광주) 전라남도 경찰부 고등과에서는 어떤 사건의 내용을 탐문하여 가지고 중도(中島) 노(盧) 안등(安藤) 등의 경부가 각각 약간의 부하를 데리고 지난 二일밤 광주를 떠나서 목포(木浦) 장성(長城) 나주(羅州) 등지에 일제히 출동하야 三일 새벽에는 각지에서 모모 청년을 검거하는 동시에 불온문서 다수를 압수하여다가 방금 엄중히 취조중이라는데 총검거자수는 三十여명에 달한다고 하며 사건내용은 절대비밀에 붙이므로 알 수 없으나 광주학생사건에 관계하엿던 이행연(李行衍)이를 중심으로 모종비사를 조직하려고 준비중 미연에 발각될 듯하다고 하며 광주에서는 오영(吳英) 고재준(高在駿) 기타 모모가 검거되엇다고 한다

1934. 11. 22. (조선중앙)

靑年一名檢擧

(羅州) 지난十七일 라주경찰서고등계(羅州警察署高等係)에서는 돌연 리홍대(李洪大)를 검거하야 로안면 주재소(老安面駐在所)에서 취조를 진행중인데 그 내용은 비밀에 붓침으로 자세히는 알수 업스나 광주학생사건(光州學生事件)으로 피신 중에 잇는 라주리모(羅州李某)와의 사건에 련관되지 아니 하엿는가 일반은 추측이 구구하다.

1934. 12. 15. (조선중앙)

改革靑年會事件

林禹澤等送局

光州法院檢局으로

(光州) 전남 라주군 다시면(全南羅州郡多侍面) 림우택(林禹澤) 등은 소화三년 三월경에 개혁청년회(改革靑年會)를 조직하고 그 세포단체

로 사회주의 연구회(主義硏究會) 독서회(讀書會)와 예술구락부(藝術
俱樂部) 등을 조직하고 무산아동(無産兒童) 야학을 하야 농촌청년에
게 주의 선전을 고취하든 중 라주경찰서(羅州署)에 十三명이 검거되
어 엄중 취조중이든바 그간 취조를 맛치고 지난 十二일에 전긔 림우
태외 二명은 광주지방법원검사국(光州法院檢事局)에 송치되엿다 는
데 그들의 성명은 다음과 같다.

  △ 林禹澤 △ 林敬澤 △ 林光澤

1936. 1. 18. (동아)

羅州秘社事件 三名 全部 執猶

(광주) 나주군 다시면 신중리(羅州郡 多侍面 新重里) 림우택(林禹
澤)이하 十六명의 청년이 작년 九월 二十三일 밤에 임씨(林氏) 제각
인 영모정(永慕亭)에서 수백 관중을 모아노코 연극(演劇)하고 잇던
중 나주경찰서에서 현장에 출동하야 그 전부를 검거하여다가 엄중
히 취조한 후 十二월 十二일에는 치안유지법 위반이라는 죄명하에
림우택(林禹澤) 림경택(林敬澤) 림광택(林光澤) 등 三명은 신체구속
기타 五명은 신체불구속으로 광주지방법원 검사국에 송국하엿다고
함은 본지에서 기보하엿거니와 그동안 검사의 취조를 마치고 전기
三명만이 공판에 회부되엿는데 모다 집행유예로 되엿다.

2. 『光州抗日學生事件資料』(風媒社刊, 1979)

「光州中學校生徒對光州高等普通學校生徒爭鬪事件の大要」 (42쪽)

"昭和4년 10월 30일, 나주에서 기차 통학하는 중학교 생도 福田修三(3년생)이 同地方에서 통학하는 동교 생도와 함께 나주역에서 하차하여 개찰구로부터 構外로 나올 즈음, 마침 통로에 一小兒가 놀고 있어 이를 피해 진로를 바꾸었는데, 福田의 바로 뒤에 동 기차로 통학하던 광주공립여자고등보통학교 생도 朴基玉이 2명의 동교 생도와 함께 동인의 동생인 朴準埰외 수명의 고등보통학교 생도 등과 오고 있었다. 일동이 역 구외로 나왔을 때, 박준채는 福田 등에 대해 '무엇 때문에 여학생의 앞에서 왔다갔다하며 모욕적 태도를 취했는가'라고 힐문하면서 두세 마디 문답을 주고 받던 중 마침내 福田과 박준채은 싸움을 벌이기 시작하였는데, 경찰관의 제지에 의해 중단되었다.

그런데 박준채는 다음날인 31일 광주역에서 나주역으로 돌아올 때 福田에 대해 전날의 말싸움을 들어 수명과 함께 福田에 대해 폭행을 가하였는데, 차장의 만류에 의해 점차 해결되었다.

다음 날인 11월 1일 이 사건을 들은 고등보통학교 생도 70여 명, 중학교 생도 백여 명은 광주역에서 귀가할 때 서로 대치하여 불온한 형세를 있었지만 학교 교직원 및 경찰관 등의 제지에 의해 무사할 수 있었다.

11월 3일 명치절이 되어 중학교에서는 명치절의 배하식을 마치고 식후 광주신사에 참배한 생도 다수가 있었는데, 기차 통학생도 참배를 마치고 광주역으로 향하던 길에 광주수기옥정 노상에서 고등보통학교 생도 7,8명과 만났을 때 고등보통학교 생도 중 중학교 생도 재등준부에 부딪치는 자가 있었다. 재등이 이를 힐문한 것이 발단이 되어 쌍방간에 쟁투를 벌이기에 이르렀다. 이를 멀리서 보고 있던 고등보통학교 생도들이 원조를 와서 더욱 늘어나자 중학교 생도들은 동쪽 5정의 광주역으로 도주하였는데 고등보통학교 생도들이 이를 추격하였고 다시 응원을 온 동교 생도 다수가 추가로 광주역에 쇄도하여 전기 중학교 생도 및 동소에서 기차를 기다리고 있던 동교 생도 등을 둘러싸고 이에 폭행을 가하기에 이르렀다."

「狀況摘錄」 (61쪽)

1929년 6월 26일

1. 광주중학교 3년생 近藤靜雄 외 수명은 광주발 열차로 송정리 방면으로 귀가하던 중, 창밖에서 한 조선인이 개를 통채로 굽고 있는 것을 목격하고 '야만이다'라고 혼잣말로 말하였던 바, 부근에 있던 광주고등보통학교 생도 약 30명이 '야만이란 일본 조선인을 모욕하는 것이다'라고 하면서 近藤 등을 포위하고 구타 폭행하자 역원이 이를 제지하여 진정시켰다.

1929년 10월 30일

1. 오후 4시경 전남 나주역 개찰구를 나오던 광주중학 3년생 福田修造는 출구를 소아가 가로막고 있어 걸음을 좌우로 왔다갔다하였던 바, 그 뒤에 광주여고보생 朴熙玉이 따라오다가 주저하고 있는 것을 목격한 朴의 從弟라 칭하는 광주고보 2년생 박준채는 돌연 福田을 붙잡고 '여학생에게 못된 장난을 하는 것은 옳지 않다'고 하면서 면상을 구타하여 쌍방이 싸우는 것을 역 취체 순사에 의해 제지되어 귀가하였다.

10월 31일

1. 박준채는 본일 방과후 동료 수명을 불러 福田과 동차실내에 들어가 발차하자 福田에 대해 어제의 잘못을 꾸짖고 사죄를 요구하고,

일동이 福田을 구타하는 것을 차장이 알고 쌍방을 제지하여 각기 별실에 앉혀 귀가시켰다.

11월 1일

1. 광주역 구내에서 귀가를 위해 열차를 기다리던 중 광주중학 5년생 小山正夫 등은 그 자리에 있던 광주고보생 수명에 대해 화해를 말하였던 바, 고보생은 도리어 반박적 태도를 취하자 중학생측도 분개하여 서로 말싸움이 되었고, 부근에 있던 양교생도는 서로 이에 가담하여 일단을 이루어 그 수가 2백 명에 달하여 서로 대치, 격론을 벌여 장차 큰 일로 벌어질 형세가 되었으나, 급보를 듣고 달려온 경찰관에 의해 진무 해산되어 일이 벌어지지 않았다.

11월 2일

1. 광주고보생은 아침 이래 불온한 정세였지만 표면으로는 사고 없이 지나갔다.

11월 3일

1. 명치절 식 종료후 광주중학 3년생 재등준웅 외 11명은 광주신사를 참배하고 돌아가려고 광주역으로 향하던 도중, 광주고보생 10명이 전방에서 와서 재등에게 부딪쳐 양자가 서로 다투게 되었다. 고보생은 그 수가 5,60명에 달하였기 때문에 중학생은 도망하여 역으로 향하였던 바, 고보생은 각자 곤봉, 돌 등을 가지고 중학생을 뒤쫓아 구타 폭행하고, 역 구내에 도망해 들어간 중학생을 추적, 담장을 넘어서 난입하고 여러 곳에서 격투를 벌였고, 급기야는 제지하는 경찰관에 폭행을 가하는 등 횡포가 끝이 없었는데, 고보생은 점차 그 수가 늘어나 중학생은 선로를 넘어 학교로 피신하였다. 당시 중학생은 그 수가 4,50명, 고보생은 약 2백5,6십 명에 달하였고, 농업학교, 사범학교 생도들도 이에 가세하여 중학교를 습격하기 위해 담양

가도로 향하였던 바, 중학생 또한 기숙사생을 가담시켜 백5,6십 명이
되어 서로 대치하여 일대 난투를 야기하려 하였을 때, 출동한 경찰
관에 의해 해산되었다.

「광주학생사건 및 그 영향」(1929년 12월) (131쪽)

　전라남도 광주공립중학교 및 동지 공립고등보통학교 기차 통학생
은 양교 공히 약 80명쯤 되는데, 종래 통학 도중에 언어의 차이 등
에 의해 누차 말싸움, 폭행 등의 행위가 있어 왔는데, 고등보통학교
생도는 年長 등의 관계도 있고, 평소 민족적으로 횡포한 언사를 농
하고, 중학교 생도 등은 교장의 말을 지켜 다수는 무저항적 태도를
지켜온 관계상 언제나 압도되어 오던 상황이었다. 그러던 중 10월
30일 한 두 기차 통학생생도의 말싸움에 발단되어 이미 기차 통학생
도를 중심으로 하여 동교 생도간에 쌓여온 반감이 폭발하기에 이르
렀다. 11월 1일 양교 생도 약 2백 명은 광주역에서 서로 대치하고 장
차 쟁투를 야기하려 할 즈음 경찰관과 양교 교사들의 진무, 제지에
의해 겨우 무사하였지만 (하략)

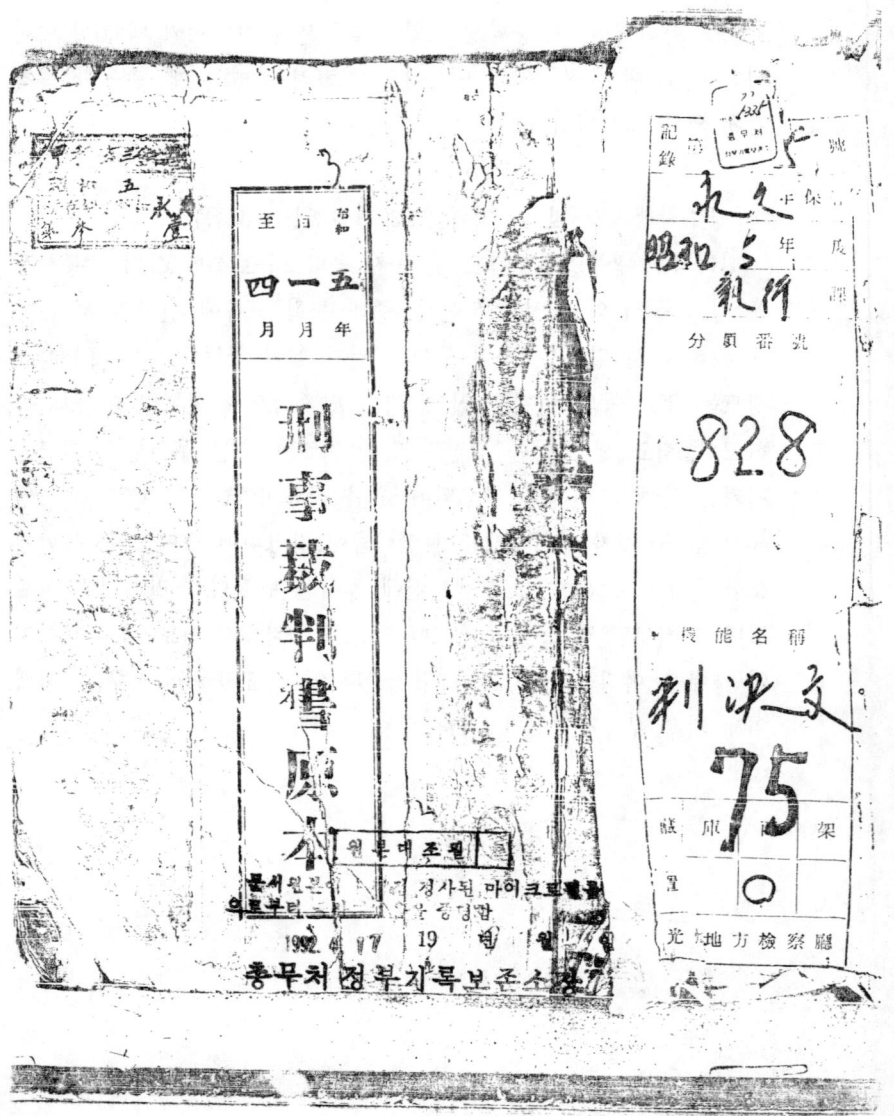

豫에
二年

昭和五年刑公第七號

判　決

本籍　全羅南道羅州郡羅州面曝景里壹壹四番地
住居　同道同郡同面南門町三十三番地
無職
　　　　朴恭根
　　　　三十年

本籍　同道同郡立平面國洞里
住居　同道同郡羅州面南門町朴準三方
羅州農業補習學校二年生
　　　　柳寅贊
　　　　十八年

本籍 同道同郡同面南門町六十四番地

住居 同道同郡同面同町科正業方

農業

朴東熙

二十五年

本籍住居 同道同郡同面北門町百〇番地

農業

梁永澤

二十四年

本籍 同道同郡鳳凰面竹石里三百六十九番地

住居 同道同郡羅州面上正町崔君化方

羅州農業補習學校二年生

洪丁敏

二十二年

右ノ者等ニ對スル保安法及出版法違反被告

事件ニ付朝鮮總督府檢事酒井越夫關與審

理判決スルコト左ノ如シ

主文

被告朴恭根ヲ懲役一年ニ被告人柳贊玉

同朴東熙及同梁永澤ヲ懲役十月ニ被告

人洪敏厚ヲ懲役八月ニ處ス

但右被告人等ニ對シ未決勾留日數中ノ五十

日ヲ各本刑ニ算入ス

理由

被告人朴恭根同朴東熙及同梁永澤ハ京城ニ

本部ヲ有スル新幹會ノ會員ニシテ且羅州青年

同盟ニ加入シ被告人柳贊玉及同並人等ハ可レモ公立

本部ヲ有スル新幹會ノ會員ニシテ且羅州青年

同盟ニ加入シ被告人柳賀玉及同洪敏學ハ何レモ公立

羅州農業補習學校ノ生徒ナルトコロ被告人朴恭根ハ昭

和四年十一月三日光州ニ於ケル公立光州高等普通學校

生徒カ公立光州中學校生徒ト爭鬪シ其ノ直後示

武運動ヲ爲シタル同年十月三十日午後五時半頃

湖南線羅州驛羅州驛出口ニ於テ被告人柳賀玉ノ下宿

先ナル全羅南道羅州郡羅州面南門町朴準三ノ

實家準珠カ光州中學生福田修三ト些細ノ

コトヨリ惹起シタル喧嘩ニ發端スルモノナルコト

其ノ爲多數ノ鮮人中等學校ノ生徒カ光州警察

署ニ檢擧セラレ光州刑務所ニ收監セラレタル事件ニ

關シ朝鮮内各地ニ於テ諸種ノ運動ヲ行ハントツ

アルコトヲ新聞紙ニ依リ見聞シ之ニ同情セル

折柄豫テ知合ナル被告柳賢ヨリ同年十一月

十一日午後在羅州ノ新幹會事務所裏ニ

於テ光州高等普通學校生徒ノ多數收監セラ

レ尤モ事實ニ關シ事件ノ發生地ナル羅州ニ

アル鮮人學生ガ監視嚴重ニ忠ヒサレハ之ヲ釋放

ヲ求ムル為宣傳ビラ撒布ニ示威運動ヲナ

シ度々モ何分自分ノ乎ヒ年少ニテ他ノ紳合ニ

ル能力ナキヲ以テ然ル（ク指導セラレ度シト懇シ

青スレ昭和五年二月十三日所軍會印

請スルヤ直ニ之ヲ應諾シ同月上旬新所會事
務所ニ於テ被告人朴永澤ニ對シ
被告人柳賛玉ヨリ依頼セラレタルコトヲ語リタルニ
同被告人等モ右示威運動ニ參加スヘキ旨申出
テタルヲ以テ同夜朴準三ノ經營ニ係ル精米所
ニ被告人朴芒根同朴康照同梁永澤及同柳
賛玉等カ集合シ尚被告人柳賛玉ヨリシテ
被告人洪敏厚ノ初トシテ其ノ他ノ李昌信
李米厚及金成男等ノ農業神習學校生徒
並ニ生性燦及元福準事業学生羅州普通
學校生徒等ヲモ招致セシメ協議ノ末當夜

同所ニ集合シタル者等ニ於テ農業補習學校

並ニ普通學校生徒ヲ糾合シ同月十七日ノ羅州

邑内ノ市日ヲ期シ示威運動ヲナスヘキ旨決

定シタル翌十四日夜更ニ右精米所ニ集合シ

タル際當時偶農繁期ニシテ農業、神習學

校ニ於テ八十七日ヨリ向フ五六日間臨時休校スル

コトニナリ居ルヲ以テ他生徒ノ勧誘上都合

悪シキノ理由ヲ以テ同月二十七日實行スヘカリシ示威運

勤ハ一先ツ中止シ更ニ同月二十五日夜被告人外

恭根方ニ被告人朴恭根同朴東熙同梁永澤

同柳桉玉及同洪敏厚ノ五名ハ農日精米所ニ

二〇〇夕重ニシレ上州己改名ノ農〜

ニ参シ集ホシタル前記數名ノ農業補習學校農普

通學校生徒ト更ニ會合シ同月二十七日ノ市日

ヲ期シ示威運動ヲ決行スヘク其際撤市スヘキ

宣傳ビラハ被告人柳贊玉ニ於テ光州又ハ木浦

等ニ於テ行ハレタル示威運動ノ際撤市シタル

宣傳ビラニ倣ヒ參考ノ爲ニシテ原稿ヲ作成シ

來ルヘキコトヲ協議シ翌二十六日夜更ニ本件被

告人五名其ノ他前記數名ノ者ハ再ヒ被告人校

羽茨根方ニ會合シ翌二十七日ノ市日ノ正午學

校ノ休憩時間ヲ期シ兩校生徒ヲ煽動糾合

シ朝鮮民衆及學生大衆萬歳ヲ高唱シ羅

16

州邑内目抜ノ街路ヲ練廻リテ示威運動ヲ爲スヘキコトヲ申合セ被告柳瓒玉カ擔ヘ來リタル宣傳「ビラ」ノ原稿ヲ被告人柳瓒玉カ自ラ執テ加筆訂正シタル上被告人柳瓒玉ニ於ヲ筆シタノ大衆ヲ學生諸君ヨ知ルカ我等カ如何ニ強壓ト暴壓トシ受ケ居ルヤナル表題ノ下ニ「君ヨ光州學生衝突事件ノ役等ノ偏陝ナル行動ト醜惡ナル行動トカ如何ニ多キカ事態カ學生事件ナルカ故ニ學校當局ニ任セテ解決セシムルカ當然ナルニ司法官ノ出動又ハ警察官ノ出動ハ何タルモノ動ツヤ殊ニ吾々

學生ノミナラ多ク數拘束シタルハ世何ニ痛憤ニ堪

エサルヤ 我等ヲ人間トシテ自由ガアル筈ナリ今日

何故斯カル壓迫ヲ受ケサル〈キカ 我等ガ力ヲ以テ

戰ヒ自由ヲ獲得セム我等ガ武器ハ團結ナリ尚シ

テ我等ハ力ヲ以テ我等學生ノ釋放ヲ要求スル・・・

同時ニ示威ヲ以テ大衆ノ覺醒ヲ促サムトス朝

鮮學生大衆萬歲 被壓民族解放萬歲 又

檄ナル表題ノ下ニ一、殖民地彈壓政治絕對反

抗七ヲ一言論集會出版結社ノ自由權ノ獲得

一、官僚的教官ノ排擊 一、朝鮮人本位ノ教育制

度施設 一治安維持法ニ絕對反抗セヨ」と

17

ル、其ノ学校原ヲ妨害ス（ギ之各ヲ羅列セル宣

傳ビラノ原稿ヲ作成シ被告人朴恭根カ

新幹會事務所ヨリ持来レル鑪板（證第

六號）李昌信カ密カニ農業補習學校事務

室内ヨリ持出シ来レル謄寫版（證第三號）及被

告人柳覺王カ購入シ来レル原紙、インクヲ

用紙等ヲ使用シ當該所轄官廳ノ許可ヲ

得スシテ約二千部ノ宣傳ビラ（證第一號

（其ノ一部）ヲ印刷シ翌二十七日朝李昌信李

采燮及金成男等カ農業補習學校生徒

二對シ李性煥及元福準等カ普通學校五

六年生ニ對シ示威運動ニ参加スヘク勧誘シ

六年生ニ對シ示威運動ニ參加スヘク勸説教
唆シタルニ付該教唆ニ基キ農業補習學
校生徒四〇名及普通學校五六年生徒百
三十餘名ハ同日正午各學校ノ休憩時間ト
ナルヤ否ヤ示威運動ノ目的ヲ以テ校門ヲ出
テ門外ニ於テ集團ヲ爲シ前記ノ者等ヨリ
宣傳ビラノ配布ヲ受ケタル上被告人洪ノ敬
屢及李昌信等力先頭ニ立ケ農業補習
學校及普通學校五六年生ノ順序ニテ二
列縱隊ニ隊伍ヲ整ヘ李采〓ニ於テ後尾ヲ
固メ驅足ニテ南門町ニ出テ同所ニ於テ二組ニ

別レ各本町舊本町ヲ行進シ更ニ本町ヨリ羅州共

同商會前ヲ奏シ再ヒ合隊シ羅州郡廳前ヲ通過シテ羅州市場ニ到リ其ノ間随所ニ於テ前記ビラヲ撒布シ且朝鮮民衆ニ萬歳朝鮮學生萬歳ヲ高唱シ尚同市場ニ於テハ折柄市日ノ為雜沓セル群衆中ニ多數ノビラヲ撒布シ且萬歳ヲ高唱シ更ニ果院町方面ヲ迂廻シタルモ警察官ヨリ制止セラレ不得已解散シ因テ治安ヲ妨害シタルモノトス

敍上事實ハ被告人金〇〇五名ノ當法廷ニ於ケル判示

ニ同一旨ノ自白ヲ之ニ對應スル判〇〇〇〇〇

示ス同一趣旨ノ自白ト之ニ對應スル判示ノ如ク

安寧秩序ヲ妨害スル（キ事項ヲ記載シ

アル證第一號ノ印刷物ノ現存ヲ徴シ之ヲ

認定ス又

法ニ照スニ被告人五名ノ所爲中政治ニ關シ不

穩ノ言論動作ヲ爲シ又ハ他人ヲ煽動教唆

シタル點ハ保安法第七條ニ安寧秩序ヲ

妨害スル印刷物ヲ出版若ハ頒布シタル點ハ

出版法第十一條第一項第三號ニ各該當スル

ヲ以テ朝鮮刑事令第四十二條ニ從ヒ同令所

定ノ刑名ニ變更シ右印刷物ノ出版ハ其ノ頒

布ノ手續ヲ爲シ且頒布ト倂セ保安法違反ノ所爲トハ

一個ノ行爲ニシテ憲個ノ罪名ニ觸ルルカ故ニ刑

法第五十四條第一項第十條ニ從ヒ最モ重

キ保安法第七條ノ所定刑ニ依リ懲役刑ヲ

選擇シ其ノ刑期範圍内ニ於テ被告人滉ノ刑

及同梁永澤ヲ各懲役十月ニ被告人洪

熙及同梁永澤ヲ各懲役十月ニ被告人洪

恭根ヲ懲役一年ニ被告人柳贊玉同科東

敏厚ヲ懲役八月ニ處スヘク但同法第三十一

條ヲ適用シ右被告人等ニ對シ未決勾留日

數中ノ五十日ヲ各本刑ニ算入スヘキモノトス

仍テ主文ノ如ク判決ス

昭和五年三月五日

昭和五年三月五日

光州地方法院刑事部

裁判長　朝鮮總督府判事　木府の（署名）

　　　　朝鮮總督府判事　（署名）

朝鮮總督府判事金膺模ハ出張不在中ニ付署名捺印スルコトヲ得ス

裁判長　朝鮮總督府判事　木井の（署名）

昭和九年刑控公第六三號

判　決

本籍並住居

全羅南道羅州郡細枝面松堤里二百六番地

農業

李碩忠　羅在柚コト

羅碩欽

當二十四年

本籍並住居

全羅南道羅州郡細枝面竹洞里九十三番地ノ二

大丘地方法院

長　業

羅　順　祚

當二十四年

右ノ者等ニ對スル治安維持法違反被告事件ニ付昭和九年二月二日光州地方法院ニ於テ言渡シタル有罪判決ニ對シ原審検事ヨリ控訴ノ申立アリタルヲ以テ當院ハ朝鮮総督府検事松崎三男關與審理ヲ遂ケ判決スルコト左ノ如シ

主　文

被告人兩名ヲ各懲役二年ニ處ス

但被告人兩名ニ對シ各五年間右刑ノ執行ヲ猶豫ス

(大邱毎報社印行)

理　由

本件犯罪事實及之ヲ認メタル證據ハ原判決ニ示シタルトコロト同一ニ付玆ニ之ヲ引用ス

法ニ照スニ被告人羅碩鉉ノ日本共産黨加入ノ點ハ治安維持法第一條第一項後段ニ被告人羅順祚ノ結社組織ノ點ハ同條第二項ニ被告人兩名ノ私有財産制度ヲ否認スル目的ヲ以テ其ノ目的タル事項ノ實行ニ關シ協議ヲ爲シタル點ハ同法第二條ニ煽動ノ點ハ同法第三條ニ各該當シ各被告人ノ右各所爲ハ連續犯ナルヲ以テ刑法第五十五條第十條ヲ適用シ被告人羅碩鉉ニ對シ日本共産黨加入ノ罪被告人羅順祚ニ對シ結社組織ノ罪ニ各從ヒ執レモ所定刑中懲役刑ヲ選

大邱覆審法院

大邱地方法院

擧シ其ノ刑期範圍內ニ於テ被告人兩名ヲ夫レ夫レ懲役二年ニ處スヘキトコロ
被告人等ハ孰レモ犯行後著シク前非ヲ悔ヒ改悛ノ情顯著ニシテ再犯ノ虞ナキ
モノト認メラルルヲ以テ之等ノ情狀ニ依リ刑法第二十五條ニ則リ右被告人ニ
對シ孰レモ五年間右刑ノ執行ヲ猶豫スヘキモノトス
仍テ主文ノ如ク判決ス
原審檢事ノ控訴ハ理由ナシ

昭和九年三月二十日

大邱覆審法院刑事第一部

【大邱[illegible]社印行】

昭和八年刑公合第五九號

判決

本籍並ニ住居

　全羅南道羅州郡細枝面松旅里二六番地

被告　金　相　忠、羅州横コト羅

本籍並ニ住居

　全羅南道羅州郡細枝面竹洞里九二番地ノ一

被告　金　栄

右ノ者等ニ對スル治安維持法違反被告事件ニ付當裁判所ハ朝鮮總督府檢事小林敬二郎關與審理判決スルコト左ノ如シ

主文

被告人両名ヲ各懲役三年ニ處ス

但シ右両名ニ對シ何レモ五年間右刑ノ執行ヲ猶豫ス

理　由

被告人羅碩畯ハ中流ノ農家ニ生レ昭和二年三月羅州公立普通學校卒業後同

年四月光州公立農業學校ニ入學シ昭和三年六月同校盟休事件ニ連坐シ十極端

セラレ同年十一月八日大邱覆審法院ニ於テ暴力行為等處罰ニ關スル件違反ニ

ヨリ懲役六月四年間執行猶豫ノ判決ヲ受ケ昭和四年一月京城私立中東學校第

一學年ニ入學シタルモ昭和五年七月同校盟休事件ニ連坐シテ退學處分ヲ受ケ

其ノ後内地ニ渡航シテ同年十一月京都市私立龍谷中學校第三學年ニ編入シタ

ルモ學資缺乏ノ爲同年十二月同校ヲ退學シ爾來東京市ニ於テ目由ノ分働ニ従事シ

昭和八年一月歸鮮シタルモノナルカ遊否元公五農業學校在學中ヨリ四王義ニ觀人為メ、

社會主義學説大要、レニンノ一年謀等ノ排稿ヲ繙キテヨリ益思想ニ共

鳴スルニ至リ前記中東學校及ヒ崇實中學校在學中ニ於テモ、赤旗、共産黨宣言

プロンチンテルンとハ何ノ刀、青年コミンテルンノ綱領等ヲ耽讀シ居ルカ如シ

上京後木浦府出身權武塲、戎鏡雨道出身魏世尊ト交遊スルニ至リ同人等ノ慫

化ニヨリ非産主義ヲ信奉スルニ至リタルモノニシテ丈古、八羅順祚ハ中流ノ燆綠

二生レ前和二年三月良山公立普通學校ヲ卒業後同年四月京城私立五中東學校ニ入

學シタルカ昭和五年亡力同校園休業作ニ連坐シテ退學無分等シ共ノ後破仲八

羅碩鉉ト共ニ内地ニ渡航シ兩年三一月京都市私立醍醐中學校四年ニ編入シ

タルモ学資欠乏ノ為昭和六年一月退学シタルモノナル処前期中学校在学中

中ヨリ被告人羅碩鈗等ト交遊シ辨証法的唯物論、農民ハ何故貧乏スルカ等ノパ

ンフレツトヲ愛読シテ漸ク社会主義思想ニ共鳴シ其ノ後前記師範学校在学中

ロシア革命ノ過程、プロレタリア科学、赤旗、レニン等ヲ耽読スルニ至リ共産

主義ヲ惜奉スルニ至リタルモノナル処

第一、被告人羅碩鈗ハ

（1）昭和七年四月下旬頃東京市小石川区小川公園ニ於テ日本共産党組織先世ヨ

リ日本共産党カ我カ帝国ノ国体ヲ変革シ私有財産制度ヲ破殿スル人ヲ

以テ目的トスル結社ナルノ情ヲ知リナガラ漸社会ニ加入方勧誘セラレタルニ

年五月二十一日頃右日本共産党ニ加入シ

(2) 昭和八年二月元日午後七時頃ヨリ其翌未明方ニ於テ養育院外十数名ノ者

二對シ被告人ノ遁法ニ於ケル勞農運動ノ狀況タ説明シタル後現任勞農ノ

テハ貧農家ハ貧民タ虐使シテ独リ安逸タ貪ルニ拘ラス貧民ハ飢餓線上ニ

リ是レ現資本主義制度ノ然ラシムル所ニシテ無産階級ノ苦境ハ

脱セント欲セハ現資本主義制度タ打破シテ私有地主現上組合ノ共有地トナシ

者ト為シ財産ノ私有タ認メサル共産制度タ組織セサルヘカラストシ

ケ以テ私有財産制度タ否認スルカ目的タ以テシ同人ヲヘテ同人ヲ

第六 被告人羅順柞ハ

(1) 昭和七年一月中旬ヨリ同年二月下旬迄同郡ノ夜半頃ニ於テ鮮農二両部

至三時間貧農ノ子弟四十数名ニ國語、朝鮮語等ヲ教授スル傍ラ同人等ニ對

シ現在社會ノ缺陷ヲ説明シ成長ノ曉ハ現在ノ私有財産制度ヲ廢シ新ニ制

社會建設ノ爲メ闘爭セサルヘカラサル旨申向ケ以テ私有財産制度ヲ廢ス

ル目的ヲ以テ之カ實行ニ頼シ同人等ヲ煽動シタル外同年十一月中旬ヨリ同

年十二月中旬迄右同所ニ於テ前記八年四月中旬ヨリ同年六月初旬迄前記

楢炳方養蠶室ニ於テ、前年二月中旬ヨリ同月下旬迄自宅ニ於テ、同年八月

一日ヨリ同月六日迄居里羅成彩方ニ於テ學校一時前方至二時前同様前記

ノ子弟數名文ハ數十名ニ國語、算術等ヲ教授スル傍ヘ前同様ノ旨前ヲ説

テ前同様同人等ヲ煽動シ

(2)

昭和七年五月十七日居里羅吉道方前路上ニ於テ李漢喆、津島我郎ト會合シ

共産主義理論ヲ關シテ相共鳴シ同校吉八日現在社會ノ缺陷ヲ指摘シテ前

ル不合理ノ社會ハ之ヲ打破シ私有財産制度ヲ否認スルニ至ル

サルヘカラサルカ故ノ目的ヲ達成スルカ爲メニハ先ツ無産階級ヲ解放シ

職的指導分子ヲ養成シ之等ヲシテ無産大衆ノ解放關争ヲ機ラシムルノ必要アリ

而シテ之カ養成ニハ讀書會ヲ組織シテ左翼鬪志ヲ輸入スルニ如カスト稱シ

同人等ノ贊成ヲ得タル上各自手分シテ同志ノ獲得ニ奔走シタル結果同年

羅炳煥、羅燕順、朴烈鎔、金乘玉等ノ贊同ヲ得タルヲ以テ同年七月二十日頃南水

吉方ニ於テ前記亡名ト會合協議ノ上私合的讀書會ヲ組織スルコト、ヲ申合セス

ル讀書會ナル結社ヲ組織シ

第二、被告人兩名ハ炎課ノ上

(1) 昭和八年二月十七日被告人羅炳煥方ニ於テ刷鮮ニ於ケル無産ニ解放運動ハ

二 光州地方法院

大衆ノ意識強化ヲ紛糾トシ且ツ地下工作ヲ爲シテ各層ニ牧入ルノ必要アルヲ

現在ノ情勢ニ於テハ先ツ無産者ノ子弟ノ感化力ヲ養ヒ徐々ニ無産主義ヲ

賣現ヲ圖ラサルヘカラス我々ハ相協力シテ賤民ノ子弟ヲ右目的ニ従ツテ教育

スヘク相成シ以テ私有財産制度ヲ否認スルヲ目的ヲ以テ此ノ目的ノ爲ノ爲

行ニ關シ協議ヲ爲シ

(2) 右協議ニ基キ同年三月二十六日ヨリ五日前後約二時間生徒約二十名ニ補刷階ノ居

里夜學堂ニ於テ賤民ノ子弟約三十名ニ勸誘、納等ヲ招ノ後應々前教ノ如

夕共産主義思想ノ教養ニ努メ以テ私有財産制度ヲ行成スヘキ目的ヲ以テ同人ノ

ヲ圖動シ

タルモノニシテ被告人等ノ前示各所爲ハ夫々犯意ヲ継続シテ爲サレタルモノ十

證據ヲ按スルニ被告人等ノ判示所爲中宛嵩雜誌ノ點及ヒ被告人種秀鉉等ノ判示第四ノ

一ノ(1)ノ點實ヲ除キタル判示ノ諸點ハ何レモ被告人等ノ當公廷ニ於ケル被告

ノ自供ニヨリ之ヲ認メ、被告人種秀鉉ノ判示第一ノ(1)ノ諸點ハ司法警察官ノ被

告人種秀鉉ニ對スル訊問調書中自分ハ最モ相信スル所ハ小石川區白

川公園ニ於テ成鉉前逃出サノ朝鮮共産黨員等ノ如何ナル共産黨ハ

シ幾多ノ鬪爭經歷ヲ有スルカ日本共産黨ニ加入シテハ如何、且共産黨ハ政除

共産黨ノ一支部ニシテ日本共産黨ノ我社會制度ヲ打破シ私有財産制度ヲ廢絶

機關ヲ社會ノ公有ニ歸セシメ且ツ紡錘獨裁ノ政治ヲ樹立シ朝鮮無產階級ノ質現ヲ

期スルヲ目的ノ下ニ非合法的ニ政治、經濟ノ鬪爭ヲ爲ス結社ナリトノ勸誘ヲ受ケ

タルカ是ヨリ先既ニ自分ハ日本共産黨ガ私有財産制度ヲ否認シプロレタリア獨

裁ノ共産主義社會ノ實現ヲ目的トスル秘密結社タルコトヲ熟知シ居ルモノニ付

ヂニ同人ハ入黨ノ申込ヲ爲シ同年五月十八日東京市牛込區山吹町ノ街頭ニ於テ

鄕先世ニ對シ自己ノ闘争經歷等ヲ手交シ候キタル處同月二十一日右街頭ニ於テ

同人ヨリ日本共産黨關東地方東京市委員會中部地區ノ委員會ニ右闘争經歷ヲ

提出シテ附議シタル處同委員會ニ於テハ異議ナク君ノ熱質タルコトヲ承認シタ

リト申シ渡サレタリトノ旨ノ供述記載ニヨリナ之ヲ認メ犯罪ノ跡ハ破告人

等力短期間內ニ同種行爲ヲ反夜累行シタル事實ニヨロナ之ヲ認メ得ルヲ以テ被

告人等ノ判示所爲ハ何レモ其ノ證明充分ナリトス

法律ニ服スニ被告人等ノ判示所爲中被告人鄭碩鈇ノ判示日本共産黨關係ハ罰

ハ治安維持法第一條第一項ニ、被告人ニ罪ナキノ列ハ亦相當刑種ノ範ハ同條第二

項ニ、被告人等ノ列ハ亦協議ノ細ハ同法第二條ニ、

谷被告人ニ且ツ谷被告人ノ所爲ハ連帶犯ナルヲ以テ該條ノ五十五條第十條

ヲ適用シ被告人羅碩鉉ニ對シ列ハ亦第一ノ仏ノ日本帝國ニ加入シタル韓ニ從

ヒ被告人羅碩鉉ニ對シ列ハ亦第二ノ仏ノ所謂罪罰ヲ相權シタル非ヒ谷非ノ雨

定刑中懲役刑ヲ選擇シ谷其ノ刑期範圍ニ於テ被告人羅碩ヲ介懲ハニ二年ニ處ス

ヘキ處各被告人其ノ右犯行從故シク前非ヲ悔ヒ改後ノ情顯考ニシテ思想前ノ

誠意ヲ推測シ再犯ノ虞ナキモノト認メ待ヘキヲ以テ共ノ情狀刑ノ執行ヲ猶豫

スルヲ相當ト認メ刑法第二十五條ニ則リ各五年間右刑ノ執行ヲ猶豫スヘキモ

ノトス

右ヲ主文ノ如ク判決ス

昭和九年二月二日

光州地方法院刑事部

裁判長朝鮮總督府判事

朝鮮總督府判事

朝鮮總督府判事

洪仁錫

坪谷久次

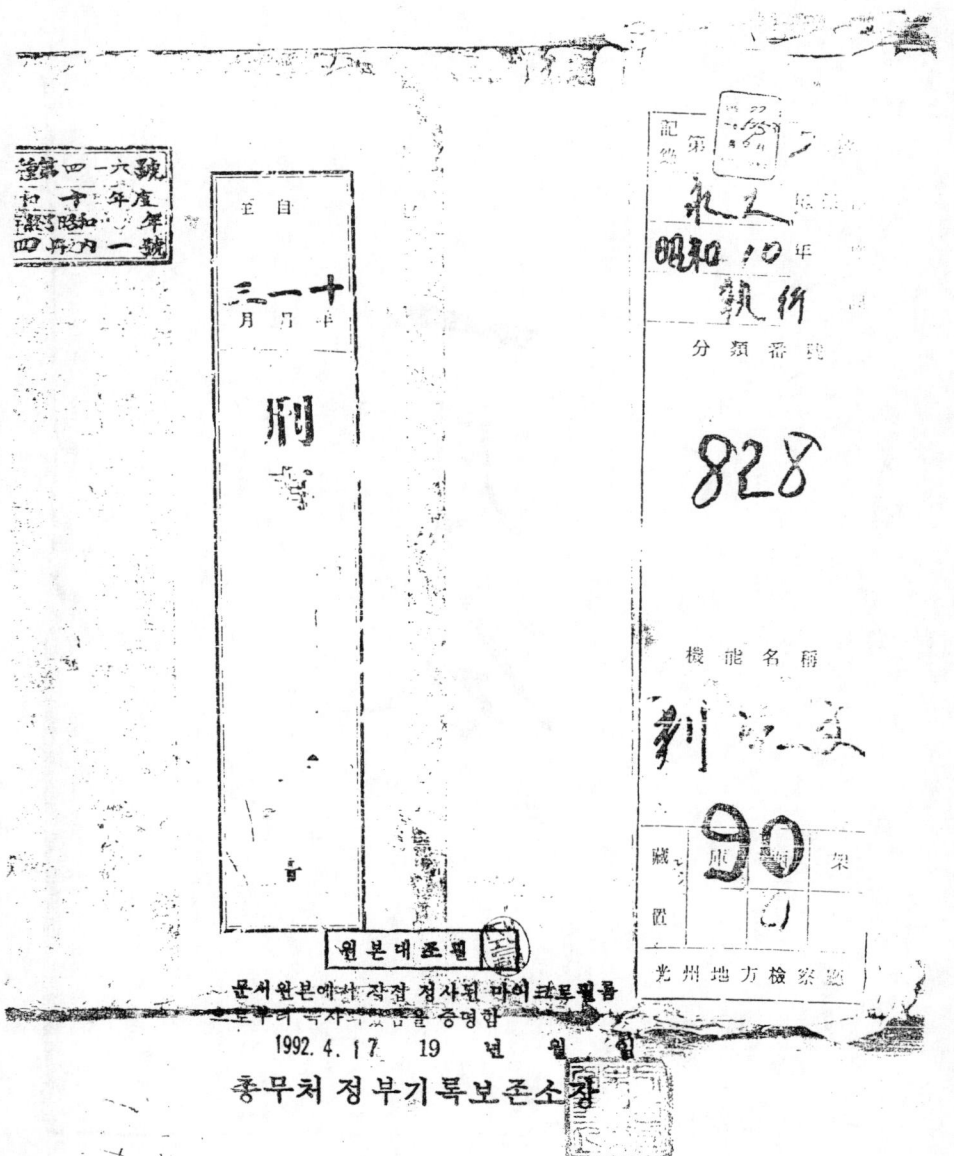

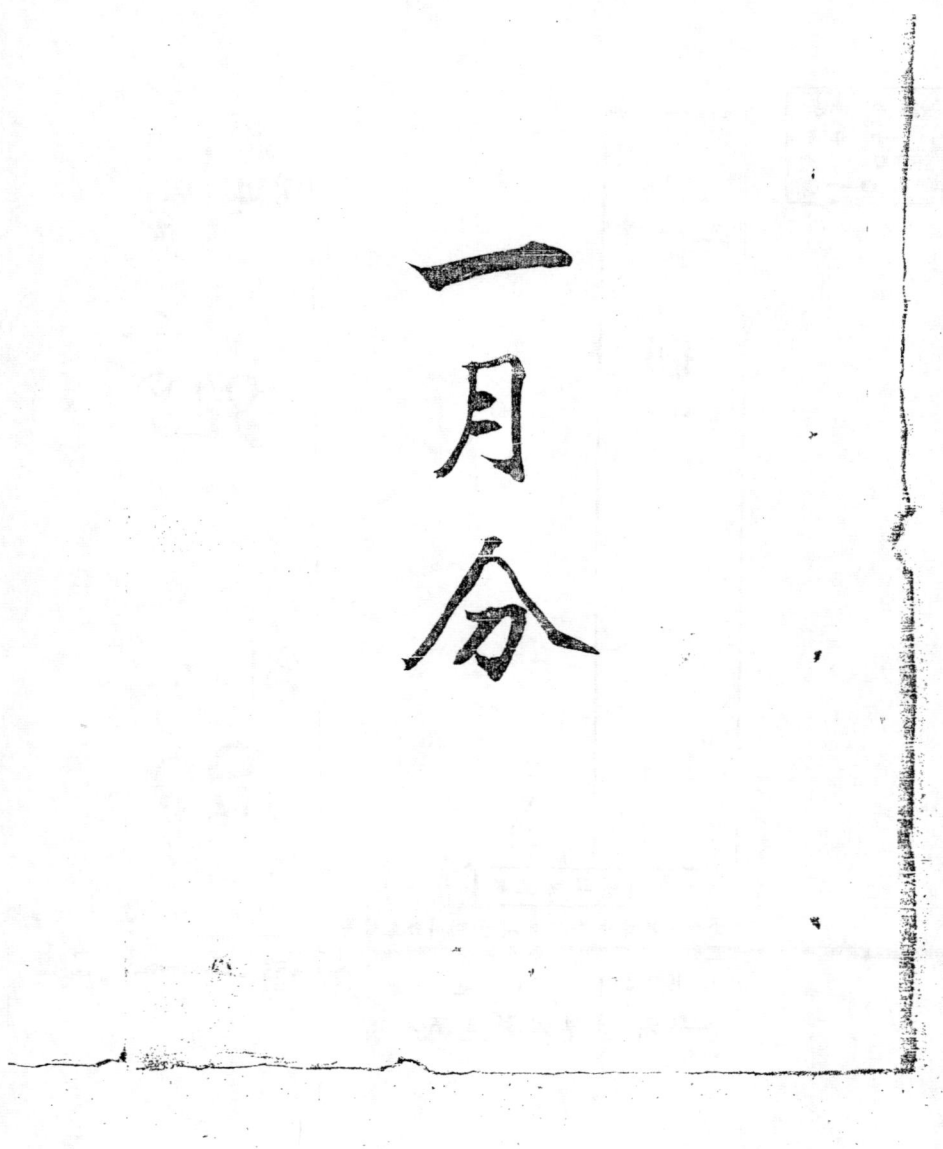

一月分

昭和九年刑公第一七五二號

判 決

本籍 全羅南道羅州郡多侍面新烟里二四二番地

住居 同所

農業

林 禹 澤

當二十一年（十二月四日生）

本籍 同 道同 郡同 面同 里一六九番地

住居 全羅北道全州郡全州邑完山町

學生

杜 敬 澤

當二十二年（十月十五日生）

本籍　全羅南道羅州郡□□新□里一五五番地

住居　全羅北道全州邸□邑大正町四丁目

　　學生

　　　林　光　澤

　　　　　當二十一年（十月二十日生）

右者等ニ對スル治安維持法違反被告事件ニ付當院ハ朝鮮總督府檢事松爾錄助關與

答辯ノ上判決スルコト左ノ如シ

　主　文

被告人林羲澤ヲ懲役一年ニ、被告人林欽澤、林光澤ヲ各懲役十月ニ處ス

但執行レモ四年間右ノ執行ヲ爲豫ス

　理　由

被告人林禹澤ハ昭和四年三月多侍公立普通學校ヲ卒業後數年間漢文ヲ修習シ爾來

農業ニ從事中昭和六年九月頃ヨリ左傾文獻ヲ耽讀シテ資本主義社會制度ニ不滿ヲ

感シ居リタルモノ、被告人林敬澤ハ昭和四年三月本籍地ノ多侍公立普通學校ヲ卒

業シ昭和五年四月全羅北道高敞高等普通學校ニ入學シ昭和七年四月同道全州新興學

校ニ三學年ニ轉學シ其ノ間左傾文獻ヲ耽讀シテ資本主義社會制度及帝國ノ殖民地

政策ニ不滿ヲ感シ居リシモノ、被告人林光澤ハ昭和六年三月本籍地ノ多侍公立普

通學校ヲ卒業シ昭和七年四月全州新興學校ニ入學シ右林敬澤トノ交遊及左傾文獻ノ

耽讀ニ依リ資本主義社會制度及帝國ノ殖民地政策ニ不滿ヲ感シ活リタルモノナル

處

（イ）被告人林禹澤ハ昭和九年三月二十九日居里林鍾太方ニ於テ同人及同里林鍾大ト

二

林珉澤、林俊澤ノ四名ニ對シ「マルクス」「レーニン」ノ略傳ヲ述ヘ且「ソビ

エット」露西亞カ資本主義制ヨ、共産主義制ニ變移シタル所以ヲ説明シタル上

資本主義社會ハ既ニ第三期ニ達シ將來ハ必然的ニ共産主義社會カ實現セラルヘ

キモノナレハ其ノ實現ヲ促進スル爲我々ハ一致團結シテ資本家及地主ニ對抗

シ階級鬪爭ヲ敢行セサルヘカラス就テハ先ツ自ラ鬪士トナリ又ハ鬪士ヲ敎養シ

得ル資格ヲ得ムカ爲主義ニ關スル書籍ノ研究ヲ爲スヘキ旨提議シ他ノ者等ハ

之ニ贊向シ斯クテ私有財產制度ヲ否認スル目的ヲ以テ其ノ目的タル事項ノ實行

ニ關シ協議ヲ爲シ

(二)被告人三名ハ同年七月二十六日同里所在林氏門中祭閣永慕亭ニ新楓里靑年會員

十數名ヲ集合シテ座談會ヲ開催シ其ノ席上ニ於テ被告人林禹澤ハ資本主義社會

ハ早晩崩壞シ共産主義社會カ實現スヘキモノナルニ付我々ハ一致團結シテ地主
資本家階級ニ對抗鬪爭シ搾取ナキ新社會ノ實現ニ努力スヘキ旨ヲ力說シ、被告
人林敬澤、林光澤ハ朝鮮民族ヲ現在ノ不幸ヨリ救ヒ出ス道ハ我々カ一致團結シ
テ朝鮮ノ回復獨立ヲ圖ルノ外ナキ旨ヲ力說シ以テ會衆一同ニ對シ夫々私有財産
制度ノ否認又ハ國體變革ノ目的ヲ以テ其ノ目的タル事項ノ實行ヲ煽動シ

(三) 被告人三名ハ同年八月十三日前示永慕亭ニ於テ進辯大會ヲ開催シ部落民敷十名
ノ來會セル席上ニ於テ被告人林萬澤ハ「世上ハ動ク」ト題シ被告人林光澤ハ「
今日ヲ知レ」ト題シテ演說シ以テ何レモ前項林萬澤ニ依リ爲シタルト同
樣私有財産制度ヲ否認スル目的ヲ以テ其ノ目的タル事項ノ實行ヲ煽動シ、被告
人林敬澤ハ「犠牲的精神ヲ養ヘ」テフ演題ノ下ニ我々ハ無産者ノ政權獲得及朝

三

鮮獨立ノ爲ニ一致團結一身ヲ犧牲ニ供スルノ覺悟ナカルヘカラストノ旨ヲ時ヒ

以テ國體變革ノ目的ヲ以テ其ノ目的タル事項ノ實行ヲ煽動ヲ爲シタルモノニシ

テ

以上被告人等ノ各所爲ハ夫々犯意繼續ノ下ニ行ハレタルモノトス

法律ニ照スニ被告人林禹澤ノ判示(一)ノ所爲ハ治安維持法第二條ニ(二)及(三)ノ所爲ハ

同法第三條ニ各該當スル處右ハ連續犯ニ係リ刑法第五十五條ヲ適用シ一罪トシテ

處斷スヘキモノナルヲ以テ同法第十條ニ照シ犯情ノ最モ重キ(一)ノ實行協議罪ノ刑

ニ從ヒ其ノ所定刑期ノ範圍内ニ於テ同被告人ヲ懲役一年ニ處シ被告人林敬澤、林

光澤ノ各判示(二)(三)ノ所爲ハ治安維持法第三條刑法第五十五條ニ該當スルヲ以テ其

ノ所定刑期ノ範圍内ニ於テ同被告人等ヲ各懲役十月ニ處シ尙被告人等ハ執レモ前

非ヲ悔悟シ改悛ノ情顕著ナルモノアルヲ以テ同法第二十五條ニ従ヒ各四年間右刑

ノ執行ヲ猶豫スヘキモノトス

仍テ主文ノ如ク判決ス

昭和十年一月十六日

光州地方法院

朝鮮總督府判事

洪　仁　錫

광주학생독립운동과 나주

초판 인쇄/2001년 3월 26일
초판 발행/2001년 3월 31일

공저/박찬승·박만규
김민영·고석규
발행인/한정희
발행처/경인문화사
주소/서울시 마포구 마포동 324-3
전화/718~4831-2
팩스/703~9711
등록/1973년 11월 8일 제10-18호
정가 12,000원
ISBN 89-499-0117-X

*파본 및 훼손된 책은 교환해 드립니다.